Espagnol
guide de conversation

Berlitz Publishing
New York   Munich   Singapore

Photo de couverture: © Imageshop.com

Imprimé à Singapour par Insight Print Services (Pte) Ltd., juin 2006

Table des matières

3

Prononciation

Cette section est destinée à vous familiariser avec la sonorité de la langue espagnole parlée en Espagne, tout en utilisant notre transcription phonétique simplifiée. Vous trouverez ci-dessous des explications de la prononciation des lettres et sons espagnols, accompagnées d'équivalents «imités». Ce système est employé dans tout le guide de conversation: il vous suffit de lire la prononciation comme si c'était du français, en prenant note des règles spécifiques énoncées ci-dessous.

La langue espagnole

Le monde compte quelque 350 millions d'hispanophones. L'espagnol est la troisième langue parlée au monde, après le chinois et l'anglais. Elle est parlée dans les pays suivants (les chiffres sont approximatifs):

España Espagne
L'espagnol est parlé par la quasi-totalité de la population (40 millions). Autres langues: le catalan dans la région du nord-est de l'Espagne (6 millions), le galicien dans le nord-ouest de l'Espagne (3 millions), et le basque (presque 1 million).

México Mexique
L'espagnol est la langue de la majorité des 98 millions d'habitants. Autres langues: 6 millions de Mexicains parlent des langues indiennes, en particulier le nahuatl et le maya au Yucatán.

América del Sur Amérique du Sud
L'espagnol est parlé par la grande majorité des habitants de l'**Argentine** (34 millions); ainsi qu'en **Bolivie** (moins de la moitié des 8 millions d'habitants), autres langues: le quechua, l'aymara; en **Colombie** (35 millions), autres langues: l'arawak, le carib; en **Equateur** (11 millions), autre langue: le quechua; au **Paraguay** – pour trois-quarts des 5 500 000 d'habitants, autre langue: le guarani; au **Pérou** (24 millions), autres langues: le quechua, l'aymara; en **Uruguay** (3 500 000), et au **Venezuela** (22 millions), autres langues: l'arawak et le carib.

América Central Amérique Centrale
L'espagnol est parlé à **Costa Rica** (3 500 000), à **Cuba** (11 millions), en **République Dominicaine** (8 millions); à **Puerto Rico** (4 millions); au **Salvador** (6 millions); au **Guatemala** (10 millions), autres langues: le quiché, le cakchiquel; au **Honduras** (5 500 000), autres langues: le lenca, le carib; au **Nicaragua** (4 millions) et au **Panama** (3 millions).

Estados Unidos Etats-Unis
L'espagnol est parlé par environ 18 millions d'habitants, essentiellement au Texas, au Nouveau Mexique, en Arizona, en Californie, dans le sud de la Floride et à New York.

África Afrique
L'espagnol est la langue officielle de la **Guinée équatoriale** (4 500 000), autre langue: le fang. On le parle également dans la région espagnole du **Maroc**.

L'alphabet espagnol est identique à celui du français. Il faut cependant ajouter la lettre **ñ** avec le tilde. L'accent aigu (´) indique l'accentuation, et non une différence de son.

Il n'y a pas de diphtongues nasales en espagnol («on», «in», «en», «un», etc.). Toutes les lettres se prononcent: *on* se prononce «onn» (comme dans «**tonne**» et non comme le «on» français). Toutes les lettres se prononcent en finale.

Certains mots espagnols ont été incorporés dans la langue française, par exemple, **canyon, patio, veranda, matador.**

Encore récemment, **ch** et **ll** étaient considérés dans la langue espagnole comme des lettres autonomes, classées dans l'alphabet après **c** et **l** respectivement. Prenez-y garde si vous consultez d'anciens répertoires téléphoniques ou dictionnaires. Plusieurs différences existent au niveau du vocabulaire et de la prononciation entre l'espagnol parlé en Espagne et celui des Amériques – même si tous les hispanophones se comprennent aisément.

Consonnes

Lettre	Pronunciation approximative	Symbole	Exemple	Prononciation
f, h, k, l, m, n, p, t	pratiquement comme en français, mais **m** et **n** ne nasalisent pas une voyelle précédente			
b	comme **b** dans **b**as mais, à l'intérieur d'un mot, un son moins net, rappelant le **v** de **v**ue	*b*	**bueno** **bebida**	*bouénô* *bébida*
c	devant **e** ou **i**, comme le **th** de l'anglais «**th**ing» (**s** dit en zézayant) autrement, comme **c** dans **c**ap	*TH* *c*	**gracias** **como**	*graTHias* *cômô*
cc	dans le groupe **cc**, les deux c conservent leur prononciation propre: **c + TH**	*cTH*	**acción**	*acTHyôn*
ch	comme le **tch** de **tch**èque	*tch*	**mucho**	*moutchô*
d	comme en français, mais entre voyelles et à la fin d'un mot, un peu comme le **th** de l'anglais «**th**e» (**z** dit en zézayant)	*d* *TH*	**donde** **usted**	*dônndé* *oustéTH*
g	devant **e** ou **i**, se prononce tout au fond de la bouche, un peu comme le **r** de **cr**oupe: autrement, comme **g** dans **g**ai (**gu +e** ou **i** se	*kh* *g/gh*	**general** **grande** **guía**	*khénéral* *granndé* *guïa*

7

		prononce «**gué**» ou «**guy**» – mais le **u** devient audible devant **a** et **o**			
	j	comme le **r** de c**r**oupe	kh	**junta**	_kh_ou_nta_
ll		comme le **li** de **li**en	ly	**llamar**	_lyamar_
ñ		comme le **gn** d'oi**gn**on	gn	**señor**	_ségnôr_
qu		comme le **k** de **k**ilo	k	**quince**	_kinn_THé
r		roulé, comme dans le sud de la France	r	**rápido**	_rapidô_
s		généralement comme **s** dans **s**i, mais peut rappeler le **ch** francais	s	**después**	_déspoué_s
		s «dur» entre deux voyelles, comme dans ca**ss**é devant consonne	ss	**casa**	_cassa_
		sonore, comme **z** dans **z**oo	z	**mismo**	_mizmô_
v		comme **b** dans **b**as mais, à l'intérieur d'un mot, un son moins net, rappelant le **v** de **v**ue	b	**vamos**	_bâmôs_
x		entre le **x** d'e**x**amen et celui de ta**x**i	ks	**taxi**	_taksi_
		le préfixe **ex-** se prononce soit comme **ex-**, soit comme **es** dans e**s**pion	éks	**ex-general**	éks khéné_ral_
			és	**exportación**	Espôrta_THyôn_
z		comme le **th** de l'anglais «**th**ing» (**s** dit en zézayant)	TH	**zapato**	THa_pâtô_

Voyelles

a		court comme le **a** de pa**tt**e	a	**rápido**	_rapido_
e		généralement comme **é** dans th**é**	é	**esso**	_é_sso
i		comme en français			
o		généralement come **ô** dans r**ô**le	ô	**como**	_cô_mô
u		comme **ou** dans n**ou**s	ou	**usted**	ou_sté_TH
y		peut être			
		consonne: se prononce comme **y** dans **y**eux	y	**yo**	_yô_
		voyelle: se prononce comme **i** dans l**i**t	i	**muy**	_moui_

8

Accentuation

L'accentuation a été indiquée dans la transcription phonétique: les lettres <u>soulignées</u> doivent être accentuées (c'est-à-dire prononcées avec plus d'insistance) par rapport aux autres.

Dans les mots terminés par une voyelle, **-n** ou **-s**, l'avant-dernière syllabe est accentuée, par exemple dans **mañana** (_ma<u>gna</u>na_); dans les mots terminés par une consonne, c'est la dernière syllabe qui est accentuée, par exemple dans **señor** (_ség<u>nor</u>_); en espagnol, l'accent aigu (') indique qu'une syllabe est accentuée, par exemple **río** (_<u>rio</u>_).

Certains mots espagnols ont plusieurs significations; l'accent sert à les distinguer, par exemple: **él** (il) et **el** (le); **sí** (oui) et **si** (si); **tú** (tu) et **tu** (ton, ta).

Prononciation de l'alphabet espagnol

Nous avons mis au point tout au long de ce guide de conversation un système convivial, afin d'arriver à une prononciation qui soit la plus fidèle possible, bien que cette méthode engendre inévitablement une simplification des aspects les plus subtils de la prononciation espagnole.

A	â	**J**	<u>kho</u>ta	**R**	<u>é</u>rré
B	bé	**K**	ka	**S**	<u>é</u>ssé
C	THé	**L**	élé	**T**	té
D	dé	**M**	<u>é</u>mé	**U**	ou
E	é	**N**	<u>é</u>né	**V**	bé
F	éfé	**Ñ**	<u>é</u>gné	**W**	<u>dô</u>blé bé
G	khé	**O**	ô	**X**	<u>é</u>kis
H	<u>a</u>tché	**P**	pé	**Y**	i gry<u>é</u>ga
I	i	**Q**	kou	**Z**	<u>TH</u>éta

Expressions Courantes

L'ESSENTIEL

Oui./Non.	**Sí./No.** _si/nô_
D'accord.	**De acuerdo.** _dé acouérdô_
S'il vous plaît.	**Por favor.** _pôr fabôr_
Merci (beaucoup)	**(Muchas) gracias.** _(moutchas) graTHyas_

Salutations/Excuses Saludos y disculpas

Bonjour!/Salut!	**¡Hola!** _ôla_
Bonjour.	**Buenos días.** _bouénôs diyas_
Bonsoir.	**Buenas tardes.** _bouénas tardés_
Bonne nuit.	**Buenas noches.** _bouénas nôtchés_
Au revoir.	**Adiós.** _adyôs_
Excusez-moi!/S'il vous plaît! Pardon! (pour qu'on vous laisse passer)	**¡Disculpe!** _discoulpé_
Pardon!/Désolé(e)!	**¡Perdón!/¡Lo siento!** _pérdôn/lô siéntô_
Je ne l'ai pas fait exprès.	**No lo hice con intención.** _nô lô iTHé côn intenTHiónn_
Je vous en prie.	**No hay de qué.** _nô aï dé ké_
Ça ne fait rien.	**No tiene importancia.** _nô tyéné immpôrtannTHia_

Problèmes de communication
Dificultades a la hora de comunicarse

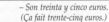

Parlez-vous français?	**¿Habla francés?** *abla frannTHés*
Y a-t-il quelqu'un qui parle français?	**¿Hay alguien que hable francés?** *aï alghièn ké ablé frannTHés*
Je ne parle pas (beaucoup) espagnol.	**No hablo (mucho) español.** *nô ablô (moutchô) éspagnôl*
Pourriez-vous parler plus lentement?	**¿Podría hablar más despacio?** *pôdria ablar mas déspaTHiô*
Pourriez-vous répéter ça?	**¿Podría repetir eso?** *pôdria répétir ésô*
Pardon! Je n'ai pas compris.	**¿Cómo? Lo siento, no entendí eso.** *cômô/lô siéntô, nô énténdi ésô*
Qu'avez-vous dit?	**¿Qué ha dicho?** *ké a ditchô*
Pourriez-vous l'épeler?	**¿Podría deletrearlo?** *pôdria délétrayarlô*
Pouvez-vous me l'écrire, s.v.p.?	**Escríbamelo, por favor.** *éskribamélô pôr fabôr*
Pourriez-vous me traduire ça?	**¿Podría traducirme esto?** *pôdria tradouTHirmé éstô*
Qu'est-ce que ça veut dire?	**¿Qué significa esto/eso?** *ké significa éstô/ésô*
Comment cela se prononce-t-il?	**¿Cómo se pronuncia eso?** *cômô sé prônounTHia ésô*
Pourriez-vous me montrer la phrase dans le livre?	**Por favor señáleme la frase en el libro.** *pôr fabôr ségnalémé la frasé én él librô*
Je comprends.	**Entiendo.** *éntiéndô*
Je ne comprends pas.	**No entiendo.** *nô éntiéndô*
Est-ce que vous comprenez?	**¿Entiende?** *éntiéndé*

– Son treinta y cinco euros.
(Ça fait trente-cinq euros.)
– No entiendo. (Je ne comprends pas.)
– Son treinta y cinco euros.
(Ça fait trente-cinq euros.)
– Escríbamelo, por favor. Ah, 35 euros. Aquí tiene.
(Pouvez-vous me l'écrire, s.v.p.? Ah, 35 euros. Tenez.)

Questions Preguntas

GRAMMAIRE

En espagnol, les questions se forment:

1. en adoptant une intonation interrogative; la plupart du temps, le pronom personnel est omis dans les phrases affirmatives et les questions:

Hablo español. Je parle espagnol.

¿Habla español? Parlez-vous espagnol?

2. en utilisant un pronom interrogatif (➤12-17) + dans un ordre inversé (comme en français):

¿Cuándo llega el tren? Quand est-ce qu'arrive le train?

Où? ¿Dónde?

Où est-ce?	**¿Dónde está?** _dôndé ésta_
Où allez-vous?	**¿A dónde va Usted?** _a dôndé ba ousteTH_
au point de rendez-vous	**en el punto de encuentro** _én él pountô dé éncouéntrô_
loin de moi	**lejos de mí** _lékhôs dé mi_
de la France	**de la Francia** _dé la frannTHia_
ici	**aquí** _aki_
dans la voiture	**en el coche** _én él côtché_
en Espagne	**en España** _én éspagna_
à l'intérieur	**dentro** _déntrô_
près de la banque	**cerca del banco** _THérca dél banncô_
à côté des pommes	**al lado de las manzanas** _al ladô dé las manTHanas_
en face du marché	**enfrente del mercado** _énfrénté dél mércadô_
là-bas	**allí** _al-yi_
à l'hôtel	**al hotel** _al ôtél_
à gauche / à droite	**a la izquierda/derecha** _a la iTHkiérda/dérétcha_
sur le trottoir	**en la acera** _én la aTHéra_
devant le café	**en frente del café** _én frénnté dél café_
jusqu'aux feux	**hasta el semáforo** _asta él sémafôrô_

Quand? ¿Cuándo?

A quelle heure ouvre le musée?	**¿Cuándo abre el museo?** _couanndô abré él mouséô_
A quelle heure arrive le train?	**¿Cuándo llega el tren?** _couandô l-yéga él trén_
il y a 10 minutes	**hace diez minutos** _aTHé diéTH minoutôs_
après le déjeuner	**después del almuerzo** _déspoués dél almouérTHo_
toujours	**siempre** _siémpré_
vers minuit	**a eso de las doce de la noche** _a ésô dé las dôTHé dé la nôtché_
à 7 heures	**a las siete** _a las siété_
avant vendredi	**antes del viernes** _antés dél biérnés_
pour demain	**para mañana** _para magnana_
chaque semaine	**todas las semanas/cada semana** _tôdas las sémanas/cada sémana_
pendant 2 heures	**durante dos horas** _douranté dôs ôras_
de 9 à 18 heures	**de nueve de la mañana a las seis de la tarde** _dé nouébé dé las magnana a las séis dé la tardé_
dans 20 minutes	**dentro de veinte minutos** _déntrô dé béynté minoutôs_
jamais	**nunca** _nounca_
pas encore	**todavía no** _tôdabia nô_
maintenant	**ahora** _a-ôra_
souvent	**a menudo** _a ménoudô_
le 8 mars	**el ocho de marzo** _él ôtchô dé marTHô_
pendant la semaine	**durante la semana** _douranté la sémana_
quelquefois	**a veces** _a béTHés_
bientôt	**pronto** _prôntô_
alors/ensuite/puis	**entonces/luego** éntônTHés/louégô
en 2 jours	**dentro de dos días** _déntrô dé dôs dias_

13

Quelle sorte de …? ¿Qué tipo de …?

Je voudrais quelque chose de …	**Quiero algo …**	*kiérô algô*
C'est …	**Es …**	*és*
agréable / désagréable	**agradable/desagradable**	*agradablé/désagradablé*
beau / laid	**bonito/feo**	*bônitô/féô*
bon marché / cher	**barato/caro**	*baratô/carô*
bon / mauvais	**bueno/malo**	*bouénô/malô*
chaud / froid	**caliente/frío**	*caliénté/friô*
délicieux / dégoûtant	**delicioso/asqueroso**	*déliTHiôsô/askérôsô*
épais / mince	**grueso/fino**	*grouésô/finô*
étroit / large	**estrecho/ancho**	*éstrétchô/antchô*
facile / difficile	**fácil/difícil**	*faTHil/difiTHil*
grand / petit	**grande/pequeño**	*granndé/pékégnô*
jeune / vieux	**joven/viejo**	*khôbén/biékhô*
juste / faux	**correcto/incorrecto**	*côréctô/inncôréctô*
libre / occupé	**libre/ocupado**	*libré/ôcoupadô*
lourd / léger	**pesado/ligero**	*pésadô/likhérô*
mieux / pire	**mejor/peor**	*mékhôr/péôr*
moderne / démodé	**moderno/antiguo**	*môdérnô/antigouoa*
ouvert / fermé	**abierto/cerrado**	*abiértô/THérradô*
prochain / dernier	**próximo/último**	*prôksimô/oultimô*
propre / sale	**limpio/sucio**	*limmpiô/souTHiô*
rapide / lent	**rápido/lento**	*rapidô/léntô*
silencieux / bruyant	**silencioso/ruidoso**	*silénTHiôsô/rouidôsô*
sombre / clair	**oscuro/claro**	*ôscourô/clarô*
tôt / tard	**temprano/tarde**	*témpranô/tardé*
vide / plein	**vacío/lleno**	*baTHiô/l-yénô*
vieux / neuf	**viejo/nuevo**	*biékhô/nouébô*

14

> En espagnol comme en français, les noms sont soit masculin, soit féminin et adjectifs et pronoms s'accordent en genre et en nombre. Voir page 169 pour de plus amples explications.

Combien? ¿Cuánto(-a)/Cuántos(-as)?

C'est combien?	**¿Cuánto es?**	_couantô és_
Combien y en a-t-il?	**¿Cuántos hay?**	_couantôs aï_
1/2/3	**uno/dos/tres**	_ounô/dôs/trés_
4/5	**cuatro/cinco**	_couatrô/THincô_
aucun(e)	**ninguno(a)**	_ningounô(-a)_
environ 100 euros	**unas cien euros**	_ounas THién oïros_
un peu	**un poco**	_oun pôcô_
beaucoup de circulation	**mucho tráfico**	_moutchô traficô_
assez	**bastante**	_bastanté_
quelques	**unos(-as)**	_ounôs(-as)_
beaucoup de gens	**mucha gente**	_moutcha khénté_
plus que ça	**más que eso**	_mas ké ésô_
moins que ça	**menos que eso**	_ménôs ké ésô_
beaucoup plus	**mucho más**	_moutchô mas_
rien d'autre	**nada más**	_nada mas_
trop	**demasiado**	_démasiadô_

Pourquoi? ¿Por qué?

Pourquoi?	**¿Por qué?**	_pôr ké_
Pourquoi pas?	**¿Por qué no?**	_pôr ké nô_
à cause du temps	**por el tiempo**	_pôr él tiémpô_
parce que je suis pressé	**porque tengo prisa**	_pôrké téngô prisa_
Je ne sais pas pourquoi.	**No sé por qué.**	_nô sé pôr ké_

Qui? / Lequel? ¿Quién?/¿Cuál?

Lequel voulez-vous?	**¿Cuál quiere?** *coual kiéré*
C'est pour qui?	**¿Para quién es?** *para kién és*
soit … soit …	**o … o …** *ô… ô …*
elle/lui	**ella/él** *él-ya/él*
moi	**mí** *mi*
toi	**ti** *ti*
eux/elles	**ellos(-as)** *él-yôs(-as)*
aucun(e)	**ninguno(-a)** *ningounô(-a)*
personne	**nadie** *nadié*
pas celui-là	**ése no** *ésé nô*
un(e) comme ceci	**uno(-a) como ése** *ounô(-a) cômô ésé(-a)*
quelqu'un/quelque chose	**alguien/algo** *alghién/algô*
celui-là/celui-ci	**ése/éste** *ésé/ésté*

A qui? ¿De quién (es)?

A qui est-ce?	**¿De quién es eso?** *dé kién és ésô*
C'est …	**Es …** *és*
à moi/à nous	**mío(-a)/nuestro(-a)** *miô(-a)/nouéstrô(-a)*
à vous	**suyo(-a)/tuyo(-a)/vuestro(-a)** *souyô(-a)/touyô(-a)/bouéstrô(-a)*
à lui/à elle/à eux	**suyo(-a)/suyos(-as)** *souyô(-a)/souyôs(-as)*
C'est … tour.	**Es … turno.** *és …tournô*
mon/ton/notre	**mi/tu/nuestro** *mi/tou/nouéstrô*
son/votre/leur	**su/vuestro/suyo** *sou/bouéstrô/souyô*

GRAMMAIRE

L'adjectif possessif précède toujours le nom et s'accorde en genre et en nombre avec lui, tandis que le pronom se place après le nom ou le verbe «être» (**ser**). Le pluriel se forme comme celui des noms en ajoutant un «**s**»:

adjectifs		pronoms	
mon/ma	**mi**	mien(ne)	**mío(-a)**
ton/ta	**tu**	tien(ne)	**tuyo(-a)**
son/sa	**su**	sien(ne)	**suyo(-a)**
votre (polit.)	**su**	vôtre (polit.)	**suyo(-a)**
notre	**nuestro(-a)**	nôtre	**nuestro(-a)**
votre	**vuestro(-a)**	vôtre	**vuestro(-a)**
leur	**su**	leur	**suyo(-a)**

Comment? ¿Cómo?

Comment voulez-vous payer?	**¿Cómo le gustaría pagar?** *cômô lé goustaría pagar*
avec une carte de crédit	**con tarjeta de crédito** *côn tarkhéta dé krédítô*
Comment arrivez-vous?	**¿Cómo va a venir aquí?** *cômô ba a bénir aki*
en voiture	**en coche** *én côtché*
par hasard	**por casualidad** *pôr casoualidaTH*
également	**igualmente** *igoualménté*
extrêmement	**sumamente** *soumaménté*
à pied	**a pie** *a pié*
vite/rapidement	**de prisa/rápidamente** *dé prisa/rapidaménté*
lentement	**despacio** *déspaTHiô*
trop vite	**demasiado de prisa** *démasiadô dé prisa*
totalement	**totalmente** *tôtalménté*
très	**muy** *moui*
avec un(e) ami(e)	**con un(a) amigo(-a)** *con un(a) amigô(-a)*
sans passeport	**sin pasaporte** *sin pasapôrté*

C'est …?/Y a-t-il …? ¿Es/está …?/¿Hay …?

C'est …?	**¿Es/está …?** *és/ésta*
C'est gratuit?	**¿Es gratis?** *és gratis*
Ce n'est pas prêt.	**No está listo.** *nô ésta listô*
Y a-t-il …?	**¿Hay …?** *aï*
Y a-t-il un bus pour aller en ville?	**¿Hay un autobús para ir a la ciudad?** *aï oun aoutôbous para ir a la THioudaTH*
Y a-t-il des douches dans les chambres?	**Hay duchas en las habitaciones?** *aï doutchas én las abitaTHiônés*
Le/Les voici.	**Aquí está/están.** *aki ésta/éstan*
Le/Les voilà.	**Ahí está/están.** *ahi ésta/éstan*

Pouvoir ¿Puedo?

Est-ce que je peux avoir …?	**¿Puedo haber …?** *pouédô abér*
Est-ce que nous pouvons avoir …?	**¿Podemos tomar …?** *pôdémôs tômar*
Pouvez-vous me montrer …?	**¿Puede enseñarme …?** *pouédé enségnarmé*
Pouvez-vous me dire …?	**¿Puede decirme?** *pouédé déTHirmé*
Pouvez-vous m'aider?	**¿Puede ayudarme?** *pouédé ayoudarmé*
Est-ce que je peux vous aider?	**¿Puedo ayudarle?** *pouédô ayoudarlé*
Pouvez-vous m'indiquer comment aller à …?	**¿Puede indicarme cómo ir a …?** *pouédé indicarmé cômô ir a*
Je ne peux pas.	**No puedo.** *nô pouédô*

Qu'est-ce que vous voulez? ¿Qué quiere?

Je voudrais …	**Quiero …** *kiérô*
Est-ce que je peux avoir …?	**¿Podría haber …?** *pôdria abér*
Nous voudrions …	**Queremos …** *kérémôs*
Donnez-moi …	**Déme …** *démé*
Je cherche …	**Estoy buscando …** *éstôy bouscanndô*
Je dois …	**Necesito …** *néTHésitô*
aller …	**ir …** *ir*
trouver …	**encontrar …** *éncôntrar*
voir …	**ver …** *bér*
parler à …	**hablar con…** *ablar conn*

– Disculpe. (Excusez-moi!)
– ¿Sí? (Oui?)
– ¿Puede ayudarme? (Pouvez-vous m'aider?)
– Sí, por supuesto. (Oui, bien sûr.)
– Gracias. Quiero hablar con el señor Blanc.
(Je voudrais parler à monsieur Blanc.)
– Un momento, por favor. (Un moment, s.v.p.)

Autres mots utiles
Otras palabras útiles

heureusement	**afortunadamente** *afôrtounada_mén_té*
j'espère que …	**espero que …** *és_pé_ro ké*
bien sûr	**por supuesto** *pôr soup_oué_stô*
peut-être	**quizá** *ki_THa*
malheureusement	**desgraciadamente** *désgraTHiada_mén_té*
aussi	**también** *tam_bién_*
et	**y** *i*
mais	**pero** *pé_rô_*
ou	**o** *ô*

Exclamations Exclamaciones

Enfin!	**¡Por fin!** *pôr fin*
Continuez.	**Continúa.** *côntin_oua_*
N'importe quoi!	**Tonterías** *tôn_té_rias*
Tu peux en être sûr!	**¡Puedes estar seguro(-a)!** *pou_é_dés és_tar_ sé_gou_rô(-a)*
Tu plaisantes!	**¡No me digas!** *nô mé _digas_*
Comment ça va?	**¿Cómo te va?** *_cô_mô té ba*
super	**estupendamente** *éstoupénda_mén_té*
très bien	**muy bien** *m_oui_ bi_én_*
bien	**bien** *bi_én_*
pas mal	**no demasiado mal** *nô déma_siad_ô mal*
ça va	**tirando** *tirann_dô*
pas bien	**no muy bien** *nô m_oui_ bi_én_*
plutôt mal	**bastante mal** *bas_tann_té mal*
(ça ne va) pas bien du tout	**fatal** *fa_tal_*

Hébergement

Vous pourrez trouver tous les types de logement, de l'hôtel au camping, dans les centres d'information touristique (**Oficina de turismo**).

Il est indispensable de réserver tôt auprès de la plupart des centres touristiques importants, surtout pendant la haute saison ou lors d'événements spéciaux.

Hotel *ôtèl*

Les catégories officielles d'hôtels sont au nombre de cinq: de luxe, de première classe A, de première classe B, de deuxième classe et de troisième classe. Les tarifs peuvent varier dans chacune des catégories énoncées, en fonction de la situation et de l'équipement proposés. Naturellement, il existe également un grand nombre d'hôtels non classés où vous trouverez un logement propre et simple et de bons repas.

Refugio *réfoukhyô*

Petites auberges en régions isolées et montagneuses. Elles sont généralement fermées pendant l'hiver.

Albergue de juventud *albérgué dé khoubéntoud*

Auberge de jeunesse. L'âge n'y est généralement pas limité; affiliez-vous et votre **carnet de alberguista** vous permettra de bénéficier d'un tarif réduit. Le réseau n'est pas étendu en Espagne, mais les **casas de huéspedes (CH)** et les **fondas (F)** sont des solutions économiques.

Apartamento amueblado *apartaméntô amouébladô*

Appartement meublé, essentiellement situé dans les stations balnéaires. Disponible dans les agences de voyages spécialisées ou en vous adressant directement au propriétaire (repérez le signe **se alquila** – à louer).

Hostal *ôstal*

Hôtels modestes, souvent des entreprises familiales, comptant de une à trois étoiles; identifiables aux lettres **Hs.**

Parador *paradôr*

Palais, maisons de campagne ou châteaux convertis en hôtels à l'initiative du gouvernement. Leur but est de donner l'occasion de vivre «l'Espagne authentique». L'agence centrale de réservations est **Paradores de España**.

Pensión *pénsyônn*

Pensions de famille, comptant de une à trois étoiles; identifiables par la lettre **P.**

Réservations Reservas

A l'avance Con antelación

Pouvez-vous me recommander un hôtel à …?	**¿Puede recomendarme un hotel en …?** _pouédé récômén<u>dar</u>mé oun ô<u>tél</u> én_
Est-ce près du centre-ville?	**¿Está cerca del centro (de la ciudad)?** _está <u>TH</u>érca dél <u>TH</u>éntrô (dé la THiou<u>da</u>TH)_
C'est combien par nuit?	**¿Cuánto cuesta por noche?** _cou<u>ann</u>tô cou<u>é</u>sta pôr <u>nô</u>tché_
Y a-t-il quelque chose de moins cher?	**¿Hay algo más barato?** _aï <u>al</u>gô mas bara<u>tô</u>_
Pourriez-vous m'y réserver une chambre, s.v.p.?	**¿Podría reservarme una habitación allí por favor?** _pô<u>dri</u>a résér<u>bar</u>mé <u>ou</u>na abitaTHi<u>ôn</u> al-<u>yi</u> pôr fa<u>bôr</u>_
Comment puis-je m'y rendre?	**¿Cómo llego allí?** _<u>cô</u>mô l-<u>yé</u>gô al-<u>yi</u>_

A l'hôtel En el hotel

Avez-vous des chambres libres?	**¿Tienen habitaciones libres?** _ti<u>é</u>nén abitaTHi<u>ô</u>nés <u>li</u>brés_
Je regrette, nous sommes complets.	**Lo siento, está todo ocupado.** _lô si<u>é</u>ntô, está <u>tô</u>dô ôcu<u>pa</u>dô_
Y a-t-il un autre hôtel près d'ici?	**¿Hay otro hotel por aquí cerca?** _aï <u>ô</u>trô ô<u>tél</u> pôr a<u>ki</u> <u>TH</u>érca_
Je voudrais une chambre à un lit/chambre pour deux personnes.	**Quiero una habitación individual/doble.** _ki<u>é</u>rô ouna abitaTHi<u>ôn</u> indibidou<u>al</u>/<u>dô</u>blé_
Une chambre avec …	**Una habitación con …** _<u>ou</u>na abitaTHi<u>ôn</u> côn …_
des lits jumeaux	**dos camas** _dôs <u>ca</u>mas_
un grand lit	**una cama de matrimonio** _<u>ou</u>na <u>ca</u>ma dé matri<u>mô</u>niô_
une salle de bains/douche	**un baño/una ducha** _oun <u>ba</u>gnô/<u>ou</u>na <u>dou</u>tcha_

– ¿Tienen habitaciones libres? (Avez-vous des chambres libres?)
– _Lo siento, está todo ocupado. (Je regrette, nous sommes complets.)_
– Oh. ¿Hay otro hotel por aquí cerca?
(Oh. Y a-t-il un autre hôtel près d'ici?)
– _Sí. Mire en el Mirador cruzando la calle._
(Oui. Essayez le Mirador de l'autre côté de la rue.)

Réception Recepción

J'ai une réservation. Je m'appelle …	**Tengo una reserva. Me llamo …** *téngo ouna résérba. mé l-yamô*
Nous avons réservé une chambre pour deux personnes et une chambre à un lit.	**Hemos reservado una habitación doble y una individual.** *émôs résérbadô ouna abitaTHiôn dôblé i ouna indibidoual*
J'ai confirmé par lettre.	**Confirmé mi reserva por carta.** *cônfirmé mi résérba pôr carta*
Pourriez-vous nous donner des chambres côte à côte?	**¿Nos podrían dar habitaciones conjuntas?** *nôs pôdrian dar abitaTHiônés cônkhountas*

Equipement Instalaciones

Y a-t-il … dans la chambre?	**¿Hay … en la habitación?** *aï … én la abitaTHiôn*
climatisation	**aire acondicionado** *aïré acôndiTHyônadô*
télévision/téléphone	**televisión/teléfono** *télébisiôn/téléfônô*
Y a-t-il … à l'hôtel?	**¿Tiene el hotel …?** *tiéné él ôtél*
une télécopie	**un fax** *oun fax*
un service de nettoyage	**un servicio de lavandería** *oun sérbiTHiô dé labanndéria*
la télévision par satellite	**la televisión por satélite/cable** *la télébisiôn pôr satélité/cablé*
un sauna	**una sauna** *ouna saouna*
une piscine	**una piscina** *ouna piTHina*
Pourriez-vous mettre … dans la chambre?	**¿Podrían poner … en la habitación?** *pôdrian pônér … én la abitaTHiôn*
un lit supplémentaire	**otra cama más** *ôtra cama mas*
un lit d'enfant	**una cuna** *ouna couna*
Y a-t-il des aménagements pour enfants/handicapés?	**¿Tienen instalaciones para los niños/minusválidos?** *tiénén instalaTHiônés para lôs nignôs/minousbalidôs*

22

Combien de temps …? ¿Cuánto tiempo …?

Nous resterons …

une nuit seulement
quelques jours
une semaine (au moins)

Je voudrais rester une nuit
supplémentaire.
Qu'est-ce que ça veut dire?

Nos quedaremos …
nôs kédarémôs …

sólo esta noche *sôlô ésta nôtché*
unos días *ounôs días*
una semana (por lo menos)
ouna sémana (pôr lô ménôs)

Quiero quedarme otra noche más.
kiérô kédarmé ôtra nôtché mas
¿Qué significa esto? *ké significa éstô*

– Buenas días. Me llamo Alain Dupois.
(Bonjour. Je m'appelle Alain Dupois.)
– *(Buenas días, Sr. Dupois.)*
– *(Ah, bonjour monsieur Dupois.)*
– Hemos reservado una habitación doble.
(Nous avons réservé une chambre pour
deux personnes.)
– *Muy bien. Firme aquí, por favor.*
(Très bien. Signez ici, s.v.p.)

¿Puedo ver su pasaporte, por favor?	Est-ce que je peux voir votre passeport, s.v.p.?
Rellene este formulario/ firme aquí, por favor.	Remplissez cette fiche/ signez ici, s.v.p.
¿Cuál es su número de matrícula?	Quel est votre numéro d'immatriculation?

DESAYUNO INCLUIDO	petit déjeuner compris
SE DAN COMIDAS	repas
SOLO LA HABITACIÓN … EUROS	chambre seule … euros
NOMBRE/APELLIDO	nom/prénom
DOMICILIO/CALLE/NÚMERO	lieu de résidence/rue/ numéro
NACIONALIDAD/PROFESIÓN	nationalité/profession
FECHA/LUGAR DE NACIMIENTO	date/lieu de naissance
NÚMERO DE PASAPORTE	numéro de passeport
NÚMERO DE MATRÍCULA	numéro d'immatriculation de la voiture
LUGAR/FECHA	lieu/date
FIRMA	signature

Prix Precio

Quel est le prix ...?	**¿Cuánto es ...?** *couanntô és*
par nuit/semaine	**por noche/semana** *pôr nôtché/sémana*
pour la chambre et le petit déjeuner	**por desayuno y habitación** *pôr désayounô i abitaTHiôn*
sans les repas	**excluyendo las comidas** *ésklouyéndô las cômidas*
pour la pension complète	**por pensión completa** *pôr pénsiôn cômpléta*
pour la demi-pension	**por media pensión** *pôr média pénsiôn*
Est-ce-que cela comprend ...?	**¿Incluye el precio ...?** *inklouyé él préTHiô*
le petit déjeuner	**el desayuno** *él désayounô*
le service	**el servicio** *él sérbiTHiô*
la T.V.A.	**el IVA** *el iba*
Dois-je verser des arrhes?	**¿Tengo que pagar una señal?** *téngô ké pagar ouna ségnal*
Y a-t-il une réduction pour enfants?	**¿Hay un descuento para los niños?** *aï oun déscouéntô para lôs nignôs*

Décision Decisión

Puis-je voir la chambre?	**¿Puedo ver la habitación?** *pouédô bér la abitaTHiôn*
C'est bien. Je la prends.	**Está bien. Me quedo con ella.** *ésta bién. mé kédô côn él-ya*
Elle est trop ...	**Es demasiado ...** *és démasiadô*
sombre/petite	**oscura/pequeña** *ôscoura/pékégna*
bruyante	**ruidosa** *rouidôsa*
Avez-vous quelque chose de ...?	**¿Tiene algo ...?** *tiéné algô*
plus grand/moins cher	**más grande/más barato** *mas granndé/mas baratô*
plus calme/plus chaud	**más tranquilo/más caliente** *mas trannkilô/mas caliénté*
Non, je ne la prends pas.	**No, no me quedo con ella.** *nô, nô mé kédô côn él-ya*

Problèmes Problemas

Le/La … ne marche pas.
… no funciona.
nô founTHiôna

climatisation
el aire acondicionado
él aïré acôndiTHiônadô

ventilateur
el ventilador *él béntiladôr*

chauffage
la calefacción *la caléfakTHiôn*

lumière
la luz *la louTH*

Je ne peux pas allumer/éteindre le chauffage.
No puedo encender/apagar la calefacción. *nô pouédô énTHéndér/ apagar la caléfakTHiôn*

Il n'y a pas d'eau chaude/de papier toilette.
No hay agua caliente/papel higiénico. *nô aï agoua caliénté/papél ikhiénicô*

Le robinet fuit.
el grifo gotea. *él grifô gôtéa*

Le lavabo est bouché.
el lavabo está atascado. *él lababô ésta atascadô*

Les toilettes sont bouchées.
el wáter está atascado. *él batér ésta atascadô*

La fenêtre/porte est coincée.
la ventana/puerta está atascada. *la béntana/pouérta ésta atascada*

Ma chambre n'a pas été faite.
No han hecho la habitación. *nô ann étchô la abitaTHiôn*

La … est cassée.
… está rota. *… ésta rôta*

lampe
la lámpara *la lammpara*

serrure
el pestillo *él péstil-yô*

Les stores sont cassés.
La persiana está rota. *la pérsiana ésta rôtô(-a)l*

Il y a des insectes dans notre chambre.
Hay insectos en nuestra habitación. *aï inséktôs én nouéstra abitaTHiôn*

Action Acción

Pourriez-vous vous en occuper?
¿Podrían encargarse de eso? *pôdrian éncargarsé dé éssô*

Je voudrais changer de chambre.
Quiero mudarme a otra habitación. *kiérô moudarmé a ôtra abitaTHiôn*

Je voudrais parler au directeur.
Quiero hablar con el director. *kiérô ablar côn él diréktôr*

Besoins généraux
Preguntas generales

Le 220 volts c.a., 50 Hz est la norme espagnole. Si vous êtes d'un pays non européen, vérifiez au préalable s'il vous faut prévoir un adaptateur, voire un transformateur, adaptés aux appareils électriques que vous souhaitez utiliser.

A propos de l'hôtel Sobre el hotel

Où est le/la/l' …?	**¿Dónde está …?** *dôndé ésta*
bar	**el bar** *él bar*
salle de bains	**el cuarto de baño** *él couarto dé bagnô*
parking	**el aparcamiento** *él aparcamiéntô*
salle à manger	**el comedor** *él cômédôr*
ascenseur	**el ascensor** *él asTHénsôr*
douche	**la ducha** *la doutcha*
piscine	**la piscina** *la piTHina*
tableau d'affichage de l'agence de voyages	**el tablón de anuncios del operador turístico** *él tablôn dé anounTHiôs dél ôpéradôr touristicô*
Où sont les toilettes?	**¿Dónde están los servicios?** *dôndé éstan los sérbiTHiôs*
Y a-t-il un garage dans l'hôtel?	**¿Tiene garaje el hotel?** *tiéné garakhé él ôtél*

MARQUE …	composer le …
PARA HABLAR CON RECEPCIÓN	pour la réception
PARA UNA LÍNEA EXTERIOR	pour l'extérieur
NO MOLESTAR	ne pas déranger
PROHIBIDO COMER EN LA HABITACIÓN	Il est interdit de manger dans les chambres
PUERTA DE INCENDIOS	porte coupe-feu
SALIDA DE EMERGENCIA	sortie de secours
SÓLO PARA UTILIZAR MÁQUINAS DE AFEITAR	seulement pour rasoirs

Besoins personnels
Necesidades personales

La clé de la chambre …, s.v.p.

La llave de la habitación …, por favor. *la l-yabé déla abitaTHiòn … pôr fabôr*

J'ai perdu ma clé.

He perdido la llave. *é pérdidô la l-yabé*

Je ne peux plus ouvrir la porte de ma chambre.

No puedo abrir la puerta de mi habitación. *nô pouédô abrir la pouérta dé mi abitaTHiòn*

Pourriez-vous me réveiller à …?

¿Podría despertarme a las …? *pôdria déspértarmé a las/la …*

Je voudrais le petit déjeuner dans na chambre.

Quiero el desayuno en la habitación. *kiérô él désayounô én la abitaTHiòn*

Puis-je laisser ceci dans le coffre-fort de l'hôtel?

¿Puedo dejar esto en la caja fuerte? *pouédô dékhar éstô én la cakha fouérté*

Puis-je prendre mes affaires dans le coffre-fort?

¿Podría tomar mis cosas de la caja fuerte? *pôdria tomar mis côsas dé la cakha fouérté*

Où puis-je trouver …?

¿Dónde puedo encontrar a …? *dôndé pouédô éncôntrar a…*

la femme de chambre

la chica del servicio *la tchica dél sérbiTHyô*

le représentant de notre voyage organisé

nuestro representante turístico *nouéstrô répréséntannté touristicô*

Pouvez-vous me donner un/une/du/des … ?

¿Pueden darme …? *pouédén darmé*

serviette de bain

una toalla de baño *ouna tôal-ya dé bagnô*

couverture

una manta *ouna mannta*

cintres

unas perchas *ounas pértchas*

oreiller

una almohada *ouna almoada*

savon

una pastilla de jabón *ouna pastilya dé khabôn*

Y a-t-il du courrier pour moi?

¿Hay correo para mí? *aï côrréô para mi*

Y a-t-il des messages pour moi?

¿Hay algún mensaje para mí? *aï algoun ménsakhé para mi*

Location (de logement)
Alquilar

Nous avons réservé un appartement/une maison.	**Hemos reservado un apartamento/ una casa.** *émôs résérbadô oun apartaméntô/ouna cassa*
au nom de …	**a nombre de …** *a nômbré dé*
Où devons-nous prendre les clés?	**¿Dónde recogemos las llaves?** *dônde récôkhémôs las l-yabés*
Où est le/la …?	**¿Dónde está …?** *dônde ésta*
compteur électrique	**el contador de la luz** *él côntadôr dé la louTH*
boîte à fusibles	**la caja de fusibles** *la cakha dé fousiblés*
robinet	**la llave de paso** *la l-yabé dé pasô*
chauffe-eau	**el calentador** *él caléntadôr*
Y a-t-il des … de rechange?	**¿Hay … de repuesto?** *aï … dé répouéstô*
bouteilles de gaz/fusibles	**bombonas de gas butano/fusibles** *bômbônas dé gas boutanô/fousiblés*
draps	**sábanas** *sabanas*
Quel jour vient la femme de ménage?	**¿Qué día viene la limpiadora?** *ké dia biéné la limpiadôra*
Quand dois-je sortir les poubelles?	**¿Cuándo hay que sacar la basura?** *couanndô aï ké sacar la basoura*

Problèmes? ¿Problemas?

Où est-ce que je peux vous contacter?	**¿Dónde me puedo poner en contacto con usted?** *dônde mé pouédô pônér én côntaktô côn oustéTH*
Comment fonctionne la cuisinière/le chauffe-eau?	**¿Cómo funciona la cocina/el calentador?** *cômô founTHiôna la côTHina/él caléntadôr*
Le/La/Les … est sale/ sont sales.	**… está sucio(-a)/están sucios(-as).** *ésta souTHiô(-a)/éstan souTHiôs/(-as)*
Le/La … est cassé(e).	**… se ha estropeado.** *sé a éstrôpéadô*
Nous avons cassé/perdu …	**Hemos roto/perdido ….** *émôs rôtô/pérdidô …*
C'était déjà abîmé quand nous sommes arrivés.	**Eso ya estaba estropeado cuando llegamos.** *ésô ya éstaba éstrôpéadô couanndô l-yégamôs*

Termes utiles Expresiones útiles

bouilloire électrique	**la hervidora eléctrica** *la érbidôra eléktrica*
casserole	**el cazo** *él caTHô*
chaudière	**el calentador/la caldera** *él caléntadôr/la caldéra*
congélateur	**el congelador** *él cônkhéladôr*
couverts	**los cubiertos** *lôs coubiértôs*
cuisinière	**la cocina** *la côTHina*
lampe	**la lámpara** *la lammpara*
machine à laver	**la lavadora** *la labadôra*
poêle	**la sartén** *la sartén*
réfrigérateur	**el frigorífico** *él frigôrificô*
vaisselle	**la vajilla** *la bakhil-ya*

Chambres Habitaciones

balcon	**el balcón** *él balcôn*
salle de bains	**el cuarto de baño** *él couartô dé bagnô*
chambre	**el dormitorio** *él dôrmitôriô*
salle à manger	**el comedor** *él cômédôr*
cuisine	**la cocina** *la côTHina*
salle de séjour / le salon	**la sala de estar/el salón** *la sala dé éstar/él salôn*
toilette	**el servicio** *él sérbiTHiô*

Auberge de jeunesse Albergue juvenil

Bien qu'une liste des auberges de jeunesse soit disponible à l'Office du tourisme national espagnol, elles sont rares en Espagne.

Avez-vous une chambre libre pour ce soir?	**¿Tiene alguna habitación libre para esta noche?** *tiéné algouna abitaTHiôn libré para ésta nôtché*
Louez-vous des draps?	**¿Alquilan ropa de cama?** *alkilan rôpa dé cama*
A quelle heure les portes ferment-elles?	**¿A qué hora cierran las puertas?** *a ké ôra THiéran las pouértas*
J'ai une carte d'étudiant internationale.	**Tengo el carnet internacional de estudiante.** *téngo él carnét intérnaTHiônal dé éstoudiannté*

BESOINS GENERAUX ➤ 26; CAMPING ➤ 30

Camping De acampada

Les catégories de terrains de camping espagnols sont: de luxe, de première, deuxième ou de troisième classe. Les équipements sont variables, mais tous sont pourvus de toilettes, de douches, ainsi que d'eau potable, et sont surveillés 24/24 h. Si vous désirez une liste complète des campings, des équipements et des tarifs, contactez n'importe quel office du tourisme national espagnol.

Réservations Reservas

Y a-t-il un camping près d'ici?	**¿Hay un cámping cerca de aquí?** *aï oun cammpin THérca dé aki*
Avez-vous de la place pour une tente/une caravane?	**¿Tienen una parcela para una tienda/roulotte?** *tiénén ouna parTHéla para ouna tiénda/roulôté*
Combien ça coûte …?	**¿Cuánto cobran …?** *couanntô côbran*
par jour/semaine	**por día/semana** *pôr dia/sémana*
pour une tente/voiture	**por tienda/por coche** *pôr tiénda/pôr côtché*
pour une caravane	**por roulotte** *pôr roulôté*

Equipement Instalaciones

Est-il possible de faire la cuisine sur le terrain?	**¿Tienen instalaciones para cocinar en el recinto?** *tiénén instalaTHiônés para côTHinar én él réTHintô*
Y a-t-il des branchements électriques?	**¿Hay tomas de tierra?** *aï tômas dé tierra*
Où est l'/le …?	**¿Dónde está …?** *dônde ésta*
eau potable	**el agua potable** *él agoua pôtablé*
point lavage	**el servicio de lavandería** *él sérbiTHiô dé labandéria*
Où sont les …?	**¿Dónde están …?** *dônde éstan*
poubelles	**las papeleras** *las papéléras*
douches	**las duchas** *las doutchas*
Où puis-je acheter du gaz butane?	**¿Dónde puedo comprar gas butano?** *dônde pouédô cômprar gas boutanô*

AGUA POTABLE	eau potable
PROHIBIDO ACAMPAR	camping interdit
PROHIBIDO HACER HOGUERAS/ BARBACOAS	feux/barbecues interdits

Plaintes Quejas

Il y a trop de soleil ici.	**Hay demasiado sol aquí.** *aï démasia̱dô sôl a̱ki*
Il y a trop d'ombre / de monde ici.	**Hay demasiada sombra/ gente aquí.** *aï démasia̱da sômbra/khénté a̱ki*
Le sol est trop dur / inégal.	**El suelo está demasiado duro/ desnivelado.** *él soué̱lô ésta̱ démasia̱dô dou̱rô/désnibé̱ladô*
Avez-vous un emplacement plus plat?	**¿Tiene una parcela más nivelada?** *tié̱né ou̱na parTHéla mas nibé̱lada*
Vous ne pouvez pas camper ici.	**No puede acampar aquí.** *nô poué̱dé acampa̱r a̱ki*

Matériel de camping Equipo de acampada

allumettes	**las cerillas** *las THéril-yas*
charbon	**el carbón** *él carbô̱n*
corde de tente	**la cuerda tensora** *la coué̱rda ténsô̱ra*
gaz butane	**el gas butano** *él gas boutạnô*
(grand) piquet de tente	**el mástil** *él ma̱stil*
lit de camp	**la cama de cámping** *la ca̱ma dé ca̱mmpin*
maillet	**el mazo** *él maTHô̱*
marteau	**el martillo** *él martil-yô̱*
matelas (pneumatique)	**el colchón (inflable)** *él côltchôn (inflablé)*
pétrole	**la parafina** *la parafi̱na*
piquets de tente	**las estacas** *las ésta̱cas*
réchaud (de camping)	**el hornillo de gas** *él ôrni̱l-yô dé gas*
sac à dos	**la mochila** *la môtchi̱la*
sac de couchage	**el saco de dormir** *él sa̱cô dé dôrmi̱r*
tapis de sol	**el aislante para el suelo** *él aïsla̱nnté para él soué̱lô*
tente	**la tienda** *la tié̱nda*
torche électrique	**la linterna** *la linté̱rna*

Départ Salida

A quelle heure devons-nous libérer la chambre?	**¿A qué hora tenemos que desocupar la habitación?** *a ké ôra ténémôs ké désôcoupar la abitaTHiôn*
Pourrions-nous laisser nos bagages ici jusqu'à …?	**¿Podríamos dejar nuestro equipaje aquí hasta las …?** *pôdriamôs dékhar nouéstrô ékipakhé aki asta las …*
Je pars maintenant.	**Me voy ahora.** *mé bôy a-ôra*
Pourriez-vous m'appeler un taxi, s.v.p.?	**¿Me podría pedir un taxi, por favor?** *mé pôdria pédir oun taksi pôr fabôr*
J'ai / Nous avons passé un très bon séjour.	**He/Hemos disfrutado mucho nuestra estancia.** *é/émôs disfroutadô moutchô nouéstra éstanTHia*

Paiement Pagar

Pouvez-vous me donner la note, s.v.p.?	**¿Me da la cuenta, por favor?** *mé da la couénta, pôr fabôr*
Je crois qu'il y a une erreur sur cette note.	**Creo que hay un error en esta cuenta.** *créô ké aï oun érrôr én ésta couénta*
J'ai passé … coups de téléphone.	**He hecho … llamadas.** *é étchô … l-yamadas*
J'ai pris … au mini-bar.	**He tomado … del minibar.** *é tômadô … dél minibar*
Est-ce que je peux avoir une note détaillée?	**¿Pueden darme una cuenta detallada?** *pouédén darmé ouna couénta détal-yada*
Pourriez-vous me donner un reçu?	**¿Podría darme un recibo?** *pôdria darmé oun réTHibô*

Pourboire: le service est généralement inclus dans les notes d'hôtels et de restaurants. Néanmoins, si le service s'est avéré particulière-ment satisfaisant, vous pouvez laisser un pourboire supplémentaire. Le tableau suivant vous servira de guide:

	Pourboire suggéré
Portier	1 euro
Femme de chambre, pour les services supplémentaires	1 - 2 euros
Serveur	10% jusqu'à 8 euros, au-delà: 5%.

La table

Restaurants Restaurantes

Bar *bar*

Bar; consommation de boissons et de tapas, parfois également de boissons chaudes.

Café *café*

On trouve des cafés à pratiquement tous les coins de rue. Elément incontournable de la scène quotidienne, le café est l'endroit où l'on se réunit pour discuter autour d'un café, d'une limonade ou d'un verre de vin.

Cafeteria *cafétéria*

Café-restaurant; le service est effectué au comptoir, ou – pour quelques centimes de plus – à table. On y propose généralement une restauration rapide et le menu du jour est souvent très bon.

Casa de cômidas *cassa dé cômidass*

Simple auberge servant des repas économiques.

Heladería *éladéria*

Salon de crème glacée / glacier-patissier.

Merendero *méréndérô*

Bar bon marché en plein air; vous pouvez généralement manger à l'extérieur.

Parador *paradôr*

Etablissement ouvert sur initiative du gouvernement, situé dans un château historique, palais ou ancien monastère. Le parador est réputé pour ses excellents plats régionaux.

Venta *bénta*

Restaurant; souvent spécialisé en cuisine régionale.

Pastelería/Confitería *pastéléri̲a̲/cônfité̲ri̲a*
Pâtisserie/confiserie; certaines servent café, thé et autres boissons.

Posada *pôssada*
Version humble d'une fonda; la nourriture est généralement simple mais bonne.

Refugio *ré̲fou̲khiô*
Refuge de montagne servant des repas simples.

Restaurante *réstaou̲rannté*
Restaurants classés par le gouvernement; le classement officiel est toutefois plus lié au décor qu'à la qualité de la cuisine.

Salón de té *salô̲n dé té*
Salon de thé; cafétéria haut de gamme.

Taberna *tabérna*
Similaire à une taverne française du point de vue de l'atmosphère; vous pourrez toujours y consommer une variété de tapas et d'autres collations.

Tasca *ta̲sca*
Comme un bar; boissons et tãpas sont servis au comptoir; debout uniquement.

Heure des repas Hora de comida

el desayuno *él déssaï̲ou̲nô*
Petit déjeuner: servi dans la plupart des cas entre 7 et 10 h du matin. Traditionnellement, une simple tranche de pain grillé, un croissant ou un petit pain accompagné de café; les hôtels proposent aujourd'hui des repas plus consistants pour les touristes, avec un petit déjeuner buffet.

el almuerzo *él almoué̲rTHô*
Le déjeuner est d'ordinaire servi à partir de plus ou moins 14 ou 15 heures. Les Espagnols aiment manger calmement.

la cena *la TH̲éna*
Le dîner est habituellement servi nettement plus tard qu'à la maison, en l'occurrence de 20h 30 (22h à Madrid) à 23h. Toutefois, en région touristique, vous pouvez prendre un repas dans la plupart des restaurants à tout moment de la journée.

Cuisine espagnole Cocina española

La variété propre à la cuisine espagnole provient des influences celtique, romane, arabe et du nouveau monde, ainsi que de la profusion de fruits de mer de l'Atlantique et de la Méditerranée. La plupart des restaurants suggéreront un menu du jour tout-à-fait valable (**menú del día**) - comprenant généralement trois plats, accompagnés de la cuvée du patron, le tout à un prix fixe. Le service et les taxes sont toujours inclus dans l'addition.

Une table pour ... s.v.p.	**Una mesa para ...., por favor.** *ouna mésa para ...., pôr fabôr*
1/2/3/4	**uno/dos/tres/cuatro** *ounô/dôs/trés/couatrô*
Merci.	**Gracias.** *graTHias*
L'addition, s.v.p.	**La cuenta, por favor.** *la couénta, pôr fabôr*

Chercher un restaurant
Buscar un restaurante

Pouvez-vous me recommander un bon restaurant?	**¿Puede recomendarme un buen restaurante?** *pouédé récôméndarmé oun bouén réstaourannté*
Y a-t-il un restaurant ... près d'ici?	**¿Hay un restaurante ... cerca de aquí?** *aï oun réstaourannté ... THérca dé aki*
local traditionnel	**típico** *tipicô*
chinois	**chino** *tchinô*
grec	**griego** *griégô*
italien	**italiano** *italianô*
bon marché	**barato** *baratô*
végétarien	**vegetariano** *békhétarianô*
Où puis-je trouver un/une ...?	**¿Dónde puedo encontrar ...?** *dôndé pouédô éncôntrar*
kiosque à hamburger	**una hamburguesería** *ouna ammbourguésséria*
café/restaurant avec jardin	**una cafetería/un restaurante con jardín** *ouna cafétéria/oun réstaourannté côn khardin*
fast-food/restauration rapide	**un restaurante de comida rápida** *oun réstaourannté dé cômida rapida*
glacier	**una heladería** *ouna éladéria*
pizzeria	**una pizzería** *ouna piTHéria*
restaurant-grill	**una churrasquería** *ouna tchourraskéria*

Réservations Reservas

Je voudrais réserver une table pour 2 personnes.	**Quiero reservar una mesa para dos personas.** *kié̦rô résérbar ou̦na mé̦sa para dôs persô̦nas*
Nous viendrons à 8h00.	**Llegaremos a las 8:00.** *l-yégaré̦mos a las ô̦tchô*
Une table pour 2, s.v.p.	**Una mesa para dos, por favor.** *ou̦na mé̦sa para dôs pôr fabôr*
Nous avons réservé.	**Tenemos una reserva.** *téné̦môs ou̦na résé̦rba*

¿A nombre de quién, por favor?	C'est à quel nom, s.v.p.?
Lo siento. Tenemos mucha gente/ está completo.	Je regrette. Il y a beaucoup de monde/nous sommes complets.
Tendremos una mesa libre dentro de ... minutos.	Nous aurons une table libre dans ... minutes.
Tendrá que volver dentro de ... minutos.	Revenez dans ... minutes.

Où s'asseoir Dónde sentarse

Pouvons-nous nous asseoir ...?	**¿Podríamos sentarnos ...?** *pôdria̦môs séntarnôs*
là-bas	**allí** *al-yi*
dehors	**fuera** *foué̦ra*
dans une zone non-fumeur	**en una zona de no fumadores** *én ou̦na THô̦na dé nô foumadô̦rés*
près de la fenêtre	**al lado de la ventana** *al ladô dé la bé̦ntana*
Fumeur ou non-fumeur?	**¿Fumador o no fumador?** *foumadô̦r ô nô foumadô̦r*

> – Quiero reservar una mesa para esta noche.
> (Je voudrais réserver une table pour ce soir.)
> – ¿Para cuánta gente? (Pour combien de personnes?)
> – Para cuatro. (Pour quatre.)
> – ¿A qué hora llegarán? (A quelle heure arriverez-vous?)
> – Llegaremos a las ocho. (Nous arriverons à huit heures.)
> – ¿A nombre de quién, por favor? (Et, c'est à quel nom, s.v.p.?)
> – Dupont.
> – Muy bien. Hasta entonces. (Très bien, alors à plus tard.)

Commander Pedir

Monsieur! / Mademoiselle!

¡Camarero/Camarera!
camaréró/camaréra

Puis-je avoir la carte
des vins?

¿Puedo ver la carta de vinos?
pouédô bér la carta dé binôs

Avez-vous un menu du jour?

¿Tienen un menú del día?
tiénén oun ménou dél dia

Pouvez-vous recommander des
spécialités régionales?

**¿Puede recomendarme algunos platos típi-
cos de la zona?** *pouédé récôméndarmé
algounôs platôs tipicôs dé la THôna*

Pourriez-vous me dire ce
qu'est ...?

¿Podría decirme lo que ... es?
pôdria déTHirmé lô ké ... éss

Qu'y a-t-il dedans?

¿Qué lleva? *ké l·yéba*

Qu'est-ce que vous
avez comme ...?

¿Qué clase de ... tiene?
ké clasé dé ... tiéné

Je prendrai ...

Tomaré ... *tômaré*

une bouteille/un verre/
une carafe de ...

una botella/un vaso/una garrafa de ...
ouna bôtél·ya/oun basô/ouna garrafa dé

... en entrée/plat principal/
accompagnement

... de primero/segundo/guarnición
dé primérô/ségoundô/gouarniTHiôn

¿Van a pedir ya?	Vous désirez commander?
¿Qué va a tomar?	Qu'est-ce que vous prendrez?
¿Quieren beber algo primero?	Voulez-vous prendre un apéritif pour commencer?
Le recomiendo ...	Je vous recommande ...
No tenemos ...	Nous n'avons pas de ...
Eso tardara ... minutos.	Il faudra attendre ... minutes.
Que aproveche.	Bon appétit.

– *¿Van a pedir ya?* (Vous désirez commander?)
–¿*Puede recomendarme algunos platos
típicos de la zona?* (Pouvez-vous nous recommander
des spécialités régionales?)
– *Sí, le recomiendo el/la ...* (Oui. Je vous conseille le ...)
– *Vale, tomaré eso, por favor.* (Bon, je vais prendre cela.)
– *Y ¿qué quiere de beber?* (Et qu'est-ce que vous voulez boire?)
– *Una garrafa de vino tinto, por favor.*
(Une carafe de vin rouge, s.v.p.)

Accompagnements
Platos de acompañamiento

Est-ce que je pourrais ... avoir ... sans ...? | **¿Podrían servirme ... sin ...?** *pôdrian sérbirmé ... sin*

Avec ... comme accompagnement. | **De guarnición ...** *dé gouarniTHiôn*

Est-ce que je pourrais avoir une salade à la place des légumes? | **¿Podría tomar ensalada en lugar de verduras, por favor?** *pôdria tômar énsalada én lougar dé bérdouras pôr fabôr*

Le plat est-il servi avec des légumes / pommes de terre? | **¿Viene la comida çon verduras/patatas?** *biéné la cômida côn bérdouras/patatas*

Est-ce que vous voulez ... avec ça? | **¿Quiere ... con eso?** *kiéré ...côn ésso*

une salade | **una ensalada** *ouna énsalada*

des pommes de terre / des frites | **patatas/patatas fritas** *patatas/patatas fritas*

des sauces | **salsas** *salsas*

des glaçons | **hielo** *iélô*

Puis-je avoir du / de la / de l' / des ...? | **¿Me puede traer ...?** *mé pouédé traér*

assaisonnement | **aderezo** *adéréTHô*

pain | **pan** *pan*

beurre | **mantequilla** *mantékil-ya*

citron | **limón** *limôn*

édulcorant | **edulcorante artificial** *édoulcôrannté artifiTHial*

huile / vinaigre | **aceite/vinagre** *aTHéité/vinnagré*

moutarde | **mostaza** *môstaTHa*

poivre | **pimienta** *pimiénta*

sel | **sal** *sal*

sucre | **azúcar** *aTHoucar*

vinaigrette | **vinagreta** *binagréta*

Questions d'ordre général
Preguntas generales

Pourriez-vous m'apporter un/ une … (propre), s.v.p.?	**¿Podría traerme … (limpio(-a), por favor?** *pôdría traérmé … (limpiô(-a) pôr fabôr*
assiette/cuillère	**un plato/una cuchara** *oun platô/ouna coutchara*
cendrier	**un cenicero** *oun THéniTHérô*
fourchette/couteau	**un tenedor/cuchillo** *oun ténédôr/coutchil-yô*
serviette	**una servilleta** *ouna sérbil-yéta*
tasse/verre	**una taza/un vaso** *ouna taTHa/oun basô*
Je voudrais un peu plus de …	**Quiero más …, por favor.** *kiérô mas … pôr fabôr*
Ça suffit, merci.	**Nada más, gracias.** *nada mas graTHias*
Où sont les toilettes?	**¿Dónde están los servicios?** *dôndé éstan lôs sérbiTHiôs*

Régimes spéciaux Peticiones especiales

Je ne dois pas manger de plats contenant du …	**No debo comer comida que tenga …** *nô débô cômér cômida ké ténga*
sel/sucre	**sal/azúcar** *sal/aTHoucar*
Avez-vous des repas/boissons pour diabétiques?	**¿Tienen comidas/bebidas para diabéticos?** *tiénén cômidas/bébidas para diabéticôs*
Avez-vous des repas végétariens?	**¿Tienen comidas vegetarianas?** *tiénén cômidas békhétarianas*

Pour les enfants Para los niños

Faites-vous des portions enfants?	**¿Hacen porciones para niños?** *aTHén pôrTHiônés para nignôs*
Pourrions-nous avoir une chaise haute (pour bébé)?	**¿Podrían ponernos una silla para niños?** *pôdrian pônérnôs ouna sil-ya para nignôs*
Où est-ce que je peux allaiter/ changer le bébé?	**¿Dónde puedo amamantar/cambiar al niño?** *dôndé pouédô amamanntar cômér/cambiar al nignô*

Restauration rapide
Restaurante de comida rápida

Boissons Bebidas

Je voudrais un/une …	**Quiero …** *kiẹ́rô*
bière	**una cerveza** *ọuna THérbéTHa*
chocolat (chaud)	**un chocolate (a la taza)** *oun tchôcôlaté (a la taTHa)*
thé/café	**un té/un café** *oun té/oun café*
noir/au lait	**solo/con leche** *sôlô/côn létché*
jus de fruit	**un zumo de fruta** *oun THoumô dé frouta*
eau minérale	**un agua mineral** *ọun agoua minéral*
verre de vin rouge/blanc	**un vaso de vino tinto/blanco** *oun basô dé binô tintô/blancô*

Et nourriture … Y de comer …

Un morceau de …, s.v.p.	**Un trozo de …, por favor.** *oun trôTHô dé … pôr fabôr*
J'en voudrais deux.	**Quiero dos de ésos.** *kiẹ́rô dôs dé ésôs*
un hamburger	**una hamburguesa** *ọuna ammbourghésa*
pâtisserie/tarte	**un dulce/una tarta** *oun doulTHé/ọuna tarta*
frites/omelette/sandwich	**patatas fritas/una tortilla francesa/ un bocadillo** *patatas fritas/ọuna tôrtil-ya frannTHésa/oun bôcadil-yô*
Une glace à la/au …, s.v.p.	**Un helado de …, por favor.** *oun éladô dé … pôr fabôr*
chocolat/fraise/vanille	**chocolate/fresa/vainilla** *tchôcôlaté /frésa/baïnil-ya*
Une portion moyenne, s.v.p.	**Una porción mediana, por favor.** *ọuna pôrTHiọ̈n médiana pôr fabôr*
petite/grosse portion	**porción pequeña/grande** *pôrTHiôn pékégna/granndé*
C'est pour emporter.	**Para llevar.** *para l-yébar*
C'est tout, merci.	**Eso es todo, gracias.** *ésô és tôdô, graTHias*

> – ¿Qué va/van a tomar? *(Vous désirez?)*
> – Dos cafés, por favor. *(Deux cafés, s.v.p.)*
> – ¿Solos o con leche? *(Noirs ou au lait?)*
> – Con leche, por favor. *(Au lait, s.v.p.)*
> – ¿Algo más? *(Et avec ça?)*
> – Eso es todo, gracias. *(C'est tout, merci.)*

Réclamations Quejas

Je n'ai pas de couteau/ fourchette/cuillère.	**No tengo cuchillo/tenedor/cuchara.** *nô <u>té</u>ngô coutch<u>i</u>l-yô/tén<u>é</u>dôr/coutchara*
Il doit y avoir une erreur.	**Debe de haber un error.** *d<u>é</u>bé dé <u>a</u>bér oun <u>é</u>rrôr*
Ce n'est pas ce que j'ai commandé.	**Eso no es lo que pedí.** *ésô nô és lô ké p<u>é</u>di*
J'ai demandé …	**Pedí …** *p<u>é</u>di*
Je ne peux pas le manger.	**No puedo comerme esto.** *nô pou<u>é</u>dô c<u>ô</u>mérmé <u>é</u>stô*
La viande est …	**La carne está …** *la <u>car</u>né <u>é</u>sta*
trop cuite	**demasiado hecha** *démasi<u>a</u>dô <u>é</u>tcha*
pas assez cuite	**cruda** *<u>krou</u>da*
trop dure	**demasiado dura** *démasi<u>a</u>dô <u>dou</u>ra*
C'est trop …	**Esto está demasiado …** *<u>é</u>stô <u>é</u>sta démasi<u>a</u>dô*
amer/acide	**amargo/ácido** *<u>a</u>margô/<u>á</u>THidô*
La nourriture est froide.	**La comida está fría.** *la c<u>ô</u>mida <u>é</u>sta <u>fri</u>a*
Ce n'est pas frais.	**Esto no está fresco.** *<u>é</u>stô nô <u>é</u>sta <u>fré</u>scô*
Il y en a encore pour combien de temps?	**¿Cuánto más tardará la comida?** *cou<u>a</u>nntô mas tard<u>ara</u> la c<u>ô</u>mida*
Nous ne pouvons plus attendre. Nous partons.	**No podemos esperar más. Nos vamos.** *nô pôd<u>é</u>môs ésp<u>é</u>rar mas. nôs <u>ba</u>môs*
Ce n'est pas propre.	**Esto no está limpio.** *<u>é</u>stô nô <u>é</u>sta <u>limm</u>piô*
Je voudrais parler au maître d'hôtel/au patron.	**Quiero hablar con el metre/encargado.** *ki<u>é</u>rô <u>a</u>blar côn él <u>mé</u>tré/<u>encar</u>gadô*

Paiement Pagar

Pourboire: le service est habituellement inclus dans la note.
Néanmoins, si vous êtes particulièrement satisfait, un pourboire de 1 euro par personne, allant jusqu'à 10 % pour le
serveur, est tout à fait approprié et apprécié.

Je voudrais payer.	**Quiero pagar.** *kié̱rô pagar*
Nous voudrions payer séparément.	**Queremos pagar por separado.** *ké̱ré̱môs pagar pôr sé̱parad̲ô*
Comptez tout ensemble, s.v.p.	**Póngalo todo junto, por favor.** *pôngalô tôd̲ô khountô pôr fabôr*
Je crois qu'il y a une erreur sur l'addition.	**Creo que hay un error en esta cuenta.** *kré̱ô ké̱ aï oun érrôr én é̱sta coué̱nta*
Que représente ce montant?	**¿De qué es esta cantidad?** *dé̱ ké̱ és é̱sta canntid̲aTH*
Je n'ai pas pris ça. J'ai pris …	**Yo no tomé eso. Yo tomé …** *yô nô tômé̱ é̱sô. yô tômé̱*
Le service est-il compris?	**¿Está el servicio incluido?** *é̱sta él sérbiTHiô incloui̱d̲ô*
Puis-je payer avec cette carte de crédit?	**¿Puedo pagar con esta tarjeta de crédito?** *poué̱dô pagar côn é̱sta tarkhé̱ta dé̱ kré̱d̲itô*
J'ai oublié mon porte-monnaie.	**Me he olvidado la cartera.** *mé̱ é ôlbid̲ad̲ô la carté̱ra*
Je n'ai pas assez d'argent.	**No tengo dinero suficiente.** *nô té̱ngô diné̱rô soufiTHié̱nté̱*
Puis-je avoir un reçu pour la TVA, s.v.p.?	**¿Podría darme un recibo con el IVA, por favor?** *pôd̲ria darmé̱ oun réTHibô côn él iba pôr fabôr*
Pouvez-vous me donner l'addition détaillée?	**¿Podría darme una cuenta detallada?** *pôd̲ria darmé̱ ouna coué̱nta dé̱tal-yad̲a*
C'était un très bon repas.	**La comida estuvo muy buena.** *la cômida é̱stoubô moui boué̱na*

– ¡Camarero! La cuenta, por favor.
(Garçon! L'addition, s.v.p.)
– *Por supuesto. Aquí tiene. (Bien sûr. Voilà.)*
– ¿Está el servicio incluido? (Le service est-il compris?)
– *Sí. (Oui.)*
– ¿Puedo pagar esto con tarjeta de crédito?
(Est-ce que je peux payer avec cette carte de crédit?)
– *Por supuesto... (Bien sûr …)*
– Gracias. La comida estuvo muy buena.
(Merci. C'était un très bon repas.)

Plats Platos
Petit déjeuner Desayuno

Je voudrais un/du/de la/des …	**Quiero …** *kiérô*
beurre	**mantequilla** *manntékil-ya*
confiture	**mermelada** *mérmélada*
jus de fruit	**un zumo de fruta** *oun THoumô dé frouta*
lait	**leche** *létché*
œufs au plat	**huevos fritos** *ouébôs fritôs*
œufs brouillés	**huevos revueltos** *ouébôs rébouéltôs*
pain	**pan** *pan*
petits pains	**panecillos** *panéTHil-yôs*

Hors-d'œuvres Entremeses

croquetas *krôkétas*

Croquettes au jambon, poisson, œuf ou une grande variété d'autres farces.

ensaladilla rusa *énsaladilya roussa*

Pommes de terre avec pois, thon, œufs durs et olives, mélangées avec de la mayonnaise.

champiñones al ajillo *tchammpignônés al akhilyô*

Champignons frits dans de l'huile d'olive avec de l'ail.

tapas *tapas*

Aucun voyage en Espagne ne serait complet sans la dégustation de quelques-unes des merveilleuses **tapas**. Il y a une grande variété de casse-croûte, servis dans les cafés et les bars tapa, allant des boulettes de viande, fromage, jambon fumé, champignons, aux poissons frits accompagnés de sauces et spécialités exotiques de la maison. **Una tapa** est une bouchée, **una ración** la moitié d'une assiette, **una porción** une quantité généreuse.

aceitunas (rellenas)	*aTHéitounas (rél-yénas)*	olives (farcies)
albóndigas	*albônndigas*	boulettes de viande épicées
almejas	*almékhas*	palourdes
calamares	*calammarés*	calmars
callos	*cal-yôs*	tripes (dans une sauce chaude)
caracoles	*caracôlés*	escargots
chorizo	*tchôriTHô*	saucisse épicée
gambas	*gammbas*	crevettes
jamón	*khammôn*	jambon
mejillones	*mékhil-yônés*	moules
pimientos	*pimyéntôs*	poivrons

43

Potages et soupes   Sopas

caldo gallego	_caldô galyégô_	bouillon de viande et de légumes
consomé al jerez	_cônnsômé al khéréTH_	consommé de poulet au Xérès
sopa de ajo	_sôpa dé akhô_	potage à l'ail
sopa de cebolla	_sôpa dé THébôlya_	soupe à l'oignon
sopa de fideos	_sôpa dé fidéôs_	soupe au vermicelle
sopa de mariscos	_sôpa dé mariscôs_	soupe aux fruits de mer
sopa de verduras	_sôpa dé bérdouras_	velouté de légumes

ajo blanco _akhô blanncô_
potage froid à l'ail et aux amandes, garni de raisins (_Andalousie_).

gazpacho _gaTHpatchô_
potage froid aux tomates avec concombres, poivre vert, pain, oignon et ail.

sopa Castellana _sôpa castélyana_
potage à l'ail cuit avec de gros morceaux de jambon, et œuf poché.

sopa de cocido _sôpa dé côTHidô_
sorte de bouillon, au bœuf, jambon, saucisse, pois chiches, chou, navet, oignons, ail et pommes de terre.

Plats aux œufs   Huevos

huevos a la flamenca _ouébôss a la flaménca_
œufs cuits avec des tomates, des oignons et du jambon coupé en dés; souvent garnis de pointes d'asperges, de poivrons rouges ou de tranches de saucisse de porc épicée (_Andalousie_).

huevos al nido _ouébôss al nidô_
«œufs dans le nid»; jaunes d'œuf disposés dans de petits pains mous; frits et ensuite nappés de blanc d'œuf.

huevos rellenos _ouébôss rélyénoss_
œufs à la coque farcis au thon et garnis de mayonnaise.

tortilla _tôrtilya_
omelette espagnole circulaire; parmi les variétés populaires, citons:
~ **de patatas** (pommes de terre et oignons), ~ **de jamón** (jambon),
~ **paisana** (pommes de terre, pois, crevettes ou jambon), ~ **de queso** (fromage), ~ **de setas** (champignons).

Poissons et fruits de mer
Pescados y mariscos

atún	*atounn*	thon
bacalao	*bacalaô*	cabillaud
boquerones	*bôkérônnés*	hareng
caballa	*cabalya*	maquereau
chipirones	*tchipirônés*	jeune calmar
cigalas	*THigalas*	langoustines
langosta	*lanngôsta*	langouste
mero	*mérô*	bar
pez espada	*péTH éspada*	espadon
pulpo	*poulpô*	poulpe
trucha	*troutcha*	truite

bacalao a la catalana *bacalaô a la catalana*
cabillaud salé dans une sauce ratatouille, avec oignons, aubergines,
courgettes, tomates et poivrons (spécialité catalane).

calamares a la romana *calammaréss al la rômana*
calmars en forme d'anneaux, frits dans une pâte.

pulpo a la gallega *poulpô a la galyéga*
poulpe assaisonnée d'huile d'olive et de paprika.

lenguado a la vasca *léngouadô a la basca*
sole cuite au four avec tranches de pommes de terre, dans une sauce aux
champignons, aux poivrons rouges et aux tomates.

trucha a la navarra *troutcha a la nabarra*
truite grillée farcie au jambon.

Paella Paella

La paella – plat énormément populaire. Au départ, la paella se compose de riz
au safran doré, garni de viande, de poissons, de fruits de mer et/ou de légumes.
Voici quatre des préparations les plus populaires de la paella (*paêlya*):

de verduras *dé bèrdourass*
artichauts, pois, fèves, chou-fleur, ail, poivrons, tomates

de marisco *dé marisscô*
poisson et fruits de mer uniquement

valenciana *balénTHiana*
poulet, crevettes, moules, crevettes roses, calmars, pois, tomates, piment,
ail – la paella classique

zamorana *THamôrana*
jambon, filet de porc, pied de porc, piment

Viandes Carne

carne de buey	_carné dé bouéi_	bœuf
carne de cerdo	_carné dé THérdô_	porc
carne de cordero	_carné dé côrdérô_	agneau
carne de ternera	_carné dé térnéra_	veau
chuletas	_tchoulétass_	côtes
conejo	_cônnékhô_	lapin
faisán	_faïssann_	faisan
filete	_filété_	filet de bœuf / bifteck
higado	_igadô_	foie
jamón	_khamônn_	jambon
muslo de pollo	_môuslô dé pôlyô_	cuisse de poulet
pato	_patô_	canard
pavo	_pavô_	dinde
pollo	_pôlyô_	poulet
pechuga de pollo	_pétchouga dé pôlyô_	blanc de poulet
riñones	_rignônés_	rognons
salchichas	_saltchitchas_	saucisses
tocino	_tôTHinô_	lard / couenne

Spécialités Especialidades

asado de cordero _assadô dé côrdérô_
rôti d'agneau à l'ail et au vin
cochinillo asado _côtchinilyô assadô_
cochon de lait rôti et croustillant
cocido madrileño _côTHidô madrilégnô_
ragoût à la madrilène
empanada gallega _émmpanada galyéga_
pâté au porc et aux oignons
estofado de ternera _èstôfadô dé térnéra_
ragoût de veau accompagné de vin, de carottes, d'oignons et de
pommes de terre
lomo de cerdo al jerez _lômô dé THérdô al khéréTH_
filet de porc rôti au Xérès
pollo en pepitoria _pôlyô énn pépitôria_
poulet accompagné d'une sauce aux œufs et aux amandes
riñones al jerez _rignônés al khéréTH_
rognons d'agneau accompagnés d'une sauce aux oignons et au Xérès

Légumes Verduras

arroz	arrôTH	riz
berenjena	bérénkhéna	aubergine
cebolla	THébôlya	oignon
champiñones	tchammpignônéss	jeunes champignons de couche
guisantes	guisanntéss	pois
judias verdes	khoudiass bérdéss	haricots verts
lechuga	létchouga	laitue
patatas	patatass	pommes de terre
pimientos morrones	pimyéntôss môrrônéss	poivrons rouges doux
repollo	répôlyô	chou
setas	sétass	champignons
tomates	tômatéss	tomates
zanahorias	THanna-ôryass	carottes

ensalada *énsalada*

salade; variétés typiques à repérer: **~ de atún** (au thon), **~ de lechuga** (verte); **~ de pepino** (aux concombres), **~ del tiempo** (de saison), **~ valenciana** (aux poivrons verts, laitue et oranges)

lentejas estofadas *léntékhass éstôfadass*

lentilles vertes à l'étouffée avec oignons, tomates, carottes et ail

pisto *pisstô*

ragoût aux poivrons verts, oignons, tomates et courgettes; également appelé **frito de verduras**

Fruit Fruta

cerezas	THéréTHass	cerises
ciruelas	THirwélass	prunes
frambuesas	frambouésass	framboises
fresas	frésass	fraises
granadas	granadas	grenades
manzana	manTHana	pomme
melocotón	mélôcôtôn	pêche
naranja	narankha	orange
plátano	platanô	banane
pomelo	pômélô	pamplemousse
uvas	ouvass	raisins

Fromage Queso

Burgos *bourgôs*
Fromage doux, crémeux portant le nom de sa province d'origine.

Cabrales *cabralés*
Fromage de chèvre piquant et veiné; son parfum varie en fonction de la région montagneuse dans laquelle il a été produit.

Manchego *mann<u>t</u>ché<u>g</u>ô*
Produit à partir de lait de brebis, ce fromage dur originaire de **La Mancha** peut varier de blanc laiteux à jaune doré. Le meilleur manchego proviendrait de **Ciudad Real.**

Perilla *péri<u>l</u>ya*
Fromage ferme, à saveur très douce, fabriqué à base de lait de vache; parfois appelé **teta.**

Roncal *rôn<u>c</u>al*
Fromage piquant à base de lait de brebis, fabriqué dans le nord de l'Espagne; pressé à la main, salé et fumé, sa croûte est coriace.

tipo roquefort	*<u>tipô</u> rôkéf<u>ô</u>rt*	bleu
cremosa	*crém<u>ô</u>ssa*	crémeux
duro	*<u>dou</u>rô*	dur
suave	*sou<u>a</u>bé*	doux
curado	*cou<u>ra</u>dô*	mûr
blando	*<u>blann</u>dô*	mou
fuerte	*fou<u>é</u>rté*	fort

Dessert Postré

bizcocho	*biTH<u>cô</u>tchô*	gâteau éponge
brazo de gitana	*<u>bra</u>THô dé khi<u>ta</u>na*	roulé à la crème et au rhum
canutillos	*canou<u>til</u>yôs*	corne à la crème avec cannelle
crema catalana	*<u>cré</u>ma cata<u>la</u>na*	crème au caramel
flan	*flann*	crème caramel
fritos	*<u>fri</u>tôs*	beignets
galletas	*gal<u>yé</u>tas*	biscuits
mantecado	*mann<u>té</u>ca<u>d</u>ô*	crème glacée riche aux amandes
pastel de queso	*pas<u>tèl</u> dé <u>ké</u>sô*	gâteau au fromage
tarta de manzana	*<u>tar</u>ta dé mann<u>THa</u>na*	tarte aux pommes
tortitas	*tôr<u>ti</u>tas*	gaufres

helado *é<u>la</u>dô*
Crème glacée; parmi les parfums populaires, citons: **~ de chocolate** (chocolat), **~ de fresa** (fraise), **de limón** (citron), **~ de moka** (moka), **~ de vainilla** (vanille).

Boissons Bebidas

Apéritifs Aperitivos

Pour la plupart des Espagnols, le vermouth ou le Xérès de l'apéritif est aussi important que notre cocktail ou pastis. Le vermouth (**vermut**) est rarement bu pur, généralement accompagné de glaçons ou d'eau de Seltz. Certains Espagnols se contentent d'un verre de vin du pays. Vous recevrez probablement une assiette d'olives ou de cacahuètes en accompagnement. Si vous vous trouvez dans un bar spécialisé en tapas, vous pouvez commander diverses collations.

Le Xérès (**jerez** _kéréTH_) est la boisson espagnole la plus renommée. De l'alcool ou du cognac y est ajouté pour la «fortifier» pendant le processus de fermentation. Le Xérès a été le premier vin fortifié devenu populaire en Angleterre – «sherry» est dérivé de l'orthographe anglaise de la ville **Jerez,** d'où provenait le vin.

Parmi les principaux producteurs de Xérès, citons Lustau, Osborne, Pedro Domecq, Antonio Barbadillo, Gonzalez Byass, Bobadilla, House of Sandeman, Valdespino, John Harvey & Sons.

Le Xérès peut être réparti en deux groupes:

Fino _finô_

Il s'agit des Xérès pâles, secs, qui font de bons apéritifs. Les Espagnols eux-mêmes raffolent particulièrement de l'**amontillado** et du **manzanilla.** Parmi les meilleurs **finos,** nous trouvons le Tío Pepe et le La Ina.

Oloroso _ôlôrôssô_

Ces Xérès sont les plus lourds, les plus foncés; ils sont adoucis avant d'être mis en bouteille. Ils constituent d'excellents digestifs. Exception à la règle, l'amoroso est moyennement sec. Les Xérès marrons et crémeux sont charnus et légèrement moins parfumés que les **finos.**

Bière Cerveza

La bière espagnole, habituellement servie fraîche, est bonne et relativement bon marché. Goûtez la **Águila especial** ou la **San Miguel especial.**

Une bière, s.v.p.	**Una cerveza, por favor.**
	ouna THérbéTHa pôr fabôr
bière blonde	**cerveza rubia** _THérbéTHa roubya_
bière brune	**cerveza negra** _THérbéTHa négra_
bière étrangère	**cerveza extranjera**
	THérbéTHa ésstrankhéra
demi / pinte	**cerveza pequeña/grande**
	THérbéTHa pékégna/grandé

Vin Vino

L'Espagne possède la plus grande superficie vinicole au monde, et est le troisième pays producteur et exportateur de vins.

Le meilleur vin espagnol est originaire de la **Rioja**, région de Vieille-Castille dont **Logroño** est le centre. Les viticulteurs de cette région décernent une **garantía de origen** aux vins qu'ils jugent supérieurs à la qualité moyenne.

La région de **Penedés,** non loin de Barcelone, constitue une source majeure de niveau mondial en matière de ventes de vin blanc mousseux, le **Cava**.

Traditionnellement, le vin blanc s'accommode bien avec le poisson, la volaille et les viandes blanches, tandis que les viandes rouges exigent un vin rouge. Un bon rosé ou **Cava** sec mousseux s'associe bien avec presque tous les aliments.

Demandez la cuvée du patron «**el vino de la casa**», vous devriez recevoir un bon vin correspondant à la qualité de l'établissement.

J'aimerais une bouteille de vin blanc/rouge.	**Quiero una botella de vino blanco/tinto.** *kiérô ouna bôtélya dé binô blannncô/tinntô*
une carafe	**una garrafa** *ouna garrafa*
une demi-bouteille	**una media botella** *ouna médya bôtél-ya*
un verre	**un vaso** *oun bassô*
un petit verre	**un chato** *oun tchatô*
un litre	**un litro** *oun litrô*
un pichet	**una jarra** *ouna kharra*

añejo mature	bouteille (millésimes exceptionnels uniquement)
blanco blanc	**joven** jeune
bodegas cave	**liviano** léger
cava vin blanc, mousseux	**moscatel** vin doux de dessert
de cuerpo charnu	**muy seco** très sec
DO (Denominación de Origen) appellation d'origine contrôlée	**reserva** âgé de plus de 3 ans
DOCa vin supérieur (Rioja uniquement)	**rosado** rosé
dulce doux	**seco** sec
embotellado en mis en bouteille à	**tinto** rouge
espumoso mousseux	**vino de calidad** vin de qualité
gran reserva a vieilli pendant 3 ans en fût, ensuite 3 ans en	**vino de cosecha** vin d'appellation contrôlée
	vino de crianza vieilli en fûts de chêne pendant un minimum de 6 mois.

Régions vinicoles Regiones vinícolas

Aragón Campo de Borja, Calatayud, Cariñena, Navarra,
Rioja (Alta, Alavesa, Baja), Somotano

Basque Chacolí de Guetaria, Rioja Alavesa

Castilla y León Bierzo, Cigales, Ribera del Duero, Ruedo, Toro

Cataluña Alella, Ampurdán-Costa Brava, Conca de Barbera, Costers del
Segre, Penedés (centre de la région des vins mousseux de la Cava),
Priorato, Tarragona, Terra Alta

Galicia Rías Baixas, Ribeiro, Valdeorras

Centre de l'Espagne Alicante, Almansa, Bullas, Jumilla, La Mancha, Levante,
Méntrida, Utiel-Requena, Valdepeñas, Valencia, Vinos de Madrid, Yecla

Sud de l'Espagne Condado de Huelva, Jerez, Málaga, Manzanilla-Sanlúcar
de Barrameda, Montilla-Moriles

Iles Binissalem (Baléares), Tacoronte-Acentejo (Canaries)

Sangría *sanngria*

Punch composé de vin rouge, de jus de fruits, de cognac, de morceaux de
fruits, dilués avec du soda et de la glace; idéal par temps chaud.

Spiritueux et liqueurs Licores

Vous reconnaîtrez **ginebra** (gin), **ron** (rhum), **oporto** (porto), **vermut**, **vodka**,
whisky.

double	**doble** *dôblé*
sec/sans eau	**solo** *sôlô*
avec des glaçons	**con hielo** *côn yélô*
à l'eau de Seltz/Schweppes®	**con soda/tónica** *côn sôda/tônica*

Boissons sans alcool Bebidas sin alcohol

Je voudrais un/une/de/du …	**Quiero …** *kiérô*
tasse de café	**una taza de café** *ouna taTHa dé café*
chocolat (chaud)	**un chocolate (caliente)** *oun tchôcôlaté (caliyénté)*
jus de fruit glacé	**un granizado** *oun graniTHadô*
limonade	**una limonada** *ouna limônada*
lait	**leche** *létché*
frappé	**un batido** *oun batidô*
orangeade	**una naranjada** *ouna narankhada*
soda	**una soda** *ouna sôda*
eau (glacée/minérale)	**agua (helada/mineral)** *agoua (élada/minéral)*

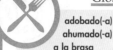

Glossaire espagnol de l'alimentation

adobado(-a)	*adôbadô(-a)*	mariné
ahumado(-a)	*ahoumadô(-a)*	fumé
a la brasa	*a la brasa*	braisé
al grill	*al gril*	grillé
al horno	*al ôrnô*	cuit au four
al vapor	*al bapôr*	cuit à la vapeur
asado(-a)	*assadô(-a)*	rôti
con especias	*cônn éspéTHias*	épicé
con nata	*cônn nata*	à la crème
cortado en taquitos	*côrtadô én takitôs*	coupé en dés
dorado(-a) al horno	*dôradô(-a) al ôrnô*	doré au four
empanado(-a)	*émpannadô(-a)*	pané
escaldado(-a)	*éscaldadô(-a)*	poché
frito(-a)	*fritô(-a)*	frit
guisado(-a)	*guisadô(-a)*	cuit en ragoût
hervido(-a)	*érbidô*	bouilli
refrito(-a)	*réfritô(-a)*	sauté
relleno(-a)	*rélyénô(-a)*	farci
muy poco hecho(-a)	*moui pôcô étchô(-a)*	bleu
poco hecho(-a)	*pôcô étchô(-a)*	saignant
medio hecho(-a)	*médiô étchô(-a)*	à point
bien hecho(-a)	*bién étchô(-a)*	bien cuit

A a la parrilla grillé

a la romana cuit en grande friture (à la romaine)

a punto a point (cuisson)

abocado Xérès fabriqué à partir de vin doux et sec

acedera oseille

aceitunas (rellenas) olives (farcies)

achicoria endive

agua eau;~ caliente chaude; ~ helada glacée; ~ mineral minérale

aguacate avocat

aguardiente alcool (eau-de-vie)

ahumado fumé

ajo ail; ~ blanco potage à l'ail ➤ 43

ajoaceite aïoli

al adobo mariné

al ajillo dans de l'ail et de l'huile

al horno cuit au four

albahaca basilic

albaricoques abricots

albóndigas boulettes de viande épicée

alcachofas artichauts

alcaparra câpre

alioli aïoli

aliñado assaisonné

almejas palourdes; **~ a la marinera** cuites dans une sauce épicée, pimentée

almendra amande; **~ garrapiñada** amande sucrée

almuerzo déjeuner

almíbar sirop

alubia haricot

Amontillado Xérès demi-sec à l'arôme de noisette

anchoas anchois

añejo mûr

anguila ahumada anguille fumée

angula jeune anguille

Angélica liqueur basque aux herbes

anisado boisson sans alcool à base d'anis (anisade)

anticucho brochette de cœur de bœuf grillé avec poivrons verts

Anís del Mono anisette

aperitivos apéritifs

apio céleri

arándanos myrtilles

arenque (ahumado) hareng (fumé)

arepa galette de maïs

arroz riz; **~ a la cubana** riz bouilli servi avec une sauce tomate et un œuf sur le plat; **~ a la valenciana** aux légumes, au poulet, aux crustacés; **~ blanco** bouilli, cuit à la vapeur; **~ negro** avec fruits de mer et encre de calmar; **~ primavera** avec légumes; **~ con costra** avec boulettes de viande de porc (Valence); **~ con leche** au lait

asado rôti

asturias fromage fort, bien fait

atún thon

avellanas noisettes

aves volaille

azafrán safran

azúcar sucre

B bacalao cabillaud

banderillas brochette de cornichons, piment et olives

batata pomme de terre douce, igname

batido lait frappé

bebidas boissons ➤ 49–51

bebidas sin alcohol boissons sans alcool ➤ 51

becada bécasse

berberecho coque

berenjena aubergine

berraza panais

berro cresson

berza chou

besugo dorade

bien hecho bien cuit

biftec bifteck

bizcocho gâteau éponge; **~ borracho** mariné dans du rhum et du sirop

bizcotela biscuit glacé

blanco blanc

blando mou; mollet (œuf)

Bobadilla Gran Reserva cognac obtenu par distillation de vin

bocadillo sandwich

bocadillo de jamón sandwich au jambon

bollos brioches/petites pains au lait

bonito thon

boquerones hareng

botella bouteille

brevas figues bleues

(en) brocheta (en) brochette

budín pudding

buey bœuf

burgos fromage doux, crémeux ➤ 48
buñuelitos petits beignets

C **caballa** maquereau
cabeza fromage de tête
cabra chèvre
cabrales fromage de chèvre piquant ➤ 48
cabrito chevreau
cacahuetes cacahuètes
café café ➤ 51
calabacín courgette
calabaza potiron citrouille
calamares calmar; ~ a la romana frits dans une pâte ➤ 45
caldereta de cabrito ragoût de chevreau
caldillo de congrio consommé d'anguille avec tomates et pommes de terre
caldo consommé
caldo gallego bouillon de viande et de légumes ➤ 44
caliente chaud
Calisay liqueur parfumée à la quinine
callos tripes; ~ a la madrileña tripes dans une sauce piquante avec saucisse de porc épicée et tomates
camarón crevette
canela cannelle
cangrejo (de mar/de río) crabe (de mer/d'eau douce)
cantarela chanterelle
capón chapon
caracoles escargots
caramelos bonbons

Carlos I cognac
carne viande ➤ 46
carne a la parrilla bifteck grillé au charbon de bois
carne de buey bœuf
carne de cangrejo viande de crabe
carne de cerdo porc
carne de cordero agneau
carne de ternera veau
carne molida viande hachée
carne picada viande hachée
carnero mouton
carta menú: a la ~ à la carte
casero fait maison
castanola perche de mer
castañas châtaignes
catalana saucisses de porc épicées ➤ 44
caza gibier
(a la) cazadora avec champignons, petits oignons, fines herbes macérés dans du vin
Cazalla liqueur à l'anis
cazuela de cordero ragoût d'agneau avec légumes
cebollas oignons
cebolleta petits oignon
cebollino ciboulette
cebrero fromage bleu veiné
cena dîner, souper
centolla araignée de mer, servie froide
cerdo porc
cereales céréale
cerezas cerises
cerveza bière ➤ 49
chalote échalote
champiñón jeune champignon de couche

chancho adobado porc braisé accompagné de patates douces, de jus d'orange et de citron

chanfaina ragoût de foie et de rognons de chèvre, servi dans une sauce épaisse

chanquete hareng

chato un petit verre

chile piment

chilindrón sauce tomate, poivrons, à l'ail, au jambon et au vin (basquaise)

chimichurri sauce épicée au persil

Chinchón liqueur à l'anis

chipirones jeune calmar/encornet

chirivías panais

chocolate (caliente) chocolat (chaud)

chopa genre de dorade

chorizo saucisse épicée faite de porc, d'ail et de paprika

chuletas côtes

chupe de mariscos escalopes accompagnées d'une sauce crémeuse et gratinées avec du fromage

churro beignet sucré en forme d'anneau

cigalas langoustine

cincho fromage dur au lait de brebis

ciruelas prunes; **~ pasas** prunes

clavo clou de girofle

cochifrito de cordero ragoût d'agneau ou de chevreau très assaisonné

cochinillo asado cochon de lait castillan rôti et croustillant

cocido bouilli; ragoût de bœuf avec jambon, volaille, pois chiches et pommes de terre

cocido al vapor cuit à la vapeur

coco noix de coco

codorniz caille

cohombrillos cornichons

cola de mono mélange de café, de lait, de rhum et d'eau-de-vie

coles de bruselas choux de Bruxelles

coliflor chou-fleur

comida repas

comino cumin

compota compote

con hielo avec glaçons

con leche au lait

con limón au citron

condimentos fines herbes/condiments

coñac cognac ➤ 51

conejo lapin; **~ al ajillo** lapin à l'ail; **~ de monte** lapin de garenne

confitura confiture

congrio congre

consomé al jerez bouillon de poulet au Xérès

copa nuria jaune d'œuf et blanc d'œuf, fouettés et servis avec de la confiture

corazonada cœur cuit en ragoût en sauce

corazón cœur

cordero agneau

Cordoníu appellation de vin mousseux catalan

cortadillo petite galette au citron

corto café fort

corzo chevreuil

costilla côte

crema potage; ~ **batida** crème fouettée; ~ **catalana** pudding au caramel; ~ **española** dessert fait de lait, d'œufs, de gelée de fruits; ~ **nieve** jaune d'œuf léger, sucre, rhum

cremoso crémeux

criadillas ris de veau

(a la) criolla avec poivrons verts, épices et tomates (créole)

croqueta croquette, gâteau de poisson ou de viande

crudo cru

Cuarenta y Tres liqueur aux œufs

Cuba libre rhum-coca

cubierto supplément pour le couvert

cuenta note, addition

curanto plat de fruits de mer, légumes et cochon de lait dans un plat en terre

D damasco variété d'abricot

dátiles dattes

de cordero d'agneau

de cuerpo charnu

de lechuga vert

de ternera de veau

del tiempo en saison

desayuno petit déjeuner

descafeinado décaféiné

doble double (double ration)

dulce vin de dessert; sucré

dulce de naranja marmelade

durazno pêche

duro dur (œuf)

E edulcorante édulcorant

embuchado farci de viande

embutido saucisse épicée

empanada pâté en croûte fourré de viande ou de poisson; ~ **de horno** fourré de viande hachée; ~ **gallega** tourte au filet de porc, oignons et piments du Chili

empanadillas friands / petites pâtisseries savoureuses farcies de viande ou de poisson

empanado pané

emperador espadon

en dulce bouilli

en escabeche mariné

en salazón salé

en salsa braisé en casserole

en su jugo cuit à couvert

enchilada tortilla (omelette) farcie et garnie de légumes et d'une sauce

encurtido macéré dans du vinaigre

endibia endive (chicorée)

eneldo aneth

ensalada salade ➤ 47; ~ **rusa** légumes froids coupés en dés avec mayonnaise

entremeses (variados) (assortiment d') entrées

escabeche de gallina poulet mariné dans du vinaigre et des feuilles de laurier

escarcho gardon

escarola scarole

espaguetis spaghetti

espalda épaule

(a la) española avec tomates

especialidades de la casa spécialités de la maison

especialidades locales spécialités locales

especias épices
espinacas épinards
espumoso mousseux
espárragos (puntas de) (pointes d') asperges
esqueixado salade composée de poissons
(al) estilo de dans le style de
estofado braisé; cuit en ragoût
estragón estragon

F **fabada (asturiana)** ragoût de porc, haricots, bacon et saucisses
faisán faisan
fiambres morceaux froids
fideo vermicelle
filete bifteck; ~ **de lenguado empanado** filet de sole panée; ~ **de lomo** filet de bœuf; ~ **de res** bifteck
fino Xérès clair, sec ➤ 49
firto de patata croquette de pommes de terre en grande friture
(a la) flamenca avec oignons, pois, poivrons verts, tomates et saucisse épicée
flan crème caramel
frambuesas framboises
(a la) francesa sauté dans du beurre
fresas fraises
fresco frais, réfrigéré
fresón grosse fraise
fricandó fricandeau, fine tranche de viande enroulée dans du lard et braisée
frijoles haricots; ~ **refritos** haricots frits en purée
frito frit
fritos beignets

fritura mixta viande, poisson ou légumes cuits en grande friture dans une pâte

fruta fruits ➤ 48; ~ **escarchada** fruits confits
frío froid
fuerte fort
Fundador cognac

G **galletas** biscuits; ~ **de nata** biscuits à la crème; ~ **saladas** biscuits (salés)
gallina poule
gallo jeune coq
gambas (grandes) crevettes; ~ **a la plancha** grillées; ~ **al ajillo** à l'ail
ganso oie
garbanzos pois chiches
garrafa carafe
gaseosa gazeuse
gazpacho potage froid aux tomates ➤ 44
ginebra gin; ~ **con limón** gin-fizz; ~ **con tónica** gin tonic
(a la) gitanilla à l'ail
gordo gras, riche
granadas grenades
granadina sirop de grenadine mélangé avec du vin ou du cognac
granizados boissons glacées/ granités
gratinado gratiné
grelo feuilles tendres de navet
grosellas espinosas groseilles à maquereau
grosellas negras groseilles noires
grosellas rojas groseilles rouges
guacamole purée d'avocats

guarnición garniture, accompagnement
guayaba goyave (fruit)
guinda guigne/griotte
guindilla piment du Chili
guisado cuit en ragoût
guisantes pois

H **habas** fèves
habichuela verde haricots verts
hamburguesa hamburger
hayaca central crêpe à la semoule de maïs, généralement farcie de viande hachée
helado glace ➤ 48
hervido bouilli; poché
hielo glaçon
hierbas herbes; **~ finas** mélange de fines herbes
higaditos de pollo foies de poulet
hígado foie
higos figues
hinojo fenouil
hoja de laurel feuille de laurier
hongo champignon
horchata de almendra/chufa boisson aux amandes moulues/orgeat ➤ 51
(al) horno cuit au four
hortaliza légumes verts
hueso os
huevos œufs; **~ a la española** farci de tomates et accompagné d'une sauce au fromage; **~ a la flamenca** cuit au four avec des tomates, des oignons et du jambon coupé en dés; **~ al nido** «œufs dans le nid»;

~ al trote au thon; **~ cocidos** à la coque; **~ duros** œufs durs; **~ escalfados a la española** œuf poché sur oignons, tomates, poivrons et courgettes; **~ fritos** oeufs sur le plat; **~ revueltos** œufs brouillés
humita maïs bouilli avec tomates, poivrons verts, oignons et fromage

I **(a la) inglesa** saignant; bouilli; accompagné de légumes bouillis

J **jabalí** sanglier
jalea gelée
jamón jambon; **~ en dulce** bouilli et servi froid; **~ y huevos** jambon et œufs
(a la) jardinera avec carottes, pois et autres légumes
jengibre gingembre
jerez Xérès ➤ 49
judías blancas haricots blancs
judías verdes haricots verts
jugo jus frais; sauce, jus de viande; **~ de fruta** jus de fruits
jurel genre de maquereau (saurel)

L **lacón** épaule de porc
lampreas lamproie
langosta langouste; **~ con pollo** avec poulet
langostinos grosses crevettes/bouquets
lavanco canard sauvage
leche lait
lechón cochon de lait
lechuga laitue
legumbres légumes secs
lengua langue

lenguado sole; **~ a la vasca** cuite au four avec des pommes de terre ➤ 45

lentejas lentilles ➤ 45

licor liqueur ➤ 50

liebre lièvre; **~ estofada** braisé

lima citron vert

limonada limonade

limón citron

lista de platos menu

lista de vinos carte des vins

litro un litre

liviano léger

lobarro genre de bar

lombarda chou rouge

lomo filet

loncha tranche de viande

longaniza saucisse longue, très épicée

lubina bar

M macedonia de frutas salade macédoine de fruits

(a la) madrileña avec chorizo, tomates et paprika

magras al estilo de Aragón jambon salé dans une sauce tomate

Mahón genre de fromage de chèvre ➤ 48

(a la) mallorquina très assaisonné (poissons et fruits de mer)

maíz maïs

manchego fromage de lait de brebis ➤ 48

mandarina mandarine

mantecado glace riche aux amandes

mantequilla beurre

manzana pomme

Manzanilla Xérès sec, blanc

maní arachide

marinera poissons et fruits de mer uniquement

(a la) marinera avec moules, oignons, tomates, fines herbes et vin

mariscos fruits de mer ➤ 45

matambre roulé de bœuf farci de légumes

mazapán massepain

media botella demi-bouteille

medio pollo asado demi poulet rôti

mejillones moules

melaza mélasse

melocotón pêche; **~ en almíbar** au sirop

melón melon

membrillo pâte de coing

menestra potage de légumes verts; **~ de pollo** casserole de poulet et légumes

menta menthe

menudillos abattis

merengue meringue

merienda collation/goûter

merluza merluche

mermelada confiture; **~ amarga de naranjas** marmelade aux oranges amères

mero mérou

miel miel

(a la) milanese avec fromage, généralement cuit au four (milanaise)

minuta menu

mojo picón sauce rouge piquante

mojo verde sauce verte aux fines herbes servie avec du fromage

mole poblano dinde relevée de sauce aux piments, d'épices et de chocolat

molleja ris de veau

mora mûre

morcilla boudin

morilla morille

moros y cristianos riz et fèves noires avec jambon coupée en dés, ail, poivrons verts et fines herbes

mostaza moutarde

mújol mulet

muslo de pollo cuisse de poulet

muy hecho bien cuit

muy seco très sec

N **nabo** navet

naranja orange

naranjada orangeade

nata crème; **~ batida** fouettée

natillas crème renversée

níspola nèfle (fruit)

nopalito feuille de jeune figuier de barbarie servie avec une vinaigrette de salade

nueces noix

nueces variadas assortiment de noix

nuez moscada noix de muscade

O **olla** pot-au-feu; **~ gitana** pot-au-feu de légumes; **~ podrida** pot-au-feu composé de légumes, de viande, de volaille et de jambon

oloroso Xérès foncé ➤ 49

oporto porto

orégano origan

ostras huîtres

oveja brebis

P **pa amb tomàquet** pain avec tomate et sel

pabellón criollo bœuf dans une sauce tomate, garni de haricots, de riz et de bananes (créole)

paella paella

paletilla jarret

palitos brochette d'amuse-gueules **~ de queso** bâtonnets de fromage

palmito cœur de palmier

palta avocat

pan pain; **~ de pueblo** pain blanc ordinaire

panecillos petits pains

papas pommes de terre; **~ a la huancaína** au fromage et aux poivrons verts; **~ arrugadas** nouvelles pommes de terre, cuites au four et roulées dans du sel marin

parrillada grillade; **~ mixta** mixte

pasado faisandé, cuit; **~ por agua** à la coque (œuf)

pasas raisins

pastas pâtes

pastel gâteau; **~ de choclo** maïs avec bœuf haché, poulet, raisins et olives; **~ de queso** gâteau au fromage

pastelería pâtisserie

pasteles gâteau; pâtisseries

patas pieds

patatas pommes de terre; **~ (a la) leonesa** avec oignons; **~ fritas** frites; **~ nuevas** pommes de terre nouvelles

pato canard/caneton

paté pâté

pavo dinde

pechuga de pollo blanc de poulet

pepinillos cornichons; petits légumes macérés dans du vinaigre

pepino concombre

(en) pepitoria fricassée avec oignons, poivrons verts et tomates

pera poire

perca perche

percebes pouces-pieds

perdiz perdrix; ~ **en escabeche** marinée dans de l'huile avec du vinaigre, des oignons, du persil, des carottes et des poivrons verts; plat servi froid; ~ **estofada** servie dans une sauce au vin blanc

perejil persil

perifollo cerfeuil

perilla fromage ferme ➤ 48

pescadilla merlan

pescado poisson ➤ 45; ~ **frito** frit

pez espada espadon

picadillo viande hachée, hachis

picado haché

picante piquant

picatoste rôtie/croûton

pichón pigeon

pierna cuisse

pimentón paprika

pimienta poivre

pimientos a la riojana poivrons farcis de viande hachée

pimientos morrones poivrons rouges

piña ananas

pincho moruno brochette de viande grillée

pintada pintade

pisco eau-de-vie de raisins

pisto ratatouille de poivrons verts ➤ 47

(a la) plancha grillé sur une plaque à frire

plato assiette, plat, portion; ~ **del día** plat du jour

platos fríos plats froids

platos típicos spécialités

plátano banane

poco hecho bleu

pollito poussin

pollo poulet; ~ **a la brasa** grillé; ~ **asado** rôti; ~ **pibil** mijoté dans du jus de fruits et des épices

polvorón sablé aux amandes

pomelo pamplemousse

ponche crema liqueur au lait de poule

porción petite portion de tapas

postre dessert ➤ 48

potaje potage aux légumes

puchero ragoût/pot-au-feu

puerros poireaux

pulpitos jeunes poulpes

pulpo poulpe

punto de nieve dessert composé de crème fouettée avec blancs d'œufs battus

puré purée; ~ **de patatas** purée de pommes de terre

Q **queso** fromage ➤ 48
quisquillas crevettes ordinaires

R **rábano** radis; ~ **picante** raifort

rabo de buey queue de bœuf

ración grande portion

raja tranche, portion

rallado râpé

rape baudroie

raya raie, patin
rebanada tranche
rebozado pané, frit dans une pâte
recomendamos nous vous recommandons
refrescos rafraîchissements
regular moyen
rehogada sauté
relleno farci
remolacha betterave
repollo chou
requesón fromage blanc frais
riñones rognons; ~ **al jerez** braisés dans du Xérès
róbalo aiglefin
rodaballo turbot
(a la) romana trempé dans une pâte et frit
romero romarin
romesco sauce aux noix, piments, tomates, à l'ail et à la chapelure
ron rhum
roncal fromage piquant au lait de brebis ➤ 48
ropa vieja restes de viande cuite et légumes, recouverts de tomates et de poivrons verts
rosado rosé
rosbif rosbif
rosquilla beignet
rubio mulet rouge
ruibarbo rhubarbe

 S **sal** sel
salado salé
salchichas saucisses
salchichón salami
salmonetes rougets/barbets

salmón saumon; ~ **ahumado** fumé
salsa sauce
salsa a la catalana sauce tomate et aux poivrons verts
salsa a la vasca persil, pois, ail; une fine vinaigrette verte pour poissons (basquaise)
salsa alioli aïoli
salsa de tomate ketchup
salsa en escabeche sauce aigre-douce
salsa española sauce brune aux fines herbes, épices et au vin
salsa mayordoma sauce au beurre et au persil
salsa picante sauce au piment fort
salsa romana bacon ou jambon, sauce crème aux œufs
salsa romesco poivrons verts, piments, ail; vinaigrette surgelée populaire accompagnant le poisson
salsa verde sauce persillée
salteado sauté
salvia sauge
sandía pastèque
sangrita tequila avec jus de tomates, d'oranges et de citrons verts
sangría punch au vin ➤ 50
sardinas sardines
seco sec
sencillo simple
sepia seiche
serrano salé
sesos cervelle
setas champignons
sidra cidre
sobrasada salami
soda soda

sol y sombra mélange de cognac distillé à partir de vin et de liqueur à l'anis

solo noir (café); pur (sec)

solomillo de cerdo filet de porc

sopa potage/soupe/consommé ➤ 44; **~ de buey** à la queue de bœuf; **~ de ajo** à l'ail; **~ de arroz** au riz; **~ de camarones** aux crevettes; **~ de cangrejos** bisque d'écrevisses; **~ Castellana** à l'ail cuit au four; **~ de cebolla** à l'oignon; **~ de cocido** sorte de bouillon; **~ de espárragos** aux asperges; **~ de fideos** aux vermicelle; **~ de mariscos** aux fruits de mer; **~ de patatas** aux pommes de terre; **~ de pescado** aux poissons; **~ de tomate** aux tomates; **~ de verduras** aux légumes; **~ Juliana** Julienne; **~ sevillana** potage de poissons très épicé

sorbete boisson fruitée (glacée)

suave doux

suizo petit pain au lait/brioche

suplemento sobre ... ... supplément

surtido assorti

T **taco** crêpe à la farine de blé ou de maïs, généralement fourrée de viande et nappée d'une sauce épicée

tajada tranche

tallarín nouille

tamal pâté de semoule de maïs grossièrement moulu, farcie de viande ou de fruits, et cuite à la vapeur dans des enveloppes de maïs

tapas amuse-gueules/encas ➤ 43

tarta de almendras tarte aux amandes

tarta de manzana tarte aux pommes

tarta de moka gâteau au moka

tarta helada gâteau à la glace

tartaletas tartelettes ouvertes fourrées de poisson, de viande, de légumes ou de fromage

taza de café tasse de café

té thé ➤ 51

ternera veau

tinto rouge

Tío Pepe marque de Xérès

tipo roquefort bleu

tocino lard

tocino de cielo dessert composé de jaunes d'œufs fouettés et de sucre

tojunto ragoût de lapin

tomates tomates

tomillo thym

tónica soda tonique

tordo grive

toronja genre de pamplemousse

tortilla omelette; **~ de alcachofa** aux artichaux; **~ de cebolla** aux oignons; **~ de espárragos** aux asperges; **~ de jamón** au jambon; **~ de patatas** aux pommes de terre; **~ de queso** au fromage; **~ de setas** aux champignons; **~ gallega** omelette aux pommes de terre avec jambon, piments du Chili; **~ paisana** aux pommes de terre, pois, crevettes ou jambon

tortitas gaufres

tostadas tranches de pain grillé

tripas tripes

Triple Seco liqueur d'oranges

trucha truite; **~ a la navarra** farcie au jambon; **~ frita a la asturiana** farinée et frite dans une pâte, garnie de citron

trufas truffes

tumbet ratatouille et casserole de pommes de terre avec viande ou poisson

turrón nougat/pâte d'amandes

 ulloa fromage doux de Galicie

uvas raisins; **~ blancas** blancs; **~ negras** noirs

uvas pasas raisins secs

 vaca salada bœuf en conserve

vainilla vanille

valenciana paella classique ➤ 44

variado varié, assorti

varios divers

vaso verre

venado venaison

veneras escalopes

verduras légumes ➤ 47

vermut vermouth

vieira coquille Saint-Jacques

villalón fromage doux ➤ 48

vinagreta vinaigrette piquante

vino vin ➤ 50; **~ de mesa** vin de table; **~ del país** vin de pays

vizcaína aux poivrons verts, tomates, à l'ail et au paprika

WX YZ **whisky** whisky; **~ americano** bourbon; **~ con soda** whisky soda; **~ escocés** Scotch whisky

xampañ vin mousseux catalan

xató salade d'olives et d'endives

yema jaune d'œuf

yemas dessert composé de jaunes d'œufs fouettés et de sucre

yogur yaourt

zamorana jambon, filet de porc, pieds de cochon, piments du Chili

zanahorias carottes

zarzamoras mûres sauvages

zarzuela ragoût savoureux composé d'un assortiment de poissons et fruits de mer; **~ de pescado** sélection de poissons accompagnés d'une sauce très relevée

zumo jus frais; **~ de fruta** jus de fruits

Voyage

L'ESSENTIEL

Un billet pour ...	**Un billete para ...** *oun bil-yété para*
Combien ...?	**¿Cuánto ...?** *couanntô*
Quand?	**¿Cuándo?** *couanndô*
A quelle heure arrive/ part ...?	**¿Cuándo llega/sale ...?** *couanndô l-yéga/salé ...*

L'Espagne bénéficie d'un réseau de transports assez bien développé, qui vous permettra de voyager sans difficultés.

Sécurité Seguridad

L'Espagne est un pays relativement sûr, et les crimes violents commis à l'encontre des touristes sont rares; si vous éprouvez toutefois un sentiment d'insécurité, les expressions suivantes peuvent vous être utiles.

Pourriez-vous m'accompagner à l'arrêt d'autobus?	**¿Puede acompañarme a la parada de autobús?** *pouéd'acômpagnarme a la parada dé aoutôbous*
Je ne veux pas ... tout seul.	**No quiero ... solo(-a).** *nô kiérô ...sôlô(-a)*
rester ici	**quedarme aquí** *kédarmé aki*
rentrer chez moi à pied	**ir a casa andando** *ir a casa anndanndô*
Je ne me sens pas en sécurité ici.	**No me siento seguro(-a) aquí.** *nô mé siéntô ségourô(-a) aki*

Arrivée Llegada

La plupart des visiteurs n'ont besoin que d'un passeport valide pour entrer en Espagne.

Les restrictions en matière d'importation entre pays de l'UE ont été assouplies pour les articles d'usage et de consommation personnels achetés avec taxes à l'intérieur de l'UE. Maximum suggéré: 90 l de vin ou 60 l de vin mousseux; 20 l de vin fortifié, 10 l d'alcool et 110 l de bière.

Marchandises hors taxe

	Cigarettes	Cigares	Tabac	Spiritueux	Vin
Espagne	200	50	250g	1L	2L
Canada	200 et	50 et	400g	1L ou	1L
Suisse	200 ou	50 ou	250g	1L et	2L

Contrôle des passeports Control de pasaportes

Puis-je voir votre passeport, s.v.p.?
¿Puedo ver su pasaporte, por favor? *pouédô bér sou pasapôrté pôr fabôr*

Nous avons un passeport joint.
Tenemos un pasaporte conjunto. *ténémôs oun pasapôrté cônkhountô*

Les enfants sont sur ce passeport.
Los niños están en este pasaporte. *lôs nignôs éstan én ésté pasapôrté*

Quel est l'objet de votre séjour?
¿Cuál es el propósito de su visita? *coual és él prôpôsitô dé sou bisita*

Je suis ici en vacances/ pour affaires.
Estoy aquí de vacaciones/en viaje de negocios. *éstôy aki dé bacaTHyônés/ én biakhé dé négôTHyôss*

Je suis en transit.
Estoy de paso ... *éstôy dé pasô*

Je vais à ...
Voy a ... *bôy a*

Je ne vais pas travailler ici.
No voy a trabajar aquí. *nô bôy a trabakhar aki*

Avec qui voyagez-vous?
¿Con quién viaja? *con kién biakha*

Je voyage ...
Viajo... *biakhô*

tout seul
solo(-a) *sôlô(-a)*

avec ma famille
con mi familia *côn mi familia*

avec un groupe
con un grupo *côn oun groupô*

FAMILLE ➤ 120

Douane Aduana

Je n'ai que les quantités autorisées.

Sólo llevo las cantidades autorizadas. *sôlô lyébô las canntidadés aoutoriTHadas*

C'est un cadeau / pour mon usage personnel.

Es un regalo / para uso personal. *és oun régalô / para ousô pérsônal*

¿Tiene algo que declarar?	Avez-vous quelque chose à déclarer?
Tiene que pagar impuestos por esto.	Il y a des droits de douane à payer sur cet article.
¿Cuándo compró esto?	Quand avez-vous acheté ceci?
Abra esta bolsa por favor.	Pouvez-vous ouvrir ce sac, s.v.p.?
¿Tiene más equipaje?	Avez-vous d'autres bagages?

Je voudrais déclarer …

Quiero declarar … *kiérô déklarar*

Je ne comprends pas.

No entiendo. *nô éntiéndô*

Y a-t-il quelqu'un ici qui parle français?

¿Hay alguien aquí que hable francés? *aï algién aki ké ablé frannTHés*

ADUANAS	douane
ARTÍCULOS LIBRES DE IMPUESTOS	marchandises hors taxe
ARTÍCULOS QUE DECLARAR	marchandises à déclarer
CONTROL DE PASAPORTES	contrôle des passeports
NADA QUE DECLARAR	rien à déclarer
POLICÍA	police
PASO DE LA FRONTERA	poste frontière

Marchandises hors taxe
Artículos libres de impuestos

C'est en quelle monnaie / devise? **¿En qué moneda / divisa está esto?** *én ké mônéda / dibisa ésta éstô*

Avion Avión

Plusieurs compagnies aériennes privées, telles que Air Europa et Aviaco, proposent des prix compétitifs sur le réseau aérien interne, ainsi qu'une sélection de vols internationaux.

Billets et réservations Billetes y reservas

A quelle heure est le … vol pour Madrid?	**¿Cuándo sale el … vuelo a Madrid?** *couanndô salé él … bouélô a madriTH*
premier / prochain / dernier	**primer / próximo / último** *primér / prôksimô / oultimô*
Je voudrais 2 billets …	**Quiero dos billetes …** *kiérô dôs bil-yétés …*
aller-simple	**de ida** *dé ida*
aller-retour	**de ida y vuelta** *dé ida i bouélta*
première classe	**de primera clase** *dé priméra clasé*
classe affaires	**de clase preferente** *dé clasé préférénté*
classe économique	**económico** *écônômicô*
Combien coûte un vol pour …?	**¿Cuánto cuesta un vuelo a …?** *couanntô couésta oun bouélô a*
Y a-t-il un supplément / une réduction?	**¿Tiene algún suplemento/descuento?** *tiéné algoun soupléméntô/déscouéntô*
Je voudrais … ma réservation pour le vol numéro 123.	**Quiero … mi reserva del vuelo número 123.** *kiérô … mi résérba dél bouélô noumérô 123*
annuler	**cancelar** *cannTHélar*
changer	**cambiar** *cambiar*
confirmer	**confirmar** *cônfirmar*

Questions sur le vol Preguntas sobre el vuelo

Combien de temps dure le vol?	**¿Cuánto dura el vuelo?** *couanntô doura él bouélô*
A quelle heure part l'avion?	**¿A qué hora sale el avión?** *a ké ôra salé él abiôn*
A quelle heure arriverons-nous?	**¿A qué hora llegamos?** *a ké ôra l-yégamôs*
A quelle heure est l'enregistrement?	**¿A qué hora tengo que facturar?** *a ké ôra téngô ké faktourar*

CHIFFRES ➤ 216; HEURES ➤ 220

Enregistrement Facturación

Où est le bureau d'enregistrement pour le vol ...?	¿Dónde está el mostrador de facturación del vuelo ...? *dôndé ésta él môstradôr dé faktouraTHiôn dél bouélô*
J'ai ...	**Tengo ...** *téngô*
3 valises à faire enregistrer	**tres maletas para facturar** *trés malétas para faktourar*
2 bagages à main	**dos bultos de mano** *dôs boultôs dé manô*
Combien de bagages sont autorisés gratuitement?	¿Cuánto equipaje está permitido sin pagar? *couanntô ékipakhé ésta pérmitidô sin pagar*

Su billete/pasaporte por favor.	Votre billet/passeport, s.v.p.
¿Quiere un asiento que dé a la ventana o al pasillo?	Voulez-vous un siège près de la fenêtre ou près de l'allée?
¿Fumador o no fumador?	Fumeur ou non-fumeur?
Por favor, pase a la sala de embarque.	Veuillez vous rendre dans la salle de départ.
¿Cuántos bultos de equipaje tiene?	Combien de bagages avez-vous?
Lleva exceso de equipaje.	Vos bagages sont trop lourds.
Tendrá que pagar un suplemento de ... euros por kilo de equipaje en exceso.	Vous devrez payer un supplément de ... euros par kilo en plus.
Eso pesa demasiado/eso es demasiado grande para pasar como equipaje de mano.	Ceci est trop lourd/grand pour les bagages à main.
¿Hizo las maletas usted?	Avez-vous fait vos valises vous-même?
¿Contienen algún artículo punzante o eléctrico?	Est-ce qu'ils contiennent des objets pointus ou électriques?

LLEGADAS	arrivées
NO DEJE SU EQUIPAJE DESATENDIDO	ne laissez pas vos bagages sans surveillance
REVISIÓN DE SEGURIDAD	contrôle de sécurité
SALIDAS	départs

BAGAGES ➤ 71

Renseignements Información

Est-ce que le vol … a du retard?	**¿Lleva retraso el vuelo …?** *l-yéba rétrasô él bouélô*
Il a combien de retard?	**¿Cuánto tiempo lleva de retraso?** *couanntô tiémpô l-yéba dé rétrasô*
Est-ce que le vol de … est arrivé?	**¿Ha aterrizado el vuelo procedente de …?** *a atérriTHadô él bouélô prôTHédénté dé*
De quelle porte part le vol …?	**¿De qué puerta sale el vuelo …?** *dé ké pouérta salé él bouélô*

Embarquement/Vol   Embarque/Vuelo

Votre carte d'embarquement, s.v.p.	**Su tarjeta de embarque por favor.** *sou tarkhéta dé émbarké pôr fabôr*
Est-ce que je pourrais avoir quelque chose à boire/ à manger?	**¿Podría tomar algo de beber/comer por favor?** *pôdria tômar algô dé bébér/cômér pôr fabôr*
Pouvez-vous me réveiller pour le repas, s.v.p.?	**Puede despertarme para la comida por favor?** *pouédé déspértarmé para la cômida pôr fabôr*
A quelle heure arriverons-nous?	**¿A qué hora llegaremos?** *a ké ôra l-yégarémôs*
Un sac vomitoire, s.v.p.	**Una bolsa para el mareo por favor.** *ouna bôlsa para él maréô pôr fabôr*

Arrivée Llegada

Où est/sont le/la/les …?	**¿Dónde está/están …?** *dôndé ésta/éstan*
bureau de change	**la ventanilla de cambio** *la béntanil-ya dé cambiô*
autobus	**los autobuses** *lôs aoutôbousés*
bureau de location de voitures	**el alquiler de coches** *él alkilér dé côtchés*
sortie	**la salida** *la salida*
taxis	**los taxis** *lôs taksis*
téléphone	**los teléfonos** *lôs téléfônôs*
Est-ce qu'il y a un bus pour aller en ville?	**¿Hay un autobús que va a la ciudad?** *aï oun aoutôbous ké ba a la THioudaTH*
Comment est-ce que je peux me rendre à l'hôtel …?	**¿Cómo se va al hotel …?** *cômô sé ba al ôtél*

Bagages Equipaje

Pourboire: si vous souhaitez remercier le bagagiste, donnez-
lui un pourboire de 50 centimes minimum par valise.

Porteur! Excusez-moi!	**¡Mozo! ¡Disculpe!**
	môTHô. discoulpé
Pourriez-vous emporter mes bagages …?	**¿Podría llevar mi equipaje a …?**
	pôdria l-yébar mi ékipakhé a
jusqu'à un taxi/bus	**un taxi/autobús** *oun taksi/aoutôbous*
Où est/sont …?	**¿Dónde está/están …?** *dôndé ésta/éstan*
les chariots à bagages	**los carritos para el equipaje**
	lôs carritôs para él ékipakhé
la consigne automatique	**las taquillas** *las takil-yas*
la consigne	**la consigna** *la cônsigna*
Où sont les bagages du vol …?	**¿Dónde está el equipaje del vuelo …?**
	dôndé ésta él ékipakhé dél bouélô

Perte/Dommages/Vol Perdida/Daños/Robo

J'ai perdu mes bagages.	**He perdido mi equipaje.**
	é pérdidô mi ékipakhé
On m'a volé mes bagages.	**Me han robado mi equipaje.**
	mé ann rôbadô mi ékipakhé
Ma valise a été abîmée.	**Mi maleta se ha estropeado en el tránsito.** *mi maléta sé a éstrôpéadô én él trannsitô*
Nos bagages ne sont pas arrivés.	**Nuestro equipaje no ha llegado.**
	nouéstrô ékipakhé nô a l-yégadô
Avez-vous une fiche de réclamation?	**¿Tienen formularios para reclamaciones?**
	tiénén fôrmoulariôss para réklamaTHiônéss

¿Puede describir su equipaje?	Pouvez-vous décrire vos bagages?
¿Tiene la etiqueta de recogida?	Avez-vous le ticket de consigne?
Su equipaje …	Vos bagages …
puede que lo hayan mandado a …	ont peut-être été envoyés à …
puede que llegue hoy	arriveront peut-être dans la journée.
Vuelva usted mañana, por favor.	Veuillez revenir demain, s.v.p.
Llame a este número para comprobar que su equipaje ha llegado.	Téléphonez à ce numéro pour vérifier si vos bagages sont arrivés.

POLICE ➤ 161; COULEURS ➤ 144

Train Tren

Sur le réseau ferroviaire espagnol, **Renfe (Red Nacional de los Ferrocarriles Españoles)**, les enfants de moins de 4 ans voyagent gratuitement; ceux âgés de 4 à 12 ans paient demi-tarif. Les tarifs sont plus économiques lors des jours de congé (**días azules**). Certaines cartes de voyage peuvent également être utilisées pour les bus locaux et le métro. Un autre moyen est d'acheter vos billets sous la forme d'un «carnet de chèques» dans les agences de voyage. Ceux-ci peuvent être échangés contre des billets de train à des tarifs spéciaux pour les jours fériés. L'achat d'un billet signifie généralement qu'une place vous est attribuée. Vous pouvez réserver les places à l'avance. Lors de trajets plus longs, une voiture est disponible pour les fumeurs; dans les autres cas, le train est non-fumeur.

AVE *abé*

Train à grande vitesse (**alta velocidad española**), reliant Madrid et Séville en deux heures exactement.

EuroCity *é-ourôTHiti*

Train express international, première et seconde classes.

Talgo, Electrotren, TER *talgô, éléktrôtrén, tér*

Train à locomotive diesel, luxueux, première et seconde classes; supplément par rapport au tarif normal; réservation des places à l'avance souhaitable. Des services similaires sont assurés par **Intercity** et **Tren Estrella.**

Expreso, Rápido *ékspréssô, rapidô*

Trains express longue distance avec arrêts dans les principales villes.

Omnibus, Tranvía, Automotor *ômnibous, trannbia, aoutomotor*

Train local avec arrêts fréquents.

Auto Expreso *aoutô ékspréssô*

Le train autocouchette vous permet de charger votre voiture et de voyager dans une cabine à couchettes; réductions sur le transport de la voiture en cas de réservation de plusieurs couchettes.

Coche cama *côtché cama*

Wagons-lits; compartiments équipés d'un lavabo et de 1 ou 2 couchettes. Un moyen plus économique est la **litera,** (couchette) dans un compartiment de 6.

Coche comedor *côtché cômmédôr*

Voiture-restaurant; généralement comprise dans les voyages de nuit. Quelquefois il y a une voiture-buffet; le déjeuner est servi à votre place dans certains trains; lors des voyages plus courtes il n'y a que des sandwiches et des boissons à votre disposition.

Furgón de equipajes *fourgôn dé ékipakhéss*

Wagon à bagages; seuls les bagages enregistrés sont autorisés.

A la gare A la estación

Pour aller à la gare (principale)? **¿Cómo se llega a la estación de trenes ?** *cômô sé l-yéga a la éstaTHiôn dé trénés*

Est-ce que les trains pour Léon partent de la gare …? **¿Salen de la estación … los trenes a León?** *salén dé la éstaTHiôn … lôs trénés a léon*

C'est loin? **¿Está lejos?** *ésta lékhôs*

Est-ce que je peux y laisser ma voiture? **¿Puedo dejar mi coche allí?** *pouédô dékhar mi côtché al-yi*

Dans la gare En la estación

Où est/sont le/la/les …? **¿Dónde está/están …?** *dôndé ésta/éstan*

bureau de change **la oficina de cambio de moneda** *la ôfiTHina dé cammbiô dé mônéda*

bureau des renseignements **la ventanilla de información** *la béntanil-ya dé infôrmaTHiôn*

consigne **la consigna** *la cônsigna*

bureau des objets trouvés **la oficina de objetos perdidos** *la ôfiTHina dé ôbkhétôs pérdidôs*

consigne automatique **las taquillas** *las takil-yas*

quais **los andenes** *lôs anndénés*

snack-bar **el bar** *él bar*

guichet **el despacho de billetes** *él déspatchô dé bil-yétés*

salle d'attente **la sala de espera** *la sala dé éspéra*

A LOS ANDENES	accès aux quais
ENTRADA	entrée
INFORMACIÓN	renseignements
LLEGADAS	arrivées
RESERVAS	réservations
SALIDA	sortie
SALIDAS	départs

DIRECTIONS ➤ 94

Billets Billetes

Je voudrais un billet … pour …	**Quiero un … billete a …** *kiérô oun … bil-yété a …*
aller-simple	**de ida** *dé ida*
aller-retour	**de ida y vuelta** *dé ida i bouélta*
de première / deuxième classe	**de primera/segunda clase** *dé priméra/ségounda clasé*
à prix réduit	**con descuento** *côn déscouéntô*
Je voudrais réserver un/une …	**Quiero reservar una plaza …** *kiérô résérbar ouna plaTHa*
siège près de l'allée	**un asiento cerca del pasillo** *oun asiéntô THérca dél pasil-yô*
siège près de la fenêtre	**un asiento cerca de la ventana** *oun asiéntô THérca dé la béntana*
couchette	**una litera** *ouna litéra*
Est-ce qu'il y a un wagon-lit?	**¿Hay coche cama?** *aï côtché cama*
Je voudrais une couchette …	**Quiero una litera …** *kiérô ouna litéra*
supérieure / inférieure	**de arriba/abajo** *dé arriba/abakhô*
Puis-je acheter mon billet à bord du train?	**¿Puedo comprar un billete dentro del tren?** *pouédô cômprar oun bil-yété déntrô dél trén*

Prix Precio

C'est combien?	**¿Cuánto es?** *couanntô éss*
Y a-t-il une réduction pour …?	**¿Hacen descuento a …?** *aTHén déscouéntô a*
les enfants / les familles	**los niños/las familias** *lôs nignôs/las familias*
les personnes âgées / les retraités	**los pensionistas** *lôs pénsionistas*
les étudiants	**los estudiantes** *lôs éstoudianntés*
Est-ce que vous offrez un aller-retour dans la même journée à prix préférentiel?	**¿Tienen una oferta por un billete de ida y vuelta en el mismo día?** *tiénén ouna ôférta pôr oun bil-yété dé ida i bouélta én él mismô dia*
Il y a un supplément de … à payer.	**Hay que pagar un suplemento de …** *aï ké pagar oun soupléméntô dé*

CHIFFRES ➤ 216; JOURS DE LA SEMAINE ➤ 218

Questions Preguntas

Est-ce que je dois changer de train? | **¿Tengo que cambiar de trenes?** _téngó ké cambiar dé trénés_

C'est un train direct. | **Es un tren directo.** _és oun trén diréktô_

Vous avez une correspondancé à … | **Tiene que cambiar en …** _tiéné ké cambiar én_

Ce billet est valable pour combien de temps? | **¿Por cuánto tiempo vale este billete?** _para couanntô tiémpô balé ésté bil-yété_

Est-ce que je peux emporter mon vélo dans le train? | **¿Puedo llevar mi bicicleta en el tren?** _pouédô l-yébar mi biTHiklétá én él trén_

Est-ce que je peux revenir avec le même billet? | **¿Puedo volver con el mismo billete?** _pouédô bôlbér côn él mismô bil-yété_

Dans quellle voiture est mon siège? | **¿En qué coche está mi asiento?** _én ké cotché ésta mi asiénntô_

Est-ce qu'il y a un wagon-restaurant dans le train? | **¿Hay coche restaurante en el tren?** _aï côtché réstaourannté én él trén_

– Quiero un billete a Madrid, por favor.
(Je voudrais un billet pour Madrid, s.v.p.)
– _¿De ida o ida y vuelta? (Aller-simple ou aller-retour?)_
– De ida y vuelta, por favor. (Aller-retour, s.v.p.)
– _Son sesenta euros. (Ça fait 60 euros.)_
– _¿Tengo que cambiar de trenes?_
(Est-ce que je dois changer de train?)
– _Sí, tiene que cambiar en Córdoba._
(Oui, vous avez une correspondance à Córdoba.)

Horaires des trains Horario de trenes

Est-ce que je pourrais avoir l'horaire des trains, s.v.p.? | **¿Podría darme un horario (de trenes), por favor?** _pôdria darmé oun ôrariô (dé trénés) pôr fabôr_

A quelle heure est le … train pour …? | **¿Cuándo sale el … tren a …?** _couanndô salé él …trén a …_

premier / prochain / dernier | **primer / próximo / último** _primér / prôksimô / oultimô_

Il y a un train pour … à … | **Hay un tren a … a las …** _aï oun trén a … a las …_

Combien de fois par jour est-ce qu'il y a des trains pour …?	**¿Con qué frecuencia salen los trenes a …?** *côn ké frécouénTHia salén lôs trénés a*
une/deux fois par jour	**una vez/dos veces al día** *ouna béTH/dôs béTHés al dia*
cinq fois par jour	**cinco veces al día** *THinncô béTHés al dia*
toutes les heures	**cada hora** *cada ôra*
A quelle heure partent-ils?	**¿A qué hora salen?** *a ké ôra salén*
toutes les heures/à l'heure juste	**a la hora en punto** *a la ôra én pountô*
A quelle heure le train s'arrête-t-il à …?	**¿A qué hora para el tren en …?** *a ké ôra para él trén a*
A quelle heure le train arrive-t-il à …?	**¿A qué hora llega el tren a …?** *a ké ôra l-yéga él trén a*
Combien de temps dure le voyage?	**¿Cuánto dura el viaje?** *couanntô doura él biakhé*
Est-ce que le train est à l'heure?	**¿Llega puntual el tren?** *l-yéga pountoual él trén*

Départs Salidas

De quel quai part le train pour …?	**¿De qué andén sale el tren a …?** *dé ké anndén salé él trén a*
Où est le quai numéro 4?	**¿Dónde está el andén número cuatro?** *dônndé ésta él anndén noumérô couatrô*
là-bas	**allí** *al-yi*
à gauche/à droite	**a la izquierda/derecha** *a la iTHkiérda/dérétcha*
Où est-ce que je dois changer pour …?	**¿Dónde tengo que cambiar para …?** *dônndé téngô ké cambiar para*
Combien de temps dois-je attendre pour une correspondance?	**¿Cuánto tiempo tengo que esperar para un enlace?** *couanntô tiémpô téngô ké éspérar para oun énlaTHé*

Embarquement Montarse en el tren

Est-ce bien le bon quai pour le train pour …?
¿Es éste el andén para el tren a …? *és ésté él anndén para él trén a*

Est-ce que c'est bien le train pour …?
¿Es éste el tren a …? *és ésté él trén a*

Est-ce que cette place est occupée/prise?
¿Está ocupado este asiento? *ésta ôcoupadô ésté asiéntô*

Je crois que c'est ma place.
Creo que ése es mi asiento. *kréô ké éssé és mi asiéntô*

Voici ma réservation.
Aquí tengo la reserva. *aki téngô la résérba*

Est-ce qu'il y a des places/couchettes libres?
¿Hay asientos/literas libres? *aï asiéntôs/litéras librés*

Est-ce que ça vous dérange si …?
¿Le importa si …? *lé immpôrta si …*

je m'asseois ici
me siento aquí *mé siéntô aki*

j'ouvre la fenêtre
abro la ventana *abrô la béntana*

Pendant le voyage En el viaje

Combien de temps est-ce que nous nous arrêtons ici?
¿Cuánto tiempo paramos? *couanntô tiémpô paramôs*

A quelle heure arrivons-nous à …?
¿Cuándo llegamos a …? *couanndô l-yégamôs a*

Est-ce que nous sommes passés à …?
¿Hemos pasado …? *émôs pasadô*

Où est le wagon-restaurant/wagon-couchette?
¿Dónde está el coche restaurante/litera? *dônde ésta él côtché réstaourannté/litéra*

Où est ma couchette?
¿Dónde está mi litera? *dônde ésta mi litéra*

J'ai perdu mon billet.
He perdido el billete. *é pérdidô él bil-yété*

FRENO DE EMERGENCIA	arrêt d'urgence	
PUERTAS AUTOMÁTICAS	portes automatiques	
ALARMA	alarme	

HEURES ➤ *220*

Autocar Autobús

L'autocar est avantageux si vous désirez visiter des endroits plus isolés. La plupart des bus ne desservent que les villes et villages situés à l'intérieur d'une région ou d'une province spécifique. Vous pouvez, au départ de villes plus importantes, réserver des lignes internationales ou parcourant les campagnes – les informations sont disponibles à la gare routière centrale locale (**estación de autobuses**).

Où est la gare routière?	**¿Dónde está la estación de autobuses?** *dôndé ésta la éstaTHiôn dé aoutôbousés*
A quelle heure est le prochain car pour …?	**¿Cuándo sale el próximo autobús a …?** *couanndô salé él prôksimô aoutôbous a*
De quel arrêt part-il?	**¿De qué andén sale?** *dé ké anndén salé*
Où sont les arrêts de car?	**¿Dónde están los andenes?** *dôndé éstann lôs anndénés*
Est-ce que le car s'arrête à …?	**¿Para el autobús en …?** *para él aoutôbous én*
Combien de temps dure le voyage?	**¿Cuánto dura el viaje?** *couannto doura él biakhé*

Bus Autobús

Le paiement s'effectue à l'entrée des bus. Pour les villes plus importantes, une carte d'abonnement donnant droit à 10 voyages (**un bonobús**) est plus économique – n'oubliez pas la machine à composter à utiliser lors de chaque déplacement, et située à côté du chauffeur. Les tickets sont en vente dans les kiosques à journaux de Madrid; et à Barcelone, dans les banques, débits de tickets de loterie et stations de métro.

Où est-ce que je peux prendre un bus pour …?	**¿Dónde se coge un autobús a …?** *dôndé sé côkhé oun aoutôbous a …*

Tiene esa parada de allí/ al bajar la calle.	Il faut aller à cet arrêt là-bas/ un peu plus loin.
Tiene que tomar el autobús número …	Vous devez prendre le bus numéro …
Tiene que cambiar de autobús en …	Vous devez changer de bus à …

PARADA DE AUTOBUSES	arrêt d'autobus
PARADA SOLICITADA	arrêt facultatif
PROHIBIDO FUMAR	défense de fumer
SALIDA DE EMERGENCIA	sortie (de secours)

Acheter des billets Comprar billetes

Où est-ce que on peut acheter des billets?

¿Dónde se puede comprar billetes? _dôndé sé pouédé cômprar bil-yétés_

Un billet … pour la plage, s.v.p.

Un billete … para la playa, por favor. _oun bil-yété … para la playa pôr fabôr_

aller

de ida _dé ida_

aller-retour

de ida y vuelta _dé ida i bouélta_

passe-bus

bonobús _bônôbous_

pour la journée/la semaine/le mois

para todo el día/la semana/el mes _para tôdô él dia/la sémana/él més_

Combien coûte un billet pour …?

¿Cuánto cuesta el billete a …? _couanntô couésta él bil-yété a_

Pour voyager De viaje

Est-ce que c'est bien le bon bus pour …?

¿Es este el autobús a …? _és ésté él aoutôbous a_

Pourriez-vous me dire quand il me faut descendre?

¿Podría decirme cuándo me tengo que bajar? _pôdria déTHirmé couanndô mé téngô ké bakhar_

Est-ce que je dois changer de bus?

¿Tengo que hacer transbordo? _téngô ké aTHér trannsbôrdô_

Combien d'arrêts y a-t-il jusqu'à …?

¿Cuántas paradas hay hasta …? _couanntas paradas aï asta_

Prochain arrêt, s.v.p.!

¡Próxima parada, por favor! _prôksima parada pôr fabôr_

Ø **AL PICAR SU BILLETE** compostez votre billet Ø

– Disculpe. ¿Es éste el autobús que va al ayuntamiento?
(Excusez-moi. Est-ce que c'est bien le bus pour l'hôtel de ville?)
– No. Tiene que coger el número ocho. Allí está …
(Non, il vous faut prendre le numéro 8. Le voilà …)
– Un billete para el ayuntamiento, por favor.
(Un billet pour l'hôtel de ville, s.v.p.)
¿Podría decirme cuándo tengo que bajarme?
(Pourriez-vous me dire quand il me faut descendre?)
– Queda a cuatro paradas de aquí. (Vous avez encore quatre arrêts.)

CHIFFRES ➤ 216; DIRECTIONS ➤ 94

Métro Metro

Les réseaux de métro sont développés à Madrid et à Barcelone, et le nouveau système de Bilbao est remarquable. De grands plans affichés à l'extérieur de chaque station facilitent l'utilisation du système. Des tickets plus économiques donnant droit à 10 déplacements (**billete de diez viajes**) sont disponibles.

Barcelone propose un bon-bus T1, permettant de voyager tant en métro qu'en bus.

La plupart des services de métro prennent fin à 23 h en semaine et à 1 heure le samedi.

Questions générales Preguntas generales

Où est la station de métro la plus proche?	**¿Dónde está la próxima estación de metro?** _dôndé ésta la prôksima éstaTHiôn dé métrô_
Où est-ce que je peux acheter un ticket?	**¿Dónde se compran los billetes?** _dôndé sé cômpran lôs bil-yétés_
Est-ce que je pourrais avoir un plan du métro?	**¿Podría darme un mapa del metro?** _pôdria darmé oun mapa dél métrô_

En voyage De viaje

Quelle ligne dois-je prendre pour …?	**¿Qué línea tengo que coger para …?** _ké linéa téngô ké côkhér para_
Est-ce que c'est bien la bonne rame pour …?	**¿Es este el tren para …?** _és ésté él trén para_
C'est quelle station pour …?	**¿Qué parada es la de …?** _ké parada és la dé_
Combien de stations est-ce qu'il y a jusqu'à …?	**¿Cuántas paradas quedan para …?** _couanntas paradas kédan para_
C'est le prochain arrêt.	**Es la próxima parada.** _és la prôksima parada_
Est-ce que la prochaine station est bien …?	**¿Es … la próxima parada?** _és … la prôksima parada_
Où sommes-nous?	**¿Dónde estamos?** _dôndé éstamôs_
Où est-ce que je dois changer pour …?	**¿Dónde tengo que hacer transbordo para …?** _dôndé téngô ké aTHér trannsbôrdô para_

A OTRAS LÍNEAS/ CORRESPONDENCIA	autres lignes/ correspondances

CHIFFRES ➤ 216; ACHETER DES BILLETS ➤ 74, 79

Bateau/Ferry Barco/Ferry

Des services réguliers de traversiers fonctionnent à destination des îles Baléares (au départ de Valence) et des îles Canaries (assurés par la **Compañia Transmediterránea SA**).

Que diriez-vous de passer une journée en Afrique? Une excursion en ferry à destination de Tanger (Maroc) et de Ceuta (territoire espagnol) est organisée au départ de Algeciras.

A quelle heure est le … ferry pour …?	**¿Cuándo sale el … ferry a …?** *couanndô sale él férri a*
premier/prochain/dernier	**primer/próximo/último** *primér/prôksimô/oultimô*
l'hovercraft/le bateau	**el aerodeslizador/el barco** *él aérôdésliTHadôr/él barcô*
Un billet aller-retour pour …	**Un billete de vuelta para …** *oun bil-yété dé bouélta para*
une voiture et une caravane	**un coche y una roulotte** *oun côtché i ouna roulôté*
2 adultes et 3 enfants	**dos adultos y tres niños** *dôs adoultôs i trés nignôs*
Je voudrais réserver une cabine …	**Quiero reservar un camarote …** *kiérô résérbar oun camarôté*
pour une/deux personne(s)	**individual/doble** *indibidoual/dôblé*

BOTE SALVAVIDAS	canot de sauvetage
FLOTADOR	gilet de sauvetage
PUNTO DE REUNIÓN	point de rassemblement
PROHIBIDO EL ACCESO	accès aux garages interdit

Voyages en bateau Excursiones en barco

Est-ce qu'il y a un/une …?	**¿Hay …?** *aï*
voyage en bateau	**una excursión en barco** *ouna ékscoursiôn én barcô*
croisière sur la rivière	**un crucero por el río** *oun krouTHérô pôr él riô*
A quelle heure part/revient le bateau?	**¿A qué hora sale/vuelve el barco?** *a ké ôra salé/bouélvé él barcô*
Où pouvons-nous acheter des billets?	**¿Dónde se compran los billetes?** *dôndé sé cômpran lôs bil-yétôs*

HEURES ➤ 220; ACHETER DES BILLETS ➤ 74, 79

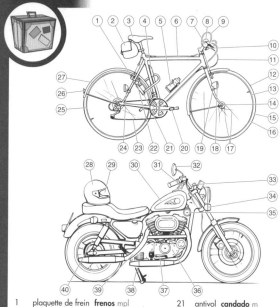

1 plaquette de frein **frenos** mpl
2 sacoche de bicyclette **cesta** f
3 selle **sillín** m
4 pompe **bomba** f
5 bidon d'eau **botella** f para el agua
6 cadre **cuadro** m
7 guidon **manillar** m
8 sonnette **timbre** m
9 câble de frein **cable** m de los frenos
10 levier de changement de vitesse **palanca** f para cambiar de marcha
11 câble de changement de vitesse **cable** m de las marchas/de control
12 chambre à air **cámara** f
13 roue avant/arrière **rueda** f **delantera/trasera**
14 essieu **eje** m
15 pneu **neumático** m
16 roue **rueda** f
17 rayons **radios** mpl
18 ampoule **luz** f
19 phare **luz** f **delantera**
20 pédale **pedal** m

21 antivol **candado** m
22 dynamo **dinamo** m
23 chaîne **cadena** f
24 feu arrière **luz** f **trasera**
25 jante **llanta** f
26 réflecteurs **reflectores** mpl
27 garde-boue **guardabarros** mpl
28 casque **casco** m
29 visière **visera** f
30 réservoir **depósito** m del combustible
31 embrayage **palanca** f del embrague
32 rétroviseur **espejo** m
33 contact **interruptor** m de arranque
34 clignotant **intermitente** m
35 klaxon **cláxon** m
36 moteur **motor** m
37 levier de vitesse **palanca** f para las marchas
38 béquille **caballete** m
39 pot d'échappement **tubo** m de escape
40 couvre-chaîne **protector** m de la cadena

REPARATIONS ➤ 89

Bicyclette/moto Bicicleta/moto

Je voudrais louer un/une …	**Quiero alquilar …** *kiérô alkilar*
vélo à 3/10 vitesses	**una bicicleta de tres/diez marchas** *ouna biThikléta dé trés/diéTH martchas*
VTT	**una bicicleta de montaña** *ouna biThikléta dé môntagna*
mobylette	**un ciclomotor** *oun THiklômôtôr*
moto	**una moto** *ouna môtô*
Ça coûte combien par jour/semaine?	**¿Cuánto cuesta por día/semana?** *couanntô couésta pôr dia/sémana*
Est-ce qu'il faut verser des arrhes?	**¿Hay que pagar una señal?** *aï ké pagar ouna ségnal*
Les freins ne marchent pas.	**Los frenos no funcionan.** *lôs frénôs nô founTHiônan*
Il n'y a pas de feux.	**No hay luces.** *nô aï louTHés*
Le pneu avant/arrière est crevé.	**El neumático delantero/trasero está pinchado.** *él néoumaticô délanntérô/trasérô ésta pintchadô*

Auto-stop Autostop

Où allez-vous?	**¿A dónde se dirige?** *a dôndé sé dirikhé*
Je vais vers …	**Me dirijo a …** *mé dirikhô a*
Pouvez-vous me/nous prendre?	**¿Me/Nos puede llevar?** *mé/nôs pouédé l-yébar*
Est-ce que c'est sur la route de …?	**¿Está de camino a …?** *ésta dé caminô a*
Est-ce que vous pourriez me déposer …?	**¿Me podría dejar …?** *mé pôdria dékhar*
ici	**aquí** *aki*
à la sortie …	**a la salida …** *a la salida*
dans le centre	**en el centro** *én él THéntrô*
Merci de nous avoir emmenés.	**Gracias por traernos.** *graTHias pôr traérnôs*

DIRECTIONS ➤ 94; *CHIFFRES* ➤ 216

Taxi Taxi

Les taxis portent les lettres SP (**servicio público**), et une enseigne verte indique **libre** lorsqu'ils sont disponibles; ils sont rarement pourvus de compteurs en région touristique, bien que les tarifs soient forfaitaires pour la majorité des destinations, et affichés dans la rangée principale des taxis.

Où est-ce que je peux trouver un taxi?	**¿Dónde puedo coger un taxi?** *dôndé pouédô côkhér oun taksi*
Avez-vous le numéro de téléphone pour appeler un taxi?	**¿Tiene el número de un radio taxi?** *tiéné él noumérô dé oun radiô taksi*
Je voudrais un taxi …	**Quiero un taxi …** *kiérô oun taksi*
maintenant	**ahora** *a-ôra*
dans une heure	**dentro de una hora** *déntrô dé ouna ôra*
demain à 9 heures	**para mañana a las nueve** *para magnana a las nouébé*
L'adresse est … Je vais à …	**La dirección es … Me dirijo a …** *la dirékTHiôn és … mé dirikhô a*

LIBRE   libre

Emmenez-moi à …, s.v.p.	**Por favor, lléveme a …** *pôr fabôr l-yébémé a*
l'aéroport	**el aeropuerto** *él aérôpouértô*
la gare	**la estación de trenes** *la éstaTHiôn dé trénés*
cette adresse	**esta dirección** *ésta dirékTHiôn*
Combien est-ce que ça coûtera?	**¿Cuánto costará?** *couanntô côstara*
C'est combien?	**¿Cuánto es?** *couanntô és*
Vous m'aviez dit … euros.	**Dijo … euros.** *dikhô … oïros*
Gardez la monnaie.	**Quédese con el cambio.** *kédésé côn él cambiô*

– Por favor, lléveme a la estación.
(Emmenez-moi à la gare, s.v.p.)
– *Por supuesto. (Bien sûr.)*
– ¿Cuánto costará?
(Combien ça coûtera?)
– *Cuatro euros. (4 euros.)*
– Gracias. Quédese con el cambio.
(Merci. Gardez la monnaie.)

84

CHIFFRES ➤ 216; DIRECTIONS ➤ 94

Voiture Coche

Lors de vos déplacements en voiture, vous devez disposer en permanence des documents suivants: permis de conduire valide et complet, document d'immatriculation du véhicule (carte grise) et documents d'assurance. Si vous ne possédez pas de permis format CE, un permis de conduire international est également nécessaire. Il est recommandé de souscrire une assurance automobile internationale (la «carte verte») via votre assureur.

Le crime le plus communément commis à l'encontre des touristes en Espagne est le vol de voitures de location. Tâchez toujours de trouver des aires de stationnement sûres la nuit et n'abandonnez jamais d'objets de valeur dans votre véhicule à quelque moment que ce soit.

Réseau routier Red de carreteras

A (**autopistas**) – autoroute à péage (panneau bleu) et (**autovías**) – autoroute gratuite (panneau vert); **N** (**nacional**) – route principale; **C** (**comarcal**) – route secondaire (panneau blanc); **V** (**vecinal**) – route locale

Limitations de vitesse (km/h)

	Zone urbaine	Agglomérations	Hors agglomération	Autoroutes
Voitures	20	50	90	120
avec remorque/caravane	20	50	70	80

Age de conduite minimum: 18 ans. Equipement indispensable: triangle de signalisation, plaque d'immatriculation nationale et un jeu d'ampoules de phares de secours pour l'avant et l'arrière; le port de la ceinture de sécurité est obligatoire. Les enfants de moins de 10 ans doivent voyager sur la banquette arrière.

Les usagers d'une route principale sont prioritaires; lors du croisement de 2 routes équivalentes, la priorité à droite est appliquée. Certaines routes sont à péage, les tarifs peuvent être élevés.

La police de la route est en droit de vous infliger une amende payable sur-le-champ. (Demandez un reçu). Un **boletín de denuncia** stipulant l'infraction est établi; si vous souhaitez faire appel, les directives sont rédigées en français au verso.

L'usage de l'avertisseur sonore est interdit en agglomération, excepté en cas d'urgence. Taux d'alcool dans le sang: maximum 80 mg/100 ml.

Essence:	Super	Sans plomb	Diesel
	Súper	Sin plomo	Gasóleo 'A'

Location de voitures Alquiler de coches

L'assurance responsabilité civile est comprise dans le coût de base, généralement avec une prime-collision sans franchise.

L'âge minimum varie de 21 ans, en cas de paiement par carte de crédit, à 23 ans pour tout paiement en liquide. Dans ce dernier cas, un acompte important vous sera demandé.

Où est-ce que je peux louer une voiture?	**¿Dónde puedo alquilar un coche?** *dôndé pouédô alkilar oun côtché*
Je voudrais louer une …	**Quiero alquilar un …** *kiérô alkilar oun*
voiture 2 portes/4 portes	**un coche de dos/cuatro puertas.** *oun côtché dé dôs/couatrô pouértas*
voiture automatique	**un coche automático** *oun côtché aoutômaticô*
voiture à 4 roues motrices	**con tracción a las cuatro ruedas** *côn trakTHiôn a las couatrô rouédas*
voiture avec climatisation	**con aire acondicionado** *côn airé acôndiTHiônadô*
Je la voudrais pour un jour/une semaine.	**Lo quiero para un día/una semana.** *lô kiérô para oun dia/ouna sémana*
Quel est le tarif par jour/semaine?	**¿Cuánto cuesta por día/semana?** *couanntô couésta pôr dia/sémana*
Est-ce-que le kilométrage/l'assurance est compris(e)?	**¿Va el kilometraje/seguro incluido?** *ba él kilômétrakhé/ségourô inklouidô*
Y a-t-il des tarifs spéciaux pour le week-end?	**¿Tienen precios especiales de fin de semana?** *tiénén préTHiôs éspéTHialés dé fin dé sémana*
Est-ce que je peux rapporter la voiture à …?	**¿Puedo dejar el coche en …?** *pouédô dékhar él côtché én*
Qu'est-ce qu'il faut mettre comme carburant?	**¿Qué tipo de combustible gasta?** *ké tipô dé cômboustiblé gasta*
Où sont les phares/les codes?	**¿Dónde están las largas/cortas?** *dôndé éstan las largas/côrtas*
Est-ce que je peux prendre une assurance tous risques?	**¿Podría hacerme un seguro a todo riesgo?** *pôdria aTHérmé oun ségourô a tôdô riésgô*

Station-service Estación de servicio

Où est la station-service la plus proche, s.v.p.?	**¿Dónde está la próxima gasolinera, por favor?** _dôndé ésta la prôksima gasôlinéra pôr fabôr_
Est-ce que c'est un self-service?	**¿Es de autoservicio?** _és dé aoutôsérbiTHiô_
Le plein, s.v.p.	**Lleno, por favor.** _l-yénô pôr fabôr_
… litres d'essence, s.v.p.	**… litros de gasolina, por favor.** _… litrôs dé gasôlina, pôr fabôr_
super/ordinaire	**súper/normal** _soupér/nôrmal_
sans plomb/diesel	**sin plomo/diesel** _sin plômô/di-ésél_
Où est le compresseur pour l'air/l'eau?	**¿Dónde está el aire/agua?** _dôndé ésta él ayré/agoua_

⊖	**PRECIO POR LITRO**	prix par litre ⊕

Stationnement Aparcamiento

Les parcmètres sont courants dans la majorité des villes; certains acceptent aussi bien les cartes de crédit que les pièces de monnaie. Dans certains quartiers de Madrid, des tickets préalablement achetés dans les bureau de tabac (**tarjeta de aparcamiento**) sont nécessaires.

Le stationnement en sens inverse par rapport à la circulation est une infraction.

Les véhicules garés en infraction peuvent être remorqués (**grúa**); vous trouverez alors un triangle jaune portant votre numéro d'immatriculation, ainsi que l'adresse de la fourrière.

Est-ce qu'il y a un parking près d'ici?	**¿Hay un aparcamiento cerca?** _aï oun aparcamiéntô THérca_
Quel est le tarif par heure/jour?	**¿Cuánto cobran por hora/día?** _couanntô côbran pôr ôra/dia_
Avez-vous de la monnaie pour le parcmètre?	**¿Tienen cambio para el parquímetro?** _tiénén cammbiô para él parkimétrô_
On a mis un sabot de Denver à ma voiture. A qui dois-je téléphoner?	**A mi coche le han puesto el cepo. ¿A quién llamo?** _a mi côtché lé an pouéstô él THépô. a kién l-yamô_

CHIFFRES ➤ 216; DIRECTIONS ➤ 94

Pannes Averías

Si vous avez besoin d'aide en cas de panne: consultez vos
documents d'assistance ou contactez le service de dépannage:
Espagne (93) 448-1490.

Où se trouve le garage le plus proche?	**¿Dónde está el taller más cercano?** *dôndé ésta él tal-yér mas THércanô*
Je suis tombé en panne.	**He tenido una avería.** *é ténidô ouna abéria*
Pouvez-vous m'envoyer un mécanicien/une dépanneuse?	**¿Puede mandar a un mecánico/una grúa?** *pouédé manndar a oun mécanicô/ouna groua*
Je suis membre du service d'assistance routière …	**Soy socio del servicio de grúa …** *sôy sôTHiô dél sérbiTHiô dé groua …*
Mon numéro d'immatriculation est …	**Mi número de matrícula es …** *mi noumérô dé matricoula és*
La voiture est …	**El coche está …** *él côtché ésta*
sur l'autoroute	**en la autopista** *én la aoutôpista*
à 2 km de …	**a dos kilómetros de …** *a dôs kilômétrôs dé*
Combien de temps allez-vous mettre?	**¿Cuánto tiempo tardará?** *couanntô tiémpô tardara*

Qu'est-ce qui ne va pas? ¿Qué le pasa?

Je ne sais pas ce qui ne va pas.	**No sé qué le pasa.** *nô sé ké lé pasa*
Ma voiture ne veut pas démarrer.	**Mi coche no arranca.** *mi côtché nô arrannca*
La batterie est à plat.	**La batería no funciona.** *la batéria nô founTHiôna*
Je suis en panne d'essence.	**Se me ha acabado la gasolina.** *sé mé a acabadô la gasôlina*
J'ai une crevaison	**Tengo un pinchazo.** *téngô oun pintchaTHô*
J'ai un problème avec …	**Algo va mal en …** *algô ba mal én*
J'ai fermé mes clés dans la voiture.	**Me he dejado las llaves en el coche.** *mé é dékhadô las l-yabés én él côtché*

Réparations Reparaciones

Faites-vous des réparations?	**¿Hacen reparaciones?** *aTHén réparaTHiônés*
Pourriez-vous jeter un coup d'œil sur ma voiture?	**¿Podrían echarle un vistazo al coche?** *pôdrian étcharlé oun bistaTHô al côtché*
Est-ce que vous pouvez faire une réparation (temporaire)?	**¿Puede hacerle una reparación (provisional)?** *pouédé aTHérlé ouna réparaTHiôn (prôbisiônal)*
Faites seulement les réparations essentielles, s.v.p.	**Por favor, hágale reparaciones básicas solamente.** *pôr fabôr agalé réparaTHiônés basicas sôlaménté*
Est-ce que je peux attendre?	**¿Puedo esperar?** *pouédô éspérar*
Est-ce que vous pouvez la réparer aujourd'hui?	**¿Puede arreglarlo hoy?** *pouédé arréglarlô ôy*
Quand est-ce qu'elle sera prête?	**¿Cuándo estará listo?** *couanndô éstara listô*
Ça coûtera combien?	**¿Cuánto costará?** *couanntô côstara*
C'est du vol!	**¡Eso es un escándalo!** *ésô és oun éscanndalô*
Est-ce que je peux avoir un reçu pour l'assurance?	**¿Pueden darme un recibo para el seguro?** *pouédén darmé oun réTHibô para él ségourô*

El/La ... no funciona.	Le/La ... ne marche pas.
No tengo las piezas necesarias.	Je n'ai pas les pièces nécessaires.
Tendré que mandar las piezas a pedir.	Il faut que je commande les pièces.
Sólo puedo repararlo provisionalmente.	Je ne peux faire qu'une réparation temporaire.
Su coche no tiene arreglo.	Ça ne vaut pas la peine de la faire réparer.
No se puede arreglar/reparar.	On ne peut pas la réparer.
Estará listo ...	Elle sera prête ...
hoy mismo	dans la journée
mañana	demain
dentro de ... días	dans ... jours

JOURS DE LA SEMAINE ➤ 218; *CHIFFRES* ➤ 216

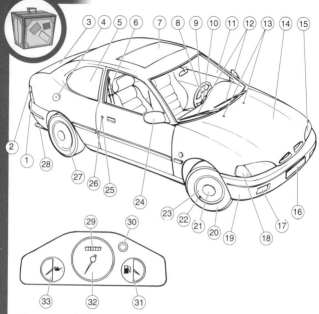

1 feux arrière **las luces traseras**
2 feux rouges (des freins) **las luces de los frenos**
3 coffre **el maletero**
4 bouchon de réservoir (d'essence) **la tapa del depósito de gasolina**
5 vitre **la ventana**
6 ceinture de sécurité **el cinturón de seguridad**
7 toit ouvrant **el techo solar**
8 volant **el volante**
9 contact **el encendido**
10 clé de contact **la llave (de encendido)**
11 pare-brise **el parabrisas**
12 essuie-glaces **las escobillas**
13 jet lave-glace **el limpiaparabrisas**
14 capot **el capó**
15 phares **los faros**
16 plaque d'immatriculation **la placa**

17 feu antibrouillard **el faro antiniebla**
18 clignotants **las intermitentes**
19 pare-choc **el parachoques**
20 pneus **las llantas**
21 enjoliveur **el tapacubos**
22 valve **la válvula**
23 roues **las ruedas**
24 rétroviseur extérieur **el espejo lateral**
25 fermeture centrale **el cierre centralizado**
26 serrure **el seguro [la cerradura]**
27 jante **el rin de la rueda**
28 pot d'échappement **el tubo de escape**
29 compteur kilométrique **el cuentakilómetros**
30 feu de détresse **la luz de advertencia**

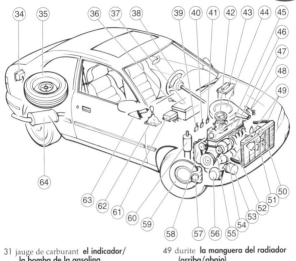

31 jauge de carburant **el indicador/ la bomba de la gasolina**
32 compteur de vitesse **el velocímetro**
33 jauge d'huile **el indicador del nivel de aceite**
34 feux de recul **las luces de marcha atrás**
35 roue de secours **la rueda de repuesto**
36 starter **el estárter**
37 chauffage **la calefacción**
38 colonne de direction **la columna de dirección**
39 accélérateur **el acelerador**
40 pédale **el pedal**
41 embrayage **el embrague**
42 carburateur **el carburador**
43 batterie **la batería**
44 alternateur **el alternador**
45 arbre à cames **el árbol de levas**
46 filtre à air **el filtro de aire**
47 distributeur **el distribuidor**
48 vis platinées **las tomas de corriente**

49 durite **la manguera del radiador (arriba/abajo)**
50 radiateur **el radiador**
51 ventilateur **el ventilador**
52 moteur **el motor**
53 filtre à huile **el filtro de aceite**
54 démarreur **el motor de arranque**
55 courroie de ventilateur **la correa del ventilador**
56 klaxon **la bocina [el pito]**
57 plaquettes de freins **las pastillas de los frenos**
58 boîte de vitesses **la caja de cambio**
59 freins **los frenos**
60 amortisseurs **los amortiguadores**
61 fusibles **los fusibles**
62 levier de vitesses **la palanca de cambios**
63 frein à main **el freno de mano**
64 silencieux **el silenciador**

REPARATIONS ➤ *89*

Accidents   Accidentes

En cas d'accident:

1. placez votre triangle rouge de signalisation à une distance d'environ 100 mètres derrière votre voiture;

2. signalez l'accident à la police (obligatoire en cas de blessure corporelle); ne quittez pas les lieux avant son arrivée;

3. présentez votre permis de conduire et votre carte verte;

4. déclinez vos nom, adresse, compagnie d'assurance à l'autre partie;

5. signalez l'accident au cabinet d'assurance approprié de l'autre partie, ainsi qu'à votre propre compagnie;

6. ne faites aucune déclaration écrite sans le conseil d'un avocat ou d'un administrateur de club automobile;

7. notez tous les détails pertinents relatifs à l'autre partie, à tout témoin indépendant ou à l'accident.

Il y a eu un accident.	**Ocurrió un accidente.** *ôcouriõ oun akTHidénté*
Il est arrivé …	**Ocurrió … ** *ôcouriõ*
sur l'autoroute	**en la autopista** *én la aoutôpista*
près de …	**cerca de … ** *THérca dé*
Où est le téléphone le plus proche?	**¿Dónde está el teléfono más cercano?** *dônđé ésta él téléfônô mas THércanô*
Appelez …	**Llame a … ** *l-yamé a*
la police	**la policía** *la pôliTHia*
une ambulance	**una ambulancia** *ouna ammboulannTHia*
un docteur	**un médico** *oun médicô*
Pourriez-vous m'aider, s.v.p.?	**¿Puede ayudarme, por favor?** *pouédé ayoudarmé pôr fabôr*

Blessures   Lesiones

Il y a des blessés.	**Hay gente herida.** *aï khénté érida*
Il est grièvement blessé.	**Él está gravemente herido/sangrando.** *él ésta grabéménté éridô/sanngranndô*
Elle a perdu connaissance.	**Él/Ella está inconsciente.** *él/él-ya ésta incônsTHiénté*
Il/elle ne peut pas respirer/ bouger.	**No puede respirar/moverse.** *nô pouédé réspirar/môbérsé*
Ne le déplacez pas.	**No lo mueva.** *nô lô mouéba*

Questions de droit Asuntos legales

Quelle est votre compagnie d'assurance?	**¿Cuál es su compañía de seguros?** _coual és sou cômpagnia dé ségourôs_
Quel est votre nom et adresse?	**¿Cuál es su nombre y su dirección?** _coual és sou nômbré i sou dirékTHiòn_
Il m'est rentré dedans.	**Chocó conmigo.** _tchôcô cônmigô_
Il/elle conduisait trop vite/ trop près.	**Conducía demasiado rápido/cerca.** _côndouTHia démasiadô rapidô/THérca_
J'avais la priorité.	**Yo tenía derecho de paso.** _yô ténia dérétchô dé pasô_
Je ne faisais que ... kilomètres à l'heure.	**Sólo conducía a ... kilómetros por hora.** _sôlô côndouTHia a ... kilômétrôs pôr ôra_
Je voudrais un interprète.	**Quiero un intérprete.** _kiérô oun intérprété_
Je n'ai pas vu le panneau.	**No vi la señal.** _nô bi la ségnal_
Il/Elle a vu ce qui s'est passé.	**El/Ella lo vió.** _él/él-ya lô biô_
Le numéro d'immatriculation était ...	**El número de matrícula era ...** _él noumérô dé matricoula éra_

¿Puedo ver su ... por favor?	Est-ce que je peux voir votre ...?
carnet/permiso de conducir	permis de conduire
certificado del seguro	certificat d'assurance
título de propriedad del coche	document d'immatriculation du véhicule
¿A qué hora ocurrió?	A quelle heure est-il arrivé?
¿Dónde ocurrió?	Où est-ce que ça s'est passé?
¿Hay alguien más involucrado?	Est-ce que quelqu'un d'autre est impliqué?
¿Hay testigos?	Est-ce qu'il y a des témoins?
Se pasó del límite de velocidad.	Vous alliez trop vite.
Sus faros no funcionan.	Vos feux ne marchent pas.
Tendrá que pagar una multa (en el sitio).	Vous devez payer une amende (sur place).
Tenemos que tomar su declaración en la comisaría.	Vous devez venir au poste de police pour faire une déposition.

Demander son chemin
Preguntar el camino

Excusez-moi, s.v.p.	**Disculpe, por favor.** *discoulpé pôr fabôr*
Pour aller à …?	**¿Cómo se va a …?** *cômô sé ba a*
Où est …?	**¿Dónde está …?** *dôndé ésta*
Est-ce que vous pouvez me montrer où je suis sur la carte?	**¿Puede indicarme dónde estoy en el mapa?** *pouédé indicarmé dôndé éstôy én él mapa*
Je me suis perdu.	**Estoy perdido.** *éstôy pérdidô*
Est-ce que vous pouvez répéter?	**¿Puede repetir eso, por favor?** *pouédé répétir ésô pôr fabôr*
Plus lentement, s.v.p.	**Más despacio, por favor.** *mas déspaTHiô pôr fabôr*
Merci pour votre aide.	**Gracias por su ayuda.** *graTHias pôr sou ayouda*

Voyager en voiture Viajar en coche

Est-ce que c'est bien la bonne route pour …?	**¿Es ésta la carretera para …?** *és ésta la carrétéra para*
… est à combien de kilomètres d'ici?	**¿A qué distancia está … de aquí?** *a ké distannTHia está … dé aki*
Où mène cette route?	**¿A dónde va esta carretera?** *a dôndé ba ésta carrétéra*
Comment est-ce que je peux accéder à l'autoroute?	**¿Cómo se va a la autopista?** *cômô sé ba a la aoutôpista*
Comment s'appelle la prochaine ville?	**¿Cómo se llama el próximo pueblo?** *cômô sé l-yama él prôksimô pouéblô*
Il faut combien de temps en voiture?	**¿Cuánto tiempo se tarda en coche?** *couanntô tiémpô sé tarda én côtché*

– Disculpe, por favor. ¿Cómo se va al hospital?
(Excusez-moi, s.v.p. Pour aller à l'hôpital?)
– *Coja el tercer desvío a la derecha y después todo recto.*
(Prenez la troisième route à droite et après tout droit.)
– Tercera a la derecha. ¿Está lejos?
(La troisième à droite. C'est loin?)
– *Está aproximadamente a dos kilómetros.*
(C'est à environ 2 kilomètres.)
– Gracias por su ayuda. (Merci pour votre aide.)

Emplacement/situation Situación

Está ...	C'est ...
todo recto	tout droit
a la izquierda	à gauche
a la derecha	à droite
al otro lado de la calle	de l'autre côté de la rue
en la esquina	au coin
doblando la esquina	après le coin
yendo hacia ...	en direction de ...
frente a .../detrás de ...	en face de .../derrière ...
al lado de .../después de ...	à côté de .../après ...
Baje por ...	Descendez la ...
bocacalle/calle principal	rue transversale/rue principale
Cruce ...	Traversez la/le ...
la plaza/el puente	place/pont
Tome/Coja el tercer desvío a la derecha.	Prenez la troisième route à droite.
Tuerza a la izquierda ...	Tournez à gauche ...
después del primer semáforo.	après les premiers feux (rouges).
en el segundo cruce	au deuxième carrefour

En voiture En coche

Está ... de aquí.	C'est ... d'ici.
al norte/sur	au nord/au sud
al este/oeste	à l'est/à l'ouest
Tome/coja la carretera para ...	Prenez la route de ...
Se ha equivocado de carretera.	Vous êtes sur la mauvaise route.
Tendrá que volver a ...	Vous devez retourner à ...
Siga las señales para ...	Suivez les panneaux vers ...

C'est loin? ¿Está lejos?

Está ...	C'est ...
cerca/no está lejos/bastante lejos	près d'ici/loin
a cinco minutos a pie	à 5 minutes à pied
a diez minutos en coche	à 10 minutes en voiture
aproximadamente a cien metros	à environ 100 mètres
bajando la calle	en descendant la rue

HEURES ➤ 220; *CHIFFRES* ➤ 216

Panneaux Señales de tráfico

ACCESO SÓLO	sauf riverains
CALLE DE SENTIDO ÚNICO	sens unique
CARRETERA CERRADA	route barrée
CEDA EL PASO	cédez le passage
DESVÍO	déviation
ESCUELA/COLEGIO	école
PÓNGASE EN EL CARRIL	prenez la bonne file
PUENTE BAJO	hauteur limitée
RUTA ALTERNATIVA	itinéraire bis
UTILICE LOS FAROS	allumez vos phares

Plans de villes Mapas de la ciudad

aeropuerto	aéropouérto	aéroport
aparcamiento	aparcamiénto	parking
aseos	asséoss	toilettes
calle mayor	cal-yé maïor	rue principale
campo de actividades deportivas	cammpo de actividadés déportivas	terrain de sports
casco antiguo	casco antigou-ô	vieille ville
cine	THiné	cinéma
comisaría de policía	cômissaria dé pôliTHja	commissariat
correos (oficina de)	côrréôs (ofiTHina dé)	(bureau de) poste
edificio público	édifiTHio poublicô	bâtiment public
estación	éstaTHiôn	gare
estación de metro	éstaTHiôn dé métrô	station de métro
estadio	estadiô	stade
iglesia	iglésia	église
oficina de información	ofiTHina dé innfôrmaTHiôn	office du tourisme
parada de autobús	parada dé aoutôbous	arrêt d'autobus
parada de taxis	parada dé taksis	station de taxi
parque	parké	parc
pasaje subterráneo	passakhé soubtéranéô	passage souterrain
paso de peatones	passô dé péatônés	passage piétons
ruta de autobús	routa dé aoutôbous	itinéraire des bus
servicios	serviTHiôs	toilettes
teatro	téatrô	théâtre
usted está aquí	oustéTH ésta aki	vous êtes ici
zona peatonal	THôna péatônal	zone piétonnière

Visites Touristiques

Office du tourisme
Oficina de información turística

Les bureaux d'informations touristiques sont souvent situés dans les centre-villes; cherchez **Oficina de Turismo** ou **Información**.

Les festivals locaux à ne pas manquer sont nombreux: par exemple, **Las Fallas de Valencia** (en mars), **La Feria de Sevilla** (en avril), le **San Isidro** (à Madrid le 15 mai), **Los Sanfermines de Pamplona** (en juillet).

Où est l'office du tourisme?	**¿Dónde está la oficina de turismo?** _dôndé ésta la ôfiTHina dé tourismô_
Qu'est-ce qu'il y a d'intéressant à voir?	**¿Cuáles son puntos principales de interés?** _coualés sôn pountôs prinTHipalés dé intérés_
Nous restons ici…	**Nos quedaremos aquí …** _nôs kédarémôs aki_
seulement quelques heures	**sólo unas horas** _sôlô ounas ôras_
une journée	**un día** _oun dia_
une semaine	**una semana** _ouna sémana_
Pouvez-vous me recommander …?	**¿Puede recomendarme …?** _pouédé récôméndarmé_
une visite touristique	**un recorrido por los sitios de interés** _oun récôrridô pôr lôs sitiôs dé intérés_
une excursion	**una excursión** _ouna ékscoursiôn_
une promenade en bateau	**una excursión en barco** _ouna ékscoursiôn én barcô_
Ces brochures sont-elles gratuites?	**¿Son gratis estos folletos?** _sôn gratis éstôs fôl-yétôs_
Avez-vous des renseignements sur …?	**¿Tiene alguna información sobre …?** _tiéné algouna infôrmaTHiôn sôbré_
Y a-t-il des voyages à …?	**¿Hay excursiones a …?** _aï ékscoursiônés a_

Excursions Excursiones

Combien coûte cette excursion?	**¿Cuánto cuesta la visita?**	*couanntô couésta la bisita*
Le déjeuner est-il compris?	**¿Va incluida la comida?**	*ba inklouida la cômida*
D'où partons-nous?	**¿De dónde se sale?** *dé dóndé sé salé*	
A quelle heure commence l'excursion?	**¿A qué hora comienza la visita?**	*a ké ôra cômiénTHa la bisita*
A quelle heure revenons-nous?	**¿A qué hora volvemos?**	*a ké ôra bôlbémôs*
Est-ce que nous aurons du temps libre à …?	**¿Tenemos tiempo libre en …?**	*ténémôs tiémpô libré én…*
Y a-t-il un guide qui parle français?	**¿Hay un guía que hable francés?**	*aï oun guia ké ablé frannTHés*

En excursion Durante la visita

Est-ce que nous allons voir …?	**¿Vamos a ver …?** *bamôs a bèr*	
Nous aimerions voir …	**Queremos echar un vistazo a …**	*kérémôs étchar oun bistaTHô a*
Est-ce que nous pouvons nous arrêter ici …?	**¿Podemos parar aquí …?**	*pôdémôs parar aki*
pour prendre des photos	**para sacar fotos** *para sacar fôtôs*	
pour acheter des souvenirs	**para comprar recuerdos**	*para cômprar récouérdôs*
pour aller aux toilettes	**para ir al servicio** *para ir al sérbiTHiô*	
Pourriez-vous nous prendre en photo ici, s.v.p.?	**¿Podría sacarnos una foto aquí, por favor?**	*pôdria sacarnôs ouna fôtô aki pôr fabôr*
Combien de temps avons-nous ici/à …?	**¿Cuánto tiempo tenemos para estar aquí/en …?**	*couanntô tiémpô ténémôs para éstar aki/én*
Attendez! … n'est pas encore là!	**¡Esperen! … todavía no ha vuelto.**	*éspérén … tôdabia nô a bouéltô*
Arrêtez l'autobus, mon enfant se sent mal.	**Pare el autobús – mi hijo(-a) se marea.**	*paré él aoutôbous. mi ikhô(-a) sé maréa*

Attractions touristiques
Lugares de interés

Des plans de ville sont affichés dans les centre-villes, les gares ferroviaires, les stations de trams et souvent de bus, et dans les offices d'informations touristiques. De nombreux offices du tourisme vous fourniront gratuitement une carte pliante de la ville, accompagnée d'informations touristiques utiles.

Où est le/la/l'/les …?	**¿Dónde está …?** *dônde ésta*
abbaye	**la abadía** *la abadía*
belvédère	**el mirador** *él miradôr*
bibliothèque	**la biblioteca** *la bibliôtéca*
cathédrale	**la catedral** *la catédral*
centre-ville	**el centro** *él THéntrô*
champ de bataille	**el lugar de la batalla** *él lougar dé la batal-ya*
château	**el castillo** *él castil-yô*
église	**la iglesia** *la iglésia*
fontaine	**la fuente** *la fouénté*
galerie de peinture	**la galería de arte** *la galéria dé arté*
hôtel de ville	**el ayuntamiento** *él ayountamiéntô*
jardin botanique	**el jardín botánico** *él khardin bôtanicô*
marché	**el mercado** *él mercadô*
monastère	**el monasterio** *él mônastériô*
monument (aux morts)	**el monumento** *él mônouméntô*
musée	**el museo** *él mouséô*
opéra	**el teatro de la ópera** *él téatrô dé la ôpéra*
palais	**el palacio** *él palaTHiô*
parc	**el parque** *él parké*
parlement	**el palacio de las cortes** *él palaTHiô dé las côrtés*
rues commerçantes	**la zona de tiendas** *la THôna dé tiéndas*
ruines	**la ruina** *la rouina*
statue	**la estatua** *la éstatoua*
théâtre	**el teatro** *él téatrô*
tour	**la torre** *la tôrré*
vieille ville	**el casco antiguo** *él cascô antigouô*
Pouvez-vous me montrer sur la carte?	**¿Puede indicarme en el mapa?** *pouédé indicarmé én él mapa*

Entrée Entrada

Les musées sont généralement fermés le lundi, lors des congés importants et pendant les heures de sieste (de 14h à 16h). Les heures d'ouverture habituelles sont: de 10h à 13h ou 14h, et de 16h à 18h ou 19h.

Est-ce que … est ouvert(e) au public?	**¿Está … abierto(-a) al público?** *ésta …abiértô al poublicô*
Est-ce que nous pouvons regarder …?	**¿Podemos dar una vuelta?** *pôdémôs dar ouna vouélta*
A quelle heure ouvre-t-il?	**¿A qué hora abre?** *a ké ôra abré*
A quelle heure ferme-t-il?	**¿A qué hora cierra?** *a ké ôra THiérra*
Est-ce que c'est ouvert le dimanche?	**¿Está abierto los domingos?** *ésta abiértô lôs dômingôs*
A quelle heure est la prochaine visite guidée?	**¿Cuándo es la próxima visita con guía?** *couanndô és la prôksima bisita côn guia*
Avez-vous un guide (en français)?	**¿Tiene una guía (en francés)?** *tiéné ouna guia (én frannTHés)*
Est-ce que je peux prendre des photos?	**¿Puedo sacar fotos?** *pouédô sacar fôtôs*
Est-ce accessible aux handicapés?	**¿Tiene acceso para minusválidos?** *tiéné akTHésô para minousbalidôs*
Y a-t-il un guide audio en français?	**¿Tienen auriculares para seguir la visita en francés?** *tiénén aouricoularés para séguir la bisita én frannTHés*

Paiement/Billets Pagar/Entradas

Combien coûte l'entrée?	**¿Cuánto cuesta la entrada?** *couanntô couésta la éntrada*
Y a-t-il des réductions pour les …?	**¿Hacen descuento a …?** *aTHén déscouéntô a*
enfants	**los niños** *lôs nignôs*
handicapés	**los minusválidos** *lôs minousbalidôs*
groupes	**los grupos** *lôs groupôs*
retraités/personnes âgées	**los pensionistas** *lôs pénsiônistas*
étudiants	**los estudiantes** *lôs éstoudianntés*
1 adulte et 2 enfants, s.v.p.	**un adulto y dos niños, por favor.** *oun adoultô i dôs nignôs pôr fabôr*
J'ai perdu mon billet.	**He perdido la entrada.** *é pérdidô la éntrada*

- Cinco entradas, por favor. ¿Hacen descuentos?
  (Cinq billets, s.v.p. Y a-t-il des réductions?)
  – *Sí. Los niños y los pensionistas pagan
  cincuenta por ciento.*
  (Oui. Les enfants et les retraités payent 50%.)
- Dos adultos y tres niños, por favor.
  (Deux adultes et trois enfants, s.v.p.)
  – Son quince euros, por favor.
  (Ça fait 15 euros, s.v.p.)

ABIERTO	ouvert
CERRADO	fermé
ENTRADA GRATUITA	entrée gratuite
HORARIO DE VISITAS	heures des visites
LA PRÓXIMA VISITA ES A LA/LAS	prochaine visite à … h
PROHIBIDA LA ENTRADA	défense d'entrer
PROHIBIDO UTILIZAR EL FLASH	photos au flash interdites
TIENDA DE RECUERDOS	magasin de souvenirs
ÚLTIMA VISTA A LAS 17H	dernier billet à 17 h

Impressions Impresiones

C'est …	**Es …** *és*
beau	**bonito(-a)** *bônitô(-a)*
bizarre	**extraño(-a)** *ékstragnô(-a)*
ennuyeux	**aburrido(-a)** *abourridô(-a)*
époustouflant	**impresionante** *imprésiônannté*
étrange	**extraño(-a)** *ékstragnô(-a)*
incroyable	**increíble** *inkréiblé*
intéressant	**interesante** *intérésannté*
laid	**feo(-a)** *féô(-a)*
magnifique	**magnífico(-a)** *magnificô(-a)*
merveilleux	**maravilloso(-a)** *marabil-yôsô(-a)*
romantique	**romántico(-a)** *rômannticô(-a)*
stupéfiant	**precioso(-a)** *préTHíôsô*
superbe	**espléndido(-a)** *éspléndidô(-a)*
terrible	**terrible** *térriblé*
On en a pour son argent.	**Está muy bien de precio.**
	ésta moui bién dé préTHiô
C'est du vol organisé.	**Es un timo.** *és oun timô*
Ça (ne) me plaît (pas).	**(No) me gusta.**
	(nô) mé gousta

101

Glossaire touristique
Glossario del turista

a escala uno cien à l échelle 1/100

acuarela aquarelle

aguja flèche

al estilo (de) dans le style de

ala aile (d'un édifice)

almena créneau

antigüedades antiquités

aposentos appartements (royaux)

arma arme

armadura armure

artesanía objets d'artisanat

baños thermes

biblioteca bibliothèque

boceto croquis

bóveda voûte

cementerio cimetière

cenotafio cénotaphe

cerámica poterie

conferencia conférence

construido(-a) en construit en

contrafuerte contrefort

corona couronne

cripta crypte

cuadro tableau

cúpula dôme

decorado(-a) por décoré par

descubierto(-a) en découvert en

destruido(-a) por détruit par

detalle détail

dibujo dessin

diseñado(-a) por conçu par

diseño conception

donado(-a) por donné par

dorado(-a) doré / (en) or

edificio édifice

emperador empereur

emperatriz impératrice

empezado(-a) en commencé en

entrada entrée

eregido(-a) en érigé en

escalera escalier

escenario scène

escuela de école de

escultor sculpteur

escultura sculpture

exposición exposition

exposición temporal exposition temporaire

fachada façade

foso fossé

friso frise

fundado(-a) en fondé en

gárgola gargouille

grabado gravure

jardín de diseño formal jardin à la française

joyas bijouterie

lápida pierre tombale

lienzo toile

mandado(-a) por commandé par

mármol marbre

maqueta maquette

moneda pièce de monnaie

muebles mobilier

muestra exposition

murió en mourut en

muro mur (extérieur)

nacido(-a) en né en

obra maestra chef-d'œuvre

óleos huiles

pabellón pavillon

paisaje paysage (peinture)

pared mur (intérieur)

patio patio

piedra pierre

piedra semipreciosa pierre semi-précieuse

pila bautismal fonts baptismaux

pintado(-a) por peint par

pintor/pintora peintre

placa plaque

plata argent

plata argenterie

por par (personne)

prestado(-a) a en prêt à

primer piso niveau 1/ 1er étage

puerta porte

reconstruido (-a) en reconstruit en

reina reine

reino règne

reloj horloge

restaurado(-a) en restauré en

retablo retable

retrato portrait

rey roi

salón para grandes recepciones salle de réception

siglo siècle

silla del coro chœur (orchestre)

talla sculpture

talla de cera personnage en cire

tapiz tapisserie

terminado(-a) en achevé en

torre tour

traje costume

tumba tombe

vestíbulo vestibule

vidriera vitrail

vivió vécut

Qui/Quoi/Quand?
¿Quién/Qué/Cuándo?

Quel est ce bâtiment?	**¿Qué es ese edificio?** *ké és éssé édifiTHiô*
Qui était …?	**¿Quién fue …?** *kién foué*
l'architecte/l'artiste/le peintre	**el arquitecto/el artista/el pintor** *él arkitéktô/él artísta/él pintôr*
Quand a-t-il/elle été construit/peint?	**¿Cuándo se construyó/pintó?** *couanndô sé cônstrouyô/pintô*
C'est quel style/quelle période?	**¿De qué estilo/época es eso?** *dé ké éstilô/épôca és éssô*

Realizaciones romanas   200 avant J.C. – 500 après J.C.

Il y a beaucoup de vestiges de la civilisation romaine en Espagne, par exemple l'aqueduc de Ségovie, le pont de Cordoba, l'arc de triomphe de Tarragone.

Arte árabe   VIIIe siècle environ – fin du XVe siècle

L'architecture et l'art maures ont eu une immense influence sur l'Espagne; plus spécifiquement en matière de maçonnerie ornementale, de menuiserie, de mosaïque, de calligraphie et de sculpture en plâtre. Trois grandes périodes peuvent être distinguées: **arte califal** (aux alentours des VIII-IXe siècles, cf. l'arc en forme de fer à cheval de la mosquée de Córdoba); **arte almohade** (alentours du Xe siècle à la moitié du XIIIe, cf. la tour Giralda à Seville) et **arte granadino** (1250 - 1492, cf. le stuc et la céramique de l'Alhambra à Grenade).

Gótico   XIIIe siècle environ – fin du XVe siècle

Formes architecturales très complexes, faisant usage d'arcs pointus, de voûtes nervurées et d'une ornementation élaborée en pierre (Isabelline); caractéristiques des cathédrales de Burgos, León, Tolède et Séville. Ce style a évolué pour devenir Plateresque – une sculpture sophistiquée de façades complexes; cf. le patio de las Escuelas, à Salamanque.

Renacimiento   environ XVe – XVIe siècle

La Renaissance a laissé derrière elle de nombreux monuments en Espagne, en particulier El Escorial près de Madrid, et le palace de Charles V à Alhambra.

Barroco   environ XVIIe – XVIIIe siècle

Genre architectural exubérant, caractéristique du couvent de Saint-Stéphane à Salamanque, et du palais du marquis de Dos Aguas à Valence.

Siglo de Oro   XVIIe siècle environ

L'âge d'or a connu un essor dans le domaine artistique; essentiellement représenté par: **El Greco, Velázquez, Zurbarán, Murillo**; écrivains: **Miguel de Cervantes, Fray Luis de León, Santa Teresa.**

Modernismo   fin du XIXe siècle environ – XXe siècle environ

Cette période de crise de confiance au niveau national a connu des personnages de renommée mondiale sur le plan culturel; en particulier les artistes: **Picasso, Miró, Dali**; l'architecte **Gaudi**; et les écrivains: **Unamuno, Lorca.**

Souverains Gobernantes

Romana   206 avant J.C.–410 après J.C.
Les romains occupèrent l'Espagne après la défaite carthagi-
noise lors de la seconde guerre punique. Six cents années de
souveraineté leur permirent de développer un réseau routier, des
ports maritimes, de même que des compétences minières, agricoles et
commerciales. Lors de l'effondrement de l'empire romain, l'Espagne fut
envahie et dominée par les Wisigoths.

Arabe   711–1492
La première invasion maure, venue d'Afrique du Nord, se solda par la
défaite des Wisigoths. Pendant presque 800 ans, la domination maure de
l'Espagne fluctua à mesure de l'expansion de la reconquête du christia-
nisme. Ferdinand et Isabelle expulsèrent définitivement les Maures en 1492.

Reyes católicos   1474–1516
L'unité nationale qui caractérisa le règne d'Isabelle de Castille et Fernand
d'Aragón connut l'inquisition espagnole (**Inquisición**), établie en 1478 et la
prétention de Colomb à la souveraineté espagnole sur les terres récemment découvertes (1492).

La casa de Asturias   1516–1700
La dynastie des Habsbourg, financée par les richesses pillées au Nouveau
Monde, étendit son influence: Charles V (**Carlos I**) émit des prétentions sur
la Bourgogne, les Pays-Bas et l'Italie.

Los Borbones   1700–1923
Période de déclin continu sur les plans militaire et culturel sous le règne
des Bourbons. L'invasion par Napoléon en 1808 força **Carlos IV** à abdiquer.
Le XIXe siècle subit la perte de la majeure partie des territoires espagnols
en Amérique Centrale et en Amérique du Sud.

Dictadura del General Franco 1939–75
Au milieu d'une guerre civile sanglante (**Guerra Civil Española**), les forces fas-
cistes du **General Franco** renversent la République et déclarent une dictature.

La democracia   depuis 1975
Juan Carlos I devient monarque constitutionnel.

Eglises Iglesias
Essentiellement catholique romaine, l'Espagne regorge de cathédrales et
d'églises qui valent le détour.

l'église catholique/ protestante	**la Iglesia católica/protestante** *la iglésia católica/prôtéstannté*
une mosquée/synagogue	**la mezquita/la sinagoga** *la méTHkita/la sinagôga*
le culte/la messe	**la misa/el servicio** *la misa/él sérviTHiô*
Je voudrais me confesser.	**Quiero confesarme.** *kiéro cônféssarmé*

A la campagne En el campo

Je voudrais une carte …	**Quiero un mapa de …** *kiérô oun mapa dé*
de la région	**esta región** *ésta rékhiôn*
des sentiers de randonnée	**las rutas de senderismo** *las routas dé séndérismô*
des circuits/pistes cyclables	**las rutas para bicicletas** *las routas para biTHiklétas*
Il y a combien de kilomètres jusqu'à …?	**¿A qué distancia está …?** *a ké distanTHia ésta*
Y a-t-il un droit de passage?	**¿Hay derecho de paso?** *aï dérétchô dé pasô*
Y a-t-il une route touristique pour aller à …?	**¿Hay una carretera panorámica a …?** *aï ouna carrétéra panôramica a*
Pouvez-vous me le montrer sur la carte?	**¿Puede indicármelo en el mapa?** *pouédé indicarmélô én él mapa*
Je me suis perdu(e).	**Me he perdido.** *mé é pérdidô*

Promenades organisées El senderismo organizado

A quelle heure commence la promenade?	**¿Cuándo empieza el paseo/la excursión a pie?** *couanndô émpiéTHa él paséô/la ékscoursiôn a pié*
A quelle heure reviendrons-nous?	**¿Cuándo volveremos?** *couanndô bôlbérémôs*
C'est quel genre de promenade?	**¿Cómo es el paseo/la excursión a pie?** *cômô és él paséô/la ékscoursiôn a pié*
facile/moyenne/difficile	**fácil/regular/duro** *faTHil/régoular/dourô*
Où est le point de rencontre?	**¿Dónde nos encontramos?** *dônndé nôs éncôntramôs*
Je suis épuisé(e).	**Estoy exhausto(-a).** *éstôy éksaoustô(-a)*
Quelle est la hauteur de cette montagne?	**¿Qué altura tiene esa montaña?** *ké altoura tiéné éssa môntagna*
C'est quel genre …?	**¿Qué clase de … es ése(-a)?** *ké classé dé … és éssé(-a)*
d'animal/d'oiseau	**animal/pájaro** *animal/pakharô*
de fleur/d'arbre	**flor/árbol** *flôr/arbôl*

Caractéristiques géographiques
Características geográficas

aire de pique-nique	**la zona para picnics** *la THôna para picnics*
bois	**el bosque** *él bôské*
cascade	**la catarata** *la catarata*
chaîne de montagnes	**la cordillera** *la côrdil-yéra*
champ	**el campo** *él cammpô*
chemin/sentier	**el camino** *él camminô*
col (de montagne)	**el paso de montaña** *él pasô dé môntagna*
étang	**el estanque** *él éstannké*
falaise	**el acantilado** *él acanntiladô*
ferme	**la granja** *la grannkha*
forêt	**el bosque** *él bôské*
grotte	**la cueva** *la couéba*
lac	**el lago** *él lagô*
mer	**el mar** *él mar*
montagne	**la montaña** *la môntagna*
panorama	**el panorama** *él panôrama*
parc	**el parque** *él parké*
parc naturel	**la reserva natural** *la résérba natoural*
passage	**el paso** *él pasô*
pic/sommet	**el pico** *él picô*
point de vue/belvédère	**el mirador** *él miradôr*
pont	**el puente** *él pouénté*
rapides	**los rápidos** *lôs rapidôs*
ravin	**el barranco** *él barranncô*
rivière	**el río** *él riô*
ruisseau	**el arroyo** *él arrôyô*
sentier/chemin	**el sendero** *él séndérô*
station thermale	**el balneario** *él balnéariô*
vallée	**el valle** *él bal-yé*
vigne	**el viñedo** *él bignédô*
village	**el pueblo** *él pouéblô*

Loisirs

Qu'y a-t-il à voir? ¿Qué espectáculos hay?

Les journaux locaux et, dans les grandes villes, les guides de loisirs hebdomadaires (tels que **Guía del Ocio**) vous informeront du programme.

Les billets pour les concerts, les représentations théâtrales, et autres événements culturels sont en vente dans des agences de spectacles spécialisées. Dans les petites villes, la vente a parfois lieu dans les kiosques, les librairies et chez les disquaires: adressez-vous à l'office du tourisme local.

Avez-vous un programme des spectacles?	**¿Tiene un programa de espectáculos?** *tiéné oun prôgrama dé éspéctacoulôs*
Pouvez-vous me recommander …?	**¿Puede recomendarme …?** *pouédé récôméndarmé*
Y a-t-il un … quelque part?	**¿Hay … en algún sitio?** *aï … én algoun sitiô*
ballet/concert	**un ballet/un concierto** *oun bal-yét/oun cônTHiértô*
film	**una película** *ouna pélicoula*
opéra	**una ópera** *ouna ôpéra*
A quelle heure commence/finit-il?	**¿A qué hora empieza/termina?** *a ké ôra émpiéTHa/términa*

Disponibilité Disponibilidad

Où est-ce que je peux me procurer des billets?	**¿Dónde puedo comprar entradas?** *dôndé pouédô cômprar éntradas*
Est-ce qu'il reste des places pour ce soir?	**¿Hay entradas para esta noche?** *aï éntradas para ésta nôtché*
Je regrette, nous avons tout vendu.	**Lo siento, no quedan entradas.** *lô siéntô, nô kédan éntradas*
Nous sommes …	**Somos …** *sômôs*

Billets Entradas

Combien coûtent les places?	**¿Cuánto cuestan estas localidades?** *couanntô couéstan éstas lôcalidadés*
Avez-vous quelque chose de moins cher?	**¿Tiene algo más barato?** *tiéné algô mas baratô*
Je voudrais réserver …	**Quiero reservar …** *kiérô résérbar*
3 places pour dimanche soir	**tres para el domingo por la noche** *trés para él dômingô pôr la nôtché*
1 place pour vendredi en matinée	**una para la matiné del viernes** *ouna para la matiné dél biérnés*

¿Cuál es … de su tarjeta de crédito?	Quel est le/la … de votre carte de crédit?
el número	le numéro
la fecha de caducidad	la date d'expiration
Por favor, recoja las entradas …	Venez chercher les billets …
antes de las … de la tarde	avant … heures (du soir)
en el mostrador de reservas	au bureau des réservations

Est-ce que je peux avoir un programme?	**¿Puede darme un programa, por favor?** *pouédé darmé oun prôgrama pôr fabôr*
Où est le vestiaire?	**¿Dónde está el guardarropa?** *dôndé esta él gouardarôpa*

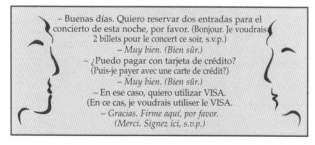

– Buenas días. Quiero reservar dos entradas para el concierto de esta noche, por favor. (Bonjour. Je voudrais 2 billets pour le concert ce soir, s.v.p.)
– *Muy bien. (Bien sûr.)*
– ¿Puedo pagar con tarjeta de crédito? (Puis-je payer avec une carte de crédit?)
– *Muy bien. (Bien sûr.)*
– En ese caso, quiero utilizar VISA. (En ce cas, je voudrais utiliser le VISA.)
– *Gracias. Firme aquí, por favor. (Merci. Signez ici, s.v.p.)*

AGOTADO	complet
ENTRADAS PARA HOY	billets pour aujourd'hui
RESERVAS POR ADELANTADO	réservations

CHIFFRES ➤ 216

Cinéma Cine/Películas

Les films étrangers sont généralement doublés en espagnol, mais certains cinémas projettent des films en version originale (**V.O.**).

L'Espagne développe actuellement sa propre industrie cinématographique, grâce à des réalisateurs de renommée internationale, tels que Almodóvar et Buñuel.

Y a-t-il un cinéma multiplex près d'ici?	**¿Hay un multicine cerca de aquí?** *aï oun moultiTHiné THérca dé aki*
Qu'y a-t-il au cinéma ce soir?	**¿Qué ponen en el cine esta noche?** *ké pônén én él THiné ésta nôtché*
Est-ce que le film est doublé/sous-titré?	**¿Está doblada/subtitulada la película?** *ésta dôblada/soubtitoulada la pélicoula*
Est-ce que le film est en version originale française?	**¿Está la película en el francés original?** *ésta la pélicoula én él frannTHés ôrikhinal*
Quel est l'acteur principal?	**¿Quién es el actor/la actriz principal?** *kién és él aktôr/la aktriTH prinTHipal*
Un/une …, s.v.p.	**…, por favor** *pör fabôr*
boîte de pop-corn	**un cucurucho de palomitas** *oun coucouroutchô dé palômitas*
glace au chocolat	**un polo de chocolate** *oun pôlô dé tchôcôlaté*
hot dog	**un perrito caliente** *oun pérritô caliénté*
boisson non alcoolisée	**un refresco** *oun réfréscô*
petit/moyen/grand	**pequeño/de tamaño normal/grande** *pékégnô/dé tamagnô nôrmal/granndé*

Théâtre Teatro

Qu'est-ce qu'on joue au théâtre …?	**¿Qué función ponen en el teatro …?** *ké founTHiôn pônén én él téatrô*
Qui est l'auteur?	**¿Quién es el autor?** *kién és él aoutôr*
Vous pensez que ça me plaira? Je ne parle pas beaucoup l'espagnol.	**¿Cree que me gustará? No hablo mucho español.** *kré-é ké mé goustara. nô ablô moutchô éspagnôl*

Opéra/Ballet/Danse
Ópera/Ballet/Baile

Qui est le compositeur/soliste?	**¿Quién es el/la compositor(-a)/solista?** *kién és él/la cômpôsitôr(-a)/sólista*
Faut-il être en tenue de soirée?	**¿Hay que vestirse de etiqueta?** *aï ké béstirse dé étikéta*
Où est l'opéra?	**¿Dónde está el teatro de la ópera?** *dôndé ésta él téatrô dé la ôpéra*
Qui est-ce qui danse?	**¿Quién baila?** *kién baïla*
Je m'intéresse à la danse contemporaine.	**Me interesa el baile contemporáneo.** *mé intéresa él baïlé côntémpôranéô*

Musique/Concerts Música/Conciertos

Où est la salle de concerts?	**¿Dónde está la sala de conciertos?** *dôndé ésta la sala dé cônTHiértôs*
Quel orchestre/groupe joue?	**¿Qué orquesta/grupo toca?** *ké ôrkésta/groupô tôca*
Qu'est-ce qu'ils jouent?	**¿Qué van a tocar?** *ké ban a tôcar*
Qui est le chef d'orchestre/ le soliste?	**¿Quién es el/la director(-a)/solista?** *kién és él/la diréktôr(-a)/sôlista*
Qui est le groupe en lever de rideau?	**¿Quiénes son los teloneros?** *kiénés sôn lôs télônérôs*
J'aime beaucoup le/la …	**Me gusta mucho …** *mé gousta moutchô*
musique country	**la música country** *la mousica countri*
musique folk	**la música folk** *la mousica fôlk*
jazz	**el jazz** *él jazz*
musique des années soixante	**la música de los sesenta** *la mousica dé lôs séségnta*
musique pop	**la música pop** *la mousica pôp*
musique rock	**el rock** *él rôk*
musique soul	**el soul** *él "sôwl"*
Est-ce que vous en avez déjà entendu parler?	**¿Ha oído hablar de ella/él?** *a ôïdô ablar dé él-ya/él*
Est-ce qu'ils sont connus?	**¿Son famosos?** *sôn famôsôs*

Vie nocturne Vida nocturna

Qu'est-ce qu'il y a à faire le soir?	**¿Qué se puede hacer por las noches?** *ké sé pouédé aTHér pôr las nôtchés*
Pouvez-vous me recommander un(e) …?	**¿Puede recomendarme un …?** *pouédé récôméndarmé oun*
Est-ce qu'il y a un/une … en ville?	**¿Hay … en esta ciudad?** *aï … én ésta THioudaTH*
bar	**un bar** *oun bar*
casino	**un casino** *oun casinô*
discothèque/boîte (de nuit)	**una discoteca** *ouna discôtéca*
club gay	**una discoteca gay** *ouna discôtéca gay*
night-club	**un club nocturno** *oun cloub nôktournô*
restaurant	**un restaurante** *oun réstaourannté*
Y a-t-il un spectacle de cabaret?	**¿Hay un espectáculo de cabaret?** *aï oun épséktacoulô dé cabarét*
Quel genre de musique jouent-ils?	**¿Qué tipo de música tocan?** *ké tipô dé mousica tôcan*
Comment est-ce que je peux m'y rendre?	**¿Cómo se va allí?** *cômô sé ba al-yi*

Entrée Entrada

À quelle heure commence le spectacle?	**¿A qué hora empieza el espectáculo?** *a ké ôra émpiéTHa él épséktacoulô*
Faut-il être en tenue de soirée?	**¿Hay que ir con traje de noche?** *aï ké ir côn trakhé dé nôtché*
Faut-il payer le couvert?	**¿Hay una consumición mínima?** *aï ouna cônsoumiTHiôn minima*
Faut-il réserver?	**¿Hay que hacer una reserva?** *aï ké aTHér ouna résérba*
Faut-il être membre?	**¿Hay que ser socios?** *aï ké sér sôTHiôs*
Combien de temps devrons-nous faire la queue?	**¿Cuánto tiempo tendremos que hacer cola?** *couanntô tiémpô téndrémôs ké aTHér côla*
Je voudrais une bonne table.	**Quiero una buena mesa.** *kiérô ouna bouéna mésa*

INCLUYE UNA CONSUMICIÓN GRATIS	une boisson gratuite comprise

112

HEURES ➤ 200; TAXI ➤ 84

Enfants Niños

Pouvez-vous recommander
quelque chose pour
les enfants?

**¿Puede recomendarme
algo para los niños?**
*pouédé récômréndarmé algô
para lôs nignôs*

Y a-t-il une salle de change
pour bébé ici?

**¿Tienen instalaciones para cambiar al
bebé?** *tiénén instalaTHiônés
para cambiar al bébé*

Où sont les toilettes?

¿Dónde están los servicios?
dônde éstan lôs sérviTHiôs

salle de jeux

el salón recreativo *él salôn rékréatibô*

fête foraine

la feria *la féria*

pataugeoire

la piscina infantil
la pisTHina infantil

cour de récréation

el patio de juegos *él patiô dé khouégôs*

garderie/école maternelle

el club infantil *él cloub ifantil*

zoo

el zoológico *él THô-ôlôkhicô*

Garde d'enfants Cuidado de los niños

Pouvez-vous me recommander
une gardienne d'enfants fiable?

**¿Puede recomendarme una canguro de
confianza?** *pouédé récôméndarmé ouna
cangourô dé cônfianTHa*

Sont-ils surveillés tout le temps?

¿Supervisan a los niños constantemente?
soupérbisan a lôs nignôs cônstanntéménté

Le personnel est-il qualifié?

¿Están cualificados los empleados?
éstan coualificadôs lôs émpléadôs

A quelle heure est-ce que je
peux les amener?

¿Cuándo puedo dejarlos?
couanndô pouédô dékharlôs

Je viendrai les chercher à …

Los recogeré a las …
lôs récôkhéré a las

Nous reviendrons à …

Volveremos a las …
bôlbérémôs a las

Quel âge a-t-il/elle?

¿Qué edad tiene? *ké édaTH tiéné*

Elle a 3 ans et il a 18 mois.

**La niña tiene tres años y el niño
dieciocho meses.** *la nigna tiéné trés
agnôs i él nignô diéTHiôtchô mésés*

Sports Deportes

Que vous soyez supporter ou pratiquant, l'Espagne dispose du climat et des équipements permettant de satisfaire la majorité des amateurs de sports. Le football (**fútbal**) est le plus populaire des sports, inspirant une ardente dévotion – spécialement à Madrid et Barcelone. L'Espagne est célèbre pour ses terrains de golf, en particulier sur la Costa del Sol. Le tennis, l'équitation et l'escalade sont également appréciés. Essayez de repérer la **pelota** (jai alai dans le pays basque et en Amérique Latine) – un jeu très rapide. On utilise une raquette spéciale qui a la forme d'un énorme gant prolongé et incurvé en osier. On envoie la balle contre un fronton; il s'agit de l'ancêtre du squash.

En spectateur Como espectador

Y a-t-il un match de football samedi?	**¿Hay un partido de fútbol este sábado?** *aï oun partidô dé foutbôl ésté sabadô*
Quelles équipes jouent?	**¿Qué equipos juegan?** *ké ékipôs khouégan*
Pouvez-vous me procurer un ticket?	**¿Puede conseguirme una entrada?** *pouédé cônséguirmé ouna éntrada*
Combien coûtent les places?	**¿Cuánto cobran por entrar?** *couanntô côbran pôr éntrar*
Où est l'hippodrome?	**¿Dónde está el hipódromo?** *dônde ésta él ipôdrômô*
Où est-ce que je peux faire un pari?	**¿Dónde puedo hacer una apuesta?** *dônde pouédô aThér ouna apouésta*
Quelle est la cote de ...?	**¿A cómo están las apuestas para ...?** *a cômô éstan las apouéstas para*
athlétisme	**atletismo** *atlétismô*
basket(ball)	**baloncesto** *balônTHéstô*
courses de chevaux	**carreras de caballos** *carréras dé cabal-yôs*
cyclisme	**ciclismo** *THiklismô*
football	**fútbol** *foutbôl*
golf	**golf** *gôlf*
natation	**natación** *nataTHiôn*
tennis	**tenis** *ténis*
volley(ball)	**voleybol** *bôlibôl*

114

Pour les sportifs Como participante

Où est le … le plus proche?	**¿Dónde está … más cercano?** _dôndé ésta … mas THércanô_
terrain de golf	**el campo de golf** _él campmô dé gôlf_
club sportif	**el polideportivo** _él pôlidépôrtibô_
Où sont les courts de tennis?	**¿Dónde están las pistas de tenis?** _dôndé éstan las pistas dé ténis_
Combien ça coûte par …?	**¿Cuánto cuesta por …?** _couanntô couésta pôr_
jour / heure	**día / hora** _dia / ôra_
partie / jeu	**partido / juego** _partidô / khouégô_
Faut-il être membre du club?	**¿Hay que ser socio?** _aï ké sér sôTHiô_
Où est-ce que je peux louer …?	**¿Dónde puedo alquilar …?** _dôndé pouédô alkilar_
chaussures	**unas botas** _ounas bôtas_
clubs (de golf)	**unos palos de golf** _ounôs palôs dé gôlf_
matériel	**el equipo** _él ékipô_
raquette	**una raqueta** _ouna rakéta_
Est-ce que je peux prendre des leçons?	**¿Me pueden dar clases?** _mé pouédén dar clasés_
Avez-vous une salle de musculation?	**¿Tienen un gimnasio?** _tiénén oun khimnasiô_
Est-ce que je peux me joindre à vous?	**¿Puedo jugar con vosotros?** _pouédô khougar conn vôsôtrôs_

Lo siento, no quedan plazas.	Je regrette, nous sommes complets.
Hay que pagar una señal de …	Il faut verser … de caution.
¿Qué talla tiene?	Quelle pointure / taille faites-vous?
Necesita una foto tamaño carnet.	Il vous faut une photo d'identité.

PROHIBIDO PESCAR	pêche interdite
SOLO PARA LOS TENEDORES DE LICENCIA	permis obligatoire
VESTUARIOS	vestiaires

A la plage En la playa

L'Espagne offre des centaines de kilomètres de plages adaptées
à tous les goûts. Les plus développées proposent toute une
gamme d'équipements pour les sports nautiques; tandis que
vous trouverez sans trop de difficultés quelques criques désertes
à proximité, où vous pourrez savourer des instants plus paisibles.

Est-ce que c'est une plage …?	**¿Es la playa …?** *és la playa*	
de galets/de sable	**de guijarros/de arena** *dé guikharrôs/dé aréna*	
Y a-t-il … ici?	**¿Hay … aquí?** *aï … aki*	
piscine pour enfants	**una piscina para niños** *ouna pisTHina para nignôs*	
piscine	**una piscina** *ouna pisTHina*	
couverte/en plein air	**cubierta/al aire libre** *coubiérta/al aïré libré*	
Est-ce qu'on peut se baigner/plonger ici sans danger?	**¿Es seguro nadar/tirarse de cabeza aquí?** *és ségourô nadar/tirarsé dé cabéTHa aki*	
Est-ce que c'est sans danger pour les enfants?	**¿Es seguro(-a) para los niños?** *és ségourô(-a) para lôs nignôs*	
Y a-t-il un maître-nageur?	**¿Hay socorrista?** *aï sôcôrrista*	
Je voudrais louer un/une/des …	**Quiero alquilar …** *kiérô alkilar*	
barque	**una barca de remos** *ouna barca dé rémôs*	
canot automobile	**una motora** *ouna môtôra*	
chaise longue	**una tumbona** *ouna toumbôna*	
équipement de plongée (sous-marine)	**un equipo de buceo** *oun ékipô dé bouTHéô*	
parasol	**una sombrilla** *ouna sômbril-ya*	
planche à voile	**una tabla de windsurf** *ouna tabla dé winsourf*	
planche de surf	**una tabla de surf** *ouna tabla dé sourf*	
scooter des mers	**una moto acuática** *ouna môtô acouatica*	
skis nautiques	**unos esquís acuáticos** *ounôs éskis acouaticôs*	
voilier	**un velero** *oun bélérô*	
Pendant … heures.	**Por … horas.** *pôr … ôras*	

Ski Esquiar

Les 27 stations de ski espagnoles attirent de plus en plus de pratiquants. La majorité de ces centres se situe dans les Pyrénées (par exemple, à **Baqueira-Beret, La Molina, Pas de la Casa, Cerler**), tandis que la **Sierra Nevada** andalouse offre les conditions de ski les plus ensoleillées d'Europe.

Je voudrais louer des …	**Quiero alquilar …** _kiérô alkilar_
bâtons	**unos bastones** _ounôs bastônés_
patins	**unos patines** _ounôs patinés_
chaussures de ski/skis	**unas botas de esquiar/unos esquís** _ounas bôtas dé éskiar/ounôs éskis_
Ils/elles sont trop …	**Estos(-as) son demasiado …** _éstôs(as) sôn démasiadô_
grands/petits	**grandes/pequeños(-as)** _granndés/pékégnôs(-as)_
Un forfait pour une journée/cinq jours, s.v.p.	**Un pase para un día/cinco días, por favor.** _oun pasé para oun dia/THinncô dias pôr fabôr_
Je voudrais prendre des leçons à l'école de ski.	**Quiero tomar clases de esquí.** _kiérô tômar clasés dé éski_
Je suis débutant.	**Soy principiante.** _sôy prinTHipiannté_
J'ai déjà de l'expérience.	**Tengo experiencia.** _téngô ékspériénTHia_

TELESQUÍ/TELEARRASTRE	remonte pente
TELEFÉRICO/CABINA	téléphérique (œufs)/cabine
TELESILLA	télésiège
PERCHA	tire fesses

Corrida La corrida

La corrida (**la corrida**) fascinera les uns, et épouvantera les autres. Aux yeux de l'Espagnol, la corrida ne consiste pas pour le taureau à choisir entre la vie et la mort. La corrida est simplement l'occasion pour celui-ci de mourir héroïquement. Dans un premier temps, le matador excite le taureau à l'aide d'une grande cape (**capote**). Ensuite, le **picador** affaiblit l'animal en plantant une lance dans son cou. Les **banderilleros**, à pied, enfoncent trois bâtons acérés entre ses omoplates. Le matador revient provoquer le taureau avec une petite cape rouge (**muleta**), menant à l'apogée finale de la mise à mort. La saison des corridas s'étend de mars à octobre.

J'aimerais voir une corrida.	**Quiero ver una corrida.** _kiérô bér ouna côrrida_

Présentations Presentaciones

Les présentations varient selon votre degré de connaissance de la personne. Voici un guide: la politesse consiste à serrer la main à quelqu'un, aussi bien lorsque vous rencontrez votre interlocuteur que quand vous en prenez congé; il est considéré comme impoli de ne pas le faire.

Entamez toute conversation avec quelqu'un, qu'il s'agisse d'un ami, vendeur ou agent de police, en disant «**buenos días**». Adressez-vous à eux en employant la forme polie de la deuxième personne (**usted**) jusqu'à ce qu'il vous soit demandé d'utiliser la forme familière (**tú**).

En espagnol, trois formes servent à exprimer la deuxième personne (prenant différentes formes verbales: **tú** (singulier) et **vosotros** (pluriel) sont utilisés pour s'adresser à des membres de la famille, des amis proches et des enfants (ainsi qu'entre jeunes gens); **usted** (singulier) et **ustedes** (pluriel) – souvent employés sous forme abrégée **Vd./Vds.** – sont utilisés dans tous les autres cas. En cas de doute, employez **usted/ustedes**.

Bonjour, nous ne nous connaissons pas.	**Hola, no nos conocemos.** *ôla nô nôs cônôTHémôs*
Je m'appelle …	**Me llamo …** *mé l-yamô*
Puis-je vous présenter …?	**Quiero presentarle a …** *kiérô préséntarlé a*
Juan, voici …	**Juan, éste(-a) es …** *khouann ésté(-a) és*
Enchanté de vous rencontrer.	**Encantado(-a) de conocerle(-la).** *éncanntadô(-a) dé cônôTHérlé(-la)*
Comment vous appelez-vous?	**¿Cómo se llama?** *cômô sé l-yama*
Comment allez-vous?	**¿Cómo está?** *cômô ésta*
Très bien, merci. Et vous?	**Bien, gracias. ¿Y usted?** *bién graTHias. i oustéTH*

– Hola, ¿Cómo está?
(Bonjour, comment allez-vous?)
– Muy bien, gracias. ¿Y usted?
(Très bien, merci. Et vous?)
– Bien, gracias. *(Très bien, merci.)*

D'où êtes-vous? ¿De dónde es usted?

D'où êtes-vous?	**¿De dónde es usted?** *dé dôndé és oustéTH*
Où êtes-vous né(e)?	**¿Dónde nació?** *dôndé naTHiô*
Je viens de (la)/du/de/des ...	**Soy de ...** *soï*
Belgique	**Bélgica** *bélkhica*
Canada	**Canadá** *canada*
France	**Francia** *frannTHia*
Luxembourg	**Luxemburgo** *louksemmbourgô*
Suisse	**Suiza** *suiTHa*
Afrique	**África** *africa*
Antilles	**las Antillas** *anntilyas*
Où habitez-vous?	**¿Dónde vive?** *dôndé bibé*
Vous êtes de quelle région de/du ...	**¿De qué parte de ... es usted?** *dé ké parté dé ... és oustéTH*
Espagne	**España** *éspagna*
Nous venons ici tous les ans.	**Venimos aquí todos los años.** *bénimos aki tôdôs lôs agnôs*
C'est la première fois que je viens/nous venons.	**Es mi/nuestra primera visita.** *és mi/nuéstra priméra bisita*
Est-ce que vous êtes déjà allés en/au ... ?	**¿Ha estado alguna vez ...?** *a éstadô algouna béTH*
France/Canada/Suisse	**en Francia/Canadá/Suiza** *én frannTHia/canada/souiTHa*
Ça vous plaît ici?	**¿Le gusta aquí?** *lé gousta aki*
Que pensez-vous de ...?	**¿Qué le parece ...?** *ké lé paréTHé*
J'adore ... d'ici.	**Me encanta ... de aquí.** *mé éncannta ... dé aki*
Je n'aime pas beaucoup ... d'ici.	**No me gusta demasiado ... de aquí.** *nô mé gousta démasiadô ...dé aki*
la cuisine/les gens	**la cocina/la gente** *la côTHina/la khénté*

119

Avec qui êtes vous?
¿Con quién ha venido?

Avec qui êtes-vous venu(e)s?	**¿Con quién ha venido?** *côn kién a bénidô*
Je suis tout(e) seul(e).	**He venido solo(-a).** *é bénidô sôlô(-a)*
Je suis avec un(e) ami(e).	**He venido con un(a) amigo(-a).** *é bénidô côn oun(a) amigô(-a)*
Je suis avec mon/ma/mes …	**He venido con …** *é bénidô côn*
femme	**mi mujer** *mi moukhér*
mari	**mi marido** *mi maridô*
famille	**mi familia** *mi familia*
enfants	**mis hijos** *mis ikhôs*
parents	**mis padres** *mis padrés*
fiancé	**mi novio(-a)** *mi nôbiô(-a)*
père/mère	**mi padre/mi madre** *mi padré/mi madré*
fils/fille	**mi hijo/mi hija** *mi ikhô/mi ikha*
frère/sœur	**mi hermano/mi hermana** *mi érmanô/mi érmana*
oncle/tante	**mi tío/mi tía** *mi tiô/mi tia*
Comment s'appelle votre fils/femme?	**¿Cómo se llama su hijo/mujer?** *cômô sé l-yama sou ikhô/moukhér*
Etes-vous marié(e)?	**¿Está casado(-a)?** *ésta casadô(-a)*
Je suis …	**Estoy …** *éstôy*
marié(e)/célibataire	**casado(-a)/soltero(-a)** *casadô(-a)/sôltérô(-a)*
divorcé(e)/séparé(e)	**divorciado(-a)/separado(-a)** *dibôrTHiadô(-a)/séparadô(-a)*
fiancé(e)	**prometido(-a)** *prômétidô*
Nous vivons ensemble.	**Vivimos juntos.** *bibimôs khountôs*
Avez-vous des enfants?	**¿Tiene hijos?** *tiéné ikhôs*
deux garçons et une fille	**dos niños y una niña** *dôs nignôs i ouna nigna*
Quel âge ont-ils?	**¿Qué edad tienen?** *ké édaTH tiénén*
Ils ont dix et douze ans.	**Tienen diez y doce años respectivamente.** *tiénén diéTH i dôTHé agnôs réspéktibaménté*

Qu'est-ce que vous faites?
¿A qué se dedica?

Qu'est-ce que vous faites dans la vie?	**¿A qué se dedica?** *a ké sé dédica*
Qu'est-ce que vous étudiez?	**¿Qué estudia?** *ké éstoudia*
J'étudie …	**Estudio …** *éstoudiô*
Je suis dans …	**Me dedico a …** *mé dédicô a*
le commerce	**asuntos comerciales** *asountôs cômérTHialés*
la vente au détail	**la venta al por menor** *la bénta al pôr ménór*
la vente	**las ventas** *las béntas*
l'ingénierie	**Trabajo de ingeniero.** *trabakhô dé inkhéniérô*
Pour qui travaillez-vous …?	**¿Para quién trabaja?** *para kién trabakha*
Je travaille pour …	**Trabajo para …** *trabakhô para*
Je suis …	**Soy …** *sôy*
comptable	**contable** *côntablé*
femme au foyer	**ama de casa** *ama dé casa*
étudiant(e)	**estudiante** *éstoudiannté*
Je suis …	**Estoy …** *éstôy*
retraité(e)	**jubilado(-a)** *khoubiladô(-a)*
au chômage	**en paro/parado(-a)** *én parô/paradô(-a)*
Je travaille à mon compte.	**Trabajo por mi cuenta.** *trabakhô pôr mi couénta*
Quels sont vos passe-temps/ hobbies?	**¿Cuáles son sus pasatiempos/hobbies?** *couálés sôn sous pasatiémpôs/hôbis*
J'aime le/la …	**Me gusta(n) …** *mé gousta(n)*
musique	**la música** *la mousica*
lecture	**leer** *lé-ér*
sport	**los deportes** *lôs dépôrtés*
Je joue …	**Juego a …** *khouégô a*
Voulez-vous jouer …?	**¿Quiere jugar …?** *kiéré khougar*
aux cartes	**a las cartas** *a las cartas*
aux échecs	**al ajedrez** *al akhédréTH*

Quel temps! ¡Vaya tiempo!

Quelle belle journée! | **¡Qué día tan bonito!**
ké día tan bônitô

Quel temps horrible! | **¡Qué tiempo más feo!**
ké tiémpô mas féô

Qu'est-ce qu'il fait froid/chaud aujourd'hui! | **¡Vaya frío/calor que hace hoy!**
baya friô/calôr ké aTHé ôy

Est-ce qu'il fait aussi chaud d'habitude? | **¿Hace normalmente tanto calor como ahora?** *aTHé nôrmalménté tanntô calôr cômô a-ôra*

Croyez-vous qu'il va … demain? | **¿Cree usted que mañana va a …?**
kré-é oustéTH ké magnana ba a

faire beau | **hacer buen tiempo** *aTHér bouén tiémpô*

pleuvoir | **llover** *l-yôbér*

neiger | **nevar** *nébar*

Que dit la météo pour demain? | **¿Cuál es el pronóstico del tiempo para mañana?** *coual és él prônôsticô dél tiémpô para magnana*

Il y a … | **Está …** *ésta*

des nuages | **nublado** *noubladô*

du tonnerre | **tronando** *trônanndô*

du brouillard | **Hay niebla.** *aï niébla*

du givre | **Hay heladas.** *aï éladas*

du verglas | **Hay hielo.** *aï iélô*

du vent | **Hace viento.** *aTHé biéntô*

Il pleut. | **Está lluvioso.** *ésta l-youbiôsô*

Il neige. | **Neva.** *néba*

Il fait ce temps-là depuis longtemps? | **¿Lleva mucho así el tiempo?**
l-yéba moutchô así él tiémpô

Quel est le taux de pollen? | **¿Cuál es el índice de polen?**
coual és él indiTHé dé pôlén

élevé/moyen/bas | **alto/regular/bajo** *altô/régoular/bakhô*

Quelle est la météo pour le ski? | **¿Qué tiempo hace para esquiar?**
ké tiémpô aTHé para éskiar

Vous passez de bonnes vacances?
¿Se lo está pasando bien?

¿Está de vacaciones?	Etes-vous en vacances?
¿Cómo ha venido aquí?	Comment êtes-vous venu(e)(s) ici?
¿Qué tal el viaje?	Comment s'est passé le voyage?
¿Dónde se aloja?	Où logez-vous?
¿Cuánto tiempo lleva aquí?	Depuis combien de temps êtes-vous ici?
¿Cuánto tiempo va a quedarse?	Combien de temps restez-vous?
¿Qué ha hecho hasta ahora?	Qu'est-ce que vous avez fait jusqu'à présent?
¿Qué es lo próximo que va a hacer?	Qu'allez-vous faire ensuite?
¿Está pasando unas buenas vacaciones?	Est-ce que vous profitez bien de vos vacances?

Je suis ici en ...	**Estoy aquí ...** *estôy aki*
voyage d'affaires	**en viaje de negocios** *én biakhé dé négôTHiôs*
vacances	**de vacaciones** *dé bacaTHiônés*
Nous sommes venus ...	**Vinimos en ...** *binimôs én*
en train/en bus/par avion	**tren/autobús/avión** *trén/aoutôbous/abiôn*
en voiture/par le ferry	**coche/ferry** *côtché/férri*
J'ai loué une voiture.	**He alquilado un coche.** *é alkiladô oun côtché*
Nous logeons ...	**Nos alojamos ...** *nôs alôkhamôs*
dans un appartement	**en un apartamento** *én oun apartaméntô*
à l'hôtel/dans un camping	**en un hotel/un cámping** *én oun ôtél/oun campin*
chez des amis	**con unos amigos** *côn ounôs amigôs*
Pouvez-vous me suggérer ...?	**¿Puede sugerirme ...?** *pouédé soukhérirmé*
quelque chose à faire	**algo que hacer** *algô ké aTHér*
des endroits pour manger/ à visiter	**algunos sitios para comer/ver** *algounôs sitiôs para cômér/bér*
Nous passons un très bon/ très mauvais séjour.	**Lo estamos pasando muy bien/mal.** *lôs estamôs pasandô moui bién/mal*

Invitations Invitaciones

Voulez-vous venir dîner chez nous …?	¿Quiere cenar con nosotros el …?
	kiéré THénar côn nôsôtrôs él
Est-ce que je peux vous inviter à déjeuner?	¿Puedo invitarle(-la) a comer?
	pouédô inbitarlé(-la) a cômér

Est-ce que tu peux venir prendre un verre ce soir?

¿Puedes venir a tomarte algo esta noche?
pouédés bénir a tômarté algô ésta nôtché

Nous donnons une soirée. Peux-tu venir?

Vamos a dar una fiesta. ¿Puedes venir?
bamôs a dar ouna fiésta. pouédés bénir

Est-ce que nous pouvons nous joindre à vous?

¿Podemos ir con ustedes?
pôdémôs ir côn oustédés

Voulez-vous vous joindre à nous?

¿Quiere(n) venir con nosotros?
kiéré(n) bénir côn nôsôtrôs

Sortir Salir

Qu'avez-vous de prévu pour …?	¿Qué planes tiene(n) para …?
	ké planés tiéné(n) para

aujourd'hui/ce soir

hoy/esta noche
ôy/ésta nôtché

demain **mañana** *magnana*

Est-ce que vous êtes libre ce soir?

¿Está libre esta noche?
ésta libré ésta nôtché

Est-ce que vous aimeriez …? **¿Quiere …?** *kiéré*

aller danser **ir a bailar** *ir a baylar*

aller prendre un verre/ aller manger

ir a tomar una copa/a cenar
ir a tômar ouna côpa/a THénar

faire une promenade **dar un paseo** *dar oun paséô*

aller faire des courses **ir de compras** *ir dé cômpras*

Où aimerez-vous aller?

¿A dónde le gustaría ir?
a dôndé lé goustaría ir

J'aimerais aller à … **Quiero ir a …** *kiérô ir a*

J'aimerais voir … **Quiero ver …** *kiérô bér*

Aimez-vous …? **¿Le gusta …?** *lé gousta*

Accepter/Décliner Aceptar/Refusar

Avec plaisir.	**Estupendo. Me encantaría.** *éstoupéndô. mé éncantaría*
Merci, mais j'ai à faire.	**Gracias, pero estoy ocupado(-a).** *graTHias pérô éstôy ôcoupadô(-a)*
Est-ce que je peux amener un(e) ami(e)?	**¿Puedo llevar a un(-a) amigo(-a)?** *pouédô l-yébar a oun(-a) amigô(-a)*
Où nous retrouvons-nous?	**¿Dónde quedamos?** *dôndé kédamôs*
Je te/vous retrouverai …	**Quedamos …** *kédamôs*
au bar	**en el bar** *én él bar*
devant ton/votre hôtel	**en frente de su hotel** *én frénté dé sou ôtél*
Je passerai te chercher à 8 heures.	**Pasaré a recogerte a las ocho.** *pasaré a récôkhérté a las ôtchô*
Un peu plus tôt/tard si c'est possible?	**¿Podríamos quedar un poco antes/ más tarde?** *pôdriamôs kédar para oun pôcô anntés/mas tardé*
Peut-être un autre jour?	**¿Qué le parece otro día?** *ké lé paréTHé ôtrô dia*
D'accord.	**Muy bien.** *mouï bién*

Invitation à dîner Invitación a cenar

Si vous êtes invité à prendre un repas chez quelqu'un, emportez
toujours un cadeau – une bouteille de vin, de mousseux, des chocolats
ou des fleurs.

Permettez-moi de vous offrir quelque chose à boire.	**Permítame que le/la invite a una copa.** *pérmítamé ké lé/la inbité a ouna côpa*
Aimez-vous …?	**¿Le gusta …?** *lé gousta*
Qu'est-ce que vous prenez?	**¿Qué va a tomar?** *ké ba a tômar*
C'était un très bon repas.	**Fue una comida estupenda.** *foué ouna cômida éstoupénda*

Rencontres Citas

Vous attendez quelqu'un?	**¿Espera a alguien?** *espéra a alghién*
Ça vous dérange si …?	**¿Le importa si …?** *lé immpôrta si*
je m'asseois ici / je fume	**me siento aquí/fumo** *mé siéntô aki/foumô*
Puis-je vous offrir quelque chose à boire?	**¿Puedo invitarle(-la) a una copa?** *pouédô inbitarlé(-la) a ouna côpa*
J'aimerais bien que vous veniez me tenir compagnie.	**Me encantaría estar acompañado(-a).** *mé éncantaria éstar acômpagnadô(-a)*
Pourquoi ris-tu / riez-vous?	**¿Por qué se ríe?** *pôr ké sé rié*
Est-ce que mon espagnol est si mauvais que ça?	**¿Hablo español tan mal?** *ablô éspagnôl tan mal*
Si on allait dans un endroit un peu plus calme?	**¿Vamos a otro sitio más tranquilo?** *bamôs a ôtrô sitiô mas trannkilô*
Laissez-moi tranquille, s'il vous plaît!	**¡Déjeme en paz, por favor!** *dékhémé én paTH pôr fabôr*
Tu es très beau / belle!	**¡Estás guapísimo(-a)!** *éstas gouapisimô(-a)*
Est-ce que je peux t'embrasser?	**¿Puedo besarte?** *pouédô bésarté*
C'est encore trop tôt.	**No estoy preparado(-a) para eso.** *nô éstôy préparadô(-a) para êsô*
Il faut que nous partions maintenant.	**Me temo que tenemos que irnos ahora.** *mé témô ké ténémôs ké irnôs a-ôra*
Merci pour cette bonne soirée.	**Gracias por la velada.** *graTHias pôr la bélada*
Est-ce que je peux vous revoir demain?	**¿Puedo volver a verle(-la) mañana?** *pouédô bôlbér a bérlé(-la) magnana*
A bientôt.	**Hasta luego.** *asta louégô*
Est-ce que je peux avoir votre adresse?	**¿Puede darme su dirección?** *pouédé darmé sou dirékTHiôn*

Téléphoner Llamar por teléfono

Les cabines téléphoniques publiques acceptent soit uniquement les pièces de monnaie (indiquées par un T vert), soit les pièces de monnaie et les cartes téléphoniques (T bleu).

Les cartes téléphoniques (**tarjeta telefónica**) sont en vente dans les postes et bureaux de tabac. Peu de téléphones acceptent les cartes de crédit.

La plupart des cafés et bars publics sont pourvus de téléphones publics – n'hésitez pas à entrer et à demander le téléphone.

Pour appeler à votre domicile depuis l'Espagne, composez le 00, suivi de: France 33, Canada 1, Suisse 41, Belgique 32. Notons que vous devrez généralement omettre le premier chiffre de l'indicatif régional.

Pouvez-vous me donner votre numéro de téléphone?	**¿Me da su número de teléfono?** *mé da sou noumérô dé téléfônô*
Voilà mon numéro.	**Aquí tiene mi número.** *aki tiéné mi noumérô*
Appelez-moi, s.v.p.	**Llámeme, por favor.** *l-yamémé pôr fabôr*
Je vous appellerai.	**Le/La llamaré.** *lé/la l-yamaré*
Où est la cabine téléphonique la plus proche?	**¿Dónde está la cabina más cercana?** *dôndé ésta la cabina mas THércana*
Est-ce que je peux me servir de votre téléphone?	**¿Puedo usar su teléfono?** *pouédô ousar sou téléfônô*
C'est urgent.	**Es urgente.** *és ourkhénté*
Je voudrais téléphoner en France.	**Quiero llamar a Francia.** *kiérô l-yamar a frannTHia*
Quel est le code pour …?	**¿Cuál es el prefijo de …?** *coual és él préfikhô dé*
Je voudrais une Télécarte, s.v.p.	**Quiero una tarjeta para llamar por teléfono, por favor.** *kiérô ouna tarkhéta para l-yamar pôr téléfônô pôr fabôr*
Quel est le numéro des Renseignements?	**¿Cuál es el número de información?** *coual és él noumérô dé infôrmaTHiôn*
Je voudrais le numéro de …	**Quiero que me consiga el número de teléfono de …** *kiérô ké mé cônsiga él noumérô dé téléfônô dé*
Je voudrais faire un appel en P.C.V.	**Quiero llamar a cobro revertido.** *kiérô l-yamar a côbrô rébértidô*

Parler au téléphone
Hablando por teléfono

Allô. C'est …	**Hola. Soy …** *ôla. sôy*
Je voudrais parler à …	**Quiero hablar con …** *kiérô ablar côn*
poste …	**extensión …** *éksténsiôn*
Pouvez-vous parler plus fort/ plus lentement, s.v.p.	**Hable más alto/despacio, por favor.** *ablé mas altô/déspaTHiô pôr fabôr*
Pouvez-vous répéter, s.v.p.?	**¿Puede repetir eso, por favor?** *pouédé répétir ésô pôr fabôr*
Je regrette, il/elle n'est pas là.	**Me temo que no está.** *mé témô ké nô ésta*
Vous avez fait un faux numéro.	**Se ha equivocado de número.** *sé a ékibôcadô dé noumérô*
Un instant, s.v.p.	**Un momento, por favor.** *oun môméntô pôr fabôr*
Attendez, s.v.p.	**Espere, por favor.** *éspéré pôr fabôr*
Quand reviendra-t-il/elle?	**¿Cuándo volverá?** *couanndô bôlbéra*
Pouvez-vous lui dire que j'ai appelé?	**¿Puede decirle que he llamado?** *pouédé déTHirlé ké é l-yamadô*
Je m'appelle …	**Me llamo …** *mé lyamô*
Pouvez-vous lui demander de me rappeler?	**¿Puede decirle que me llame?** *pouédé déTHirlé ké mé l-yamé*
Pouvez-vous lui passer un message, s.v.p.?	**¿Puede darle un recado, por favor?** *pouédé darlé oun récadô pôr fabôr*
Il faut que je vous quitte, maintenant.	**Tengo que irme.** *téngô ké irmé*
J'ai été content(e) de vous parler.	**Me encantó hablar con usted.** *mé éncanntô ablar côn oustéTH*
Je vous téléphonerai.	**Le/la llamaré.** *lé/la lyamaré*
Au revoir.	**Adiós.** *adiôs*

Magasins et Services

Si vous désirez un aperçu de ce que les Espagnols achètent, visitez les grands magasins **El Corte Inglés** et **Galerías Preciados**, qui ont des filiales dans la plupart des villes importantes. Malgré une popularité croissante des chaînes de magasins, la majorité des boutiques reste en propriété individuelle et chacune se distingue par son caractère. Vous trouverez toujours de nombreuses boutiques en dehors des principaux centre-villes.

L'ESSENTIEL

Je voudrais …	**Quiero …**	_kiérô_
Avez-vous …?	**¿Tiene(n) …?**	_tiéné(n)_
C'est combien?	**¿Cuánto cuesta eso?**	_couanntô couésta ésô_
Merci.	**Gracias.**	_graTHias_

ABIERTO	ouvert
CERRADO	fermé
REBAJAS	soldes
LIQUIDACIÓN POR CIERRE	liquidation pour fermeture

Magasins et services
Tiendas y servicios

Où est …? ¿Dónde está …?

Où est le/la … le/la plus proche?	**¿Dónde está el/la … más cercano(-a)?** _dôndé ésta él/la … mas THércanô(-a)_
Où y a-t-il un(e) bon(ne) …?	**¿Dónde hay un(a) buen(a) …?** _dôndé aï oun(a) bouén(a)_
Où est le centre commercial principal?	**¿Dónde está el centro comercial principal?** _dôndé ésta él THéntrô cômérTHial prinTHipal_
Est-ce loin d'ici?	**¿Está lejos de aquí?** _ésta lékhôs dé aki_
Comment puis-je y aller?	**¿Cómo se llega hasta allí?** _cômô sé l-yéga asta al-yi_

Magasins Tiendas

antiquaire	**la tienda de antigüedades** _la tiénda dé antigouédadés_
banque	**el banco** _él banncô_
bijouterie	**la joyería** _la khôyéria_
boucher	**la carnicería** _la carniTHéria_
boulangerie	**la panadería** _la panadéria_
bureau de tabac	**el estanco** _él éstanncô_
centre commercial	**el centro comercial** _él THéntrô cômérTHial_
charcutier/traiteur	**la charcutería** _la tcharcoutéria_
droguerie	**la droguería** _la drogueria_
épicier	**la tienda de alimentación** _la tiénda dé aliméntaTHiôn_
fleuriste	**la floristería** _la flôristéria_
grands magasins	**los grandes almacenes** _lôss granndés almaTHénés_
librairie	**la librería** _la libréria_
magasin de sport	**la tienda de deportes** _la tiénda dé dépôrtés_
magasin de cadeaux	**la tienda de regalos/bazar** _la tiénda dé régalôs/baTHar_
magasin de chaussures	**la zapatería** _la THapatéria_

magasin de diététique	**la tienda de alimentos naturales** *la tiénda dé aliméntôs natouralés*
magasin de disques	**la tienda de discos** *la tiénda dé discôs*
magasin de jouets	**la juguetería** *la khouguétéria*
magasin de photos	**la tienda de fotografía** *la tiénda dé fôtôgrafia*
magasin de souvenirs	**la tienda de recuerdos** *la tiénda dé récouérdôs*
magasin de vêtements	**la tienda de ropa** *la tiénda dé rôpa*
marchand de fruits et légumes	**la verdulería** *la bérdouléria*
marchand de vin et liqueurs	**la tienda de bebidas alcohólicas** *la tiénda dé bébidas alcô-ôlicas*
marché	**el mercado** *él mércadô*
pâtisserie	**la pastelería** *la pastéléria*
pharmacie	**la farmacia** *la farmaTHia*
poissonnerie	**la pescadería** *la péscadéria*
supermarché	**el supermercado** *él soupérmércadô*

Services Servicios

agence de voyages	**la agencia de viajes** *la akhénTHia dé biakhés*
bibliothèque	**la biblioteca** *la bibliôtéca*
coiffeur (femmes/hommes)	**la peluquería de señoras/caballeros** *la péloukéria dé ségnôras/cabal-yérôs*
commissariat de police	**la comisaría de policía** *la cômisaria dé pôliTHia*
dentiste	**el dentista** *él déntista*
dispensaire	**el ambulatorio** *él amboulatôriô*
hôpital	**el hospital** *él ôspital*
laverie automatique	**la lavandería** *la labandéria*
médecin/docteur	**el médico/doctor** *él médicô/dôktôr*
opticien	**el óptico** *él ôpticô*
poste	**los correos** *los côrréôs*
pressing/nettoyage à sec	**la tintorería** *la tintôréria*

131

Heures d'ouverture Horas de apertura

Dans les centres touristiques, les magasins sont généralement ouverts les dimanches et jours fériés, et ferment tard. Dans les villes plus importantes, les marchés locaux ouvrent chaque matin et le vendredi après-midi uniquement; dans les plus petites villes, ils fonctionnent à raison d'une matinée par semaine.

A quelle heure le/la … ouvre/ferme-t-il/elle?	**¿A qué hora abre/cierra …?** *a ké ôra abré/THiérra*
Etes-vous ouverts en soirée?	**¿Abren por la noche?** *abrén pôr la nôtché*
Fermez-vous pour le déjeuner?	**¿Cierran a la hora de comer?** *THiérran a la ôra dé cômér*
Où est le/la/l' …?	**¿Dónde está …?** *dôndé ésta*
caisse	**la caja** *la cakha*
escalier roulant	**la escalera mecánica** *la éscaléra mécanica*
ascenseur	**el ascensor** *él aslHénsôr*
plan du magasin	**el directorio de la tienda** *él diréktôriô dé la tiénda*
C'est au sous-sol.	**Está en el sótano.** *ésta én él sôtanô*
C'est au …	**Está en la planta …** *ésta én la plannta*
rez-de-chaussée	**baja** *bakha*
premier étage	**primer piso** *primér pisô*
Où est le rayon des …?	**¿Dónde está la sección de …?** *dôndé ésta la sékTHiôn dé*

ABIERTO TODO EL DÍA	ouvert toute la journée
CERRADO A LA HORA DEL ALMUERZO	ferme pour le déjeuner
HORAS DE TRABAJO	heures d'ouverture
ENTRADA	entrée
ESCALERAS	escaliers
SALIDA	sortie
SALIDA DE EMERGENCIA	sortie de secours

Service Servicio

Pouvez-vous m'aider?	**¿Puede ayudarme?** *pouédé ayoudarmé*
Je cherche …	**Estoy buscando …** *éstôy bouscanndô*
Je regarde seulement.	**Sólo estoy mirando.** *sôlô éstôy miranndô*
C'est à moi.	**Me toca a mí.** *mé tôca a mi*
Avez vous …?	**¿Tienen …?** *tiénén*
Je voudrais acheter …	**Quiero comprar …** *kiérô cômprar*
Pourriez-vous me montrer …?	**¿Podría enseñarme …?** *pôdria énségnarmé*
Combien coûte ceci/cela?	**¿Cuánto cuesta esto/eso?** *couanntô couésta éstô/éssô*
C'est tout, merci.	**Eso es todo, gracias.** *éssô és tôdô graTHias*

Buenos días/Buenas tardes señora/señor.	Bonjour/Bonsoir, madame/monsieur.
¿Le atienden?	Je peux vous aider?
¿Qué desea?	Vous désirez?
Ahora mismo voy a comprobarlo.	Je vais vérifier de suite.
¿Eso es todo?	Ce sera tout?
¿Algo más?	Et avec ça?

– ¿Necesita ayuda? (Je peux vous aider?)
– No, gracias, sólo estoy mirando.
(Non, merci. Je regarde seulement.)
– Bien. (D'accord.)

– Disculpe. (Excusez-moi.)
– Sí, ¿en qué puedo ayudarle? (Oui, je peux vous aider?)
– ¿Cuánto cuesta eso? (C'est combien?)
– Um, voy a comprobarlo … Cuesta doce euros.
(Hmm, je vais vérifier … C'est 12 euros.)

AUTOSERVICIO	self-service
CAJA CENTRAL	accueil
OFERTA ESPECIAL	offre spéciale/promotion

Préférence Preferencia

Je voudrais quelque chose de …	**Quiero algo …** *kiẹ́rô algô*
Ça doit être …	**Debe ser …** *débé sér*
grand / petit	**grande/pequeño(-a)** *granndé/pékégnô(-a)*
bon marché / cher	**barato(-a)/caro(-a)** *baratô(-a)/carô*
foncé / clair	**oscuro(-a)/claro(-a)** *ôscourô(-a)/klarô(-a)*
léger / lourd	**ligero(-a)/pesado(-a)** *likhẹ́rô(-a)/pésadô(-a)*
ovale / rond / carré	**ovalado(-a)/redondo(-a)/cuadrado(-a)** *ôbaladô(-a)/rédôndô(-a)/couadradô(-a)*
original / d'imitation	**auténtico(-a)/de imitación** *aouténticô(-a)/dé imitaTHiôn*
Je ne veux pas quelque chose de trop cher.	**No quiero nada demasiado caro.** *nô kiẹ́rô nada démasiadô carô*
Dans les … euros environ.	**Alrededor de las … euros.** *alrédédôr dé las … oïros*

¿Qué … quiere?	Quel(le) … voulez-vous?
color/forma	couleur / forme
calidad/cantidad	qualité / quantité
¿De qué clase quiere?	Quel genre voulez-vous?
¿Qué precio está dispuesto a pagar aproximadamente?	Dans quel ordre de prix cherchez-vous?

Avez-vous quelque chose de …?	**¿Tiene(n) algo …?** *tiẹ́né(n) algô*
plus grand	**más grande** *mas grannдé*
meilleure qualité	**de mejor calidad** *dé mékhôr calidaTH*
moins cher	**más barato** *mas baratô*
plus petit	**más pequeño** *mas pékégnô*
Pouvez-vous me montrer …?	**¿Puede enseñarme …?** *pouẹ́dé enségnarmé*
celui-ci / celui-là	**éste/ése-aquél** *ésté/éssé-akél*
ceux-ci / ceux-là	**éstos/ésos-aquéllos** *éstôs/éssôs-akél-yôs*
celui en vitrine	**el de la ventana/la vitrina** *él dé la béntana/la bitrina*
d'autres	**otros** *ôtrôs*

COULEURS ➤ 143

Conditions d'achat
Condiciones de compra

Y a-t-il une garantie?	**¿Tiene garantía?** *tiéné garanntia*
Est-ce qu'il y a des instructions?	**¿Lleva instrucciones?** *l-yéba instroukTHiônés*

Epuisé Agotado

Lo siento, no nos quedan.	Je regrette, nous n'en avons pas.
Se nos ha(n) agotado.	Le stock est épuisé.
¿Puedo enseñarle algo más/otra clase?	Est-ce que je peux vous montrer quelque chose d'autre?
¿Se lo mandamos a pedir?	Voulez-vous que nous vous le commandions?

Pouvez-vous me le commander?	**¿Me lo puede mandar a pedir?** *mé lô pouédé manndar a pédir*
Il faudra combien de temps?	**¿Cuánto tiempo tardará?** *couanntô tiémpô tardara*
Où est-ce que je pourrais trouver …?	**¿En qué otro sitio puedo conseguir …?** *én ké ôtrô sitiô pouédô cônséguir*

Décision Decisión

Ce n'est pas vraiment ce que je veux.	**Eso no es realmente lo que quiero.** *ésô nô és réalménté lô ké kiérô*
Non, ça ne me plaît pas.	**No, no me gusta.** *nô nô mé gousta*
C'est trop cher.	**Es demasiado caro.** *és démasiadô carô*
Je voudrais réfléchir.	**Quiero pensármelo.** *kiérô pénsarmélô*

– Buenos días. Quisiera una sudadera.
(Bonjour. Je voudrais un sweat-shirt.)
– ¿De qué color? (Quelle couleur?)
– Naranja, por favor. Y quiero algo grande.
(Orange, s.v.p. Et je voudrais quelque chose de grand.)
– Aquí tiene. Ésa vale 2 5 euros.
(Voilà. Il coûte 2 5 euros.)
– Umm. Eso no es realmente lo que quiero. Gracias. Adiós.
(Hmm, ce n'est pas vraiment ce que je cherche. Au revoir, merci.)

Paiement Pagar

Les petits commerces refusent parfois les cartes de crédit; toutefois, les grands magasins, restaurants et hôtels acceptent les principales cartes de crédit, les chèques de voyage et eurochèques – cherchez les indications sur la porte. Les taxes peuvent être réclamées sur les achats plus conséquents après votre retour au pays (en dehors de l'Union européenne).

Où dois-je payer?	**¿Dónde pago?** _dôndé pagô_
C'est combien?	**¿Cuánto cuesta eso?** _couanntô couésta ésô_
Pourriez-vous me l'écrire, s.v.p.?	**¿Podría escribirlo?** _pôdria éskribirlô_
Acceptez-vous …?	**¿Aceptan …?** _aTHéptan_
les chèques de voyage	**cheques de viaje** _tchékés dé biakhé_
Je paie …	**Pago …** _pagô_
en liquide	**en metálico** _én métalicô_
avec une carte de crédit	**con tarjeta de crédito** _côn tarkhéta dé kréditô_
Je n'ai pas de monnaie.	**No tengo monedas más pequeñas.** _nô téngô mônédas mas pékégnas_
Je regrette, je n'ai pas assez d'argent.	**Lo siento, no tengo suficiente dinero.** _lô siéntô nô téngô soufiTHiénté dinérô_

¿Cómo va a pagar?	Comment payez-vous?
La máquina no acepta la operación.	Cette transaction n'a pas été acceptée.
Esta tarjeta no es válida.	Cette carte n'est pas valide.
¿Me puede enseñar otra prueba de identificación?	Pouvez-vous me montrer une autre pièce d'identité?
¿No tiene billetes más pequeños?	Vous n'avez pas de la monnaie?

Est-ce que je peux avoir un reçu?	**¿Podría darme un recibo?** _pôdria darmé oun réTHibô_
Je crois que vous vous êtes trompé en me rendant la monnaie.	**Creo que me ha dado el cambio equivocado.** _kréô ké mé a dadô él cammbiô ékibôcadô_

POR FAVOR PAGUE AQUÍ	payez ici s.v.p.
SE DETENDRÁ A LOS CLEPTÓMANOS	les voleurs seront poursuivis (en justice)

Plaintes Reclamaciones

Il y a un défaut. **Hay un defecto.** *aï un déféctô*

Où puis-je faire une réclamation? **¿Dónde puedo hacer una reclamación?** *dôndé pouédô aTHér ouna réklamaTHiôn*

Pouvez-vous échanger ceci, s.v.p.? **¿Puede cambiarme esto, por favor?** *pouédé cambiarmé éstô pôr fabôr*

Je voudrais être remboursé(e). **Quiero que me devuelvan el dinero.** *kiérô ké mé débouélban él dinérô*

Voici le reçu. **Aquí tiene el recibo.** *aki tiéné él réTHibô*

Je n'ai pas le reçu. **No tengo el recibo.** *nô téngô él réTHibô*

Je voudrais voir le directeur du magasin. **Quiero ver al encargado.** *kiérô bér al éncargadô*

Réparations/Nettoyage Reparaciones/Limpieza

C'est cassé. Pouvez-vous le réparer? **Esto está roto. ¿Me lo puede arreglar?** *éstô ésta rôtô. mé lô pouédé arréglar*

Avez-vous … pour ceci? **¿Tiene(n) …para esto?** *tiéné(n) para éstô*

une pile **una pila** *ouna pila*

des pièces de rechange **piezas de recambio** *piéTHas dé récammbiô*

Quelque chose ne marche pas dans … **Hay algo que no funciona en …** *aï algô ké nô founTHiôna én*

Pouvez-vous le …? **¿Puede … esto?** *pouédé éstô*

nettoyer **limpiar** *limpiar*

repasser **planchar** *plantchar*

raccommoder **remendar** *réméndar*

Pouvez-vous faire des retouches? **¿Puede hacer un arreglo?** *pouédé aTHér oun arréglô*

Quand sera-t-il prêt? **¿Cuándo estará(n) listo(s)?** *couanndô éstara(n) listô(s)*

Ce n'est pas à moi. **Esto no es mío.** *éstô nô és miô*

Il manque … **Falta …** *falta*

Banque/Bureau de change
Banco/Oficina de cambio

Dans certaines banques, les distributeurs automatiques vous dispenseront du liquide avec les cartes Visa, Eurocard, American Express et de nombreuses autres cartes internationales.

Il vous est également possible de changer de l'argent dans les agences de voyage et les hôtels, mais le taux sera moins avantageux.

Où est … le/la plus proche?	**¿Dónde está … más cercano?** _dôndé ésta … mas THércanô_
la banque	**el banco** _él banncô_
le bureau de change	**el despacho de cambio** _él déspatchô dé cammbiô_

CAJEROS	billeterie
EMPUJAR/TIRAR/APRETAR	poussez/tirez/appuyez
TODAS LAS OPERACIONES	toutes transactions

Pour changer de l'argent Cambiando dinero

Est-ce que je peux changer des devises étrangères ici?	**¿Puedo cambiar divisas extranjeras aquí?** _pouédô cambiar dibisas ékstrankhéras aki_
Je voudrais changer des francs (suisse).	**Quiero cambiar francos.** _kiérô cambiar franncos_
Je voudrais encaisser des chèques de voyage/eurochèques.	**Quiero cobrar cheques de viaje/ eurocheques.** _kiérô côbrar tchékés dé biakhé/eurôtchékés_
Quel est le taux (de change)?	**¿A cuánto está el cambio?** _a couanntô ésta él cammbiô_
Quelle commission prenez-vous?	**¿Cuánto se llevan de comisión?** _couanntô sé l-yéban dé cômisiôn_
J'ai perdu mes chèques de voyage. Voici les numéros.	**He perdido mis cheques de viaje. Aquí tiene los números.** _é pérdidô mis tchékés dé biakhé. aki tiéné lôs nôumérôs_

Sécurité Seguridad

¿Podría ver ...?	Est-ce que je peux voir…?
su pasaporte	votre passeport
alguna forma de identificación	une pièce d'identité
su tarjeta	votre carte bancaire
¿Cuál es su dirección?	Quelle est votre adresse?
¿Dónde se aloja(n)?	Où logez-vous?
Rellene este impreso, por favor.	Pouvez-vous remplir cette fiche, s.v.p.
Firme aquí, por favor.	Signez ici, s.v.p.

Distributeurs automatiques Cajeros (automáticos)

Est-ce que je peux retirer de l'argent avec ma carte de ici?

¿Puedo sacar dinero aquí con mi tarjeta de crédito? *pouédô sacar dinérô aki* crédit *côn mi tarkhéta dé créditô*

Où sont les distributeurs automatiques?

¿Dónde están los cajeros (automáticos)? *dôndé éstan lôs cakhérôs (aoutômaticôs)*

Est-ce que je peux me servir de ma carte … dans ce distributeur?

¿Puedo usar la tarjeta … en el cajero (automático)? *pouédô ousar la tarkhéta … én él cakhérô (aoutômaticô)*

Le distributeur a avalé ma carte.

El cajero (automático) se ha tragado la tarjeta. *él cakhérô (aoutômaticô) sé a tragadô la tarkhéta*

COMISIÓN DEL BANCO	frais bancaires
DIVISA EXTRANJERA	devise étrangère
CAJERO AUTOMÁTICO	distributeur automatique

Pharmacie Farmacia

Les pharmacies sont facilement reconnaissables à leur enseigne : une croix verte ou rouge, généralement lumineuse.

Si vous cherchez une pharmacie de nuit, un dimanche ou un jour férié, vous trouverez la liste des adresses des pharmacies de garde (**farmacia de guardia**) dans le journal, ou affichée dans toutes les vitrines de pharmacies.

Où est la pharmacie (de garde) la plus proche?	**¿Dónde está la farmacia (de guardia) más próxima?** _dôndé ésta la farmaTHia (dé gouardia) mas prôksima_
A quelle heure ouvre/ferme la pharmacie?	**¿A qué hora abre/cierra la farmacia?** _a ké ôra abré/THiérra la farmaTHia_
Pouvez-vous me préparer cette ordonnance?	**¿Puede darme el medicamento de esta receta?** _pouédé darmé él médicaméntô dé ésta réTHéta_
Est-ce que j'attends?	**¿Me espero?** _mé éspérô_
Je reviendrai les chercher.	**Volveré a recogerlo.** _bôlbéré a récôkhérlô_

Posologie Posologia

Combien dois-je en prendre?	**¿Cuánto tengo que tomar?** _couanntô téngô ké tômar_
Combien de fois dois-je le prendre?	**¿Cada cuánto tiempo lo tomo?** _cada couanntô tiémpô lô tômô_
Est-ce que ça convient aux enfants?	**¿Lo pueden tomar los niños?** _lô pouédén tômar lôs nignôs_

Tómese ... comprimidos/ cucharaditas ...	Prenez ... comprimés/ cuillerées à café ...
antes/después de cada comida	avant/après chaque repas
con agua	avec un verre d'eau
enteros(-as)	entier (sans croquer)
por la mañana/noche	le matin/le soir
durante ... días	pendant ... jours

J'ai un/une …	**Tengo …** _téngô_
ampoule	**una ampolla** _ouna ampôl-ya_
blessure	**una herida** _ouna érida_
bleu	**un cardenal** _oun cardénal_
boule/bosse	**un bulto** _oun boultô_
brûlure	**una quemadura** _ouna kémadoura_
coupure	**un corte** _oun côrté_
égratignure	**un rasguño** _oun rasgougnô_
enflure	**un hinchazón** _oun intchaTHôn_
éruption cutanée	**un sarpullido** _oun sarpoul-yidô_
furoncle	**un forúnculo** _oun fôrounculô_
muscle froissé	**un esguince** _oun ésgouinTHé_
piqûre d'insecte	**una picadura** _ouna picadoura_
J'ai mal au/à la/à l' …	**Me duele el/la …** _mé douélé él/la_

FECHA DE VENCIMIENTO	date d'expiration
NO DEBE APLICARSE INTERNAMENTE	pour usage externe uniquement
PARA/DE USO TÓPICO	usage externe
VENENO	poison
REQUIERE PRESCRIPCIÓN MÉDICA	sur ordre du médecin uniquement

– Tengo un resfriado. ¿Qué recomienda usted?
(J'ai un rhume. Que me recommandez-vous?)
–Esta medicina es buena para el resfriado.
(Ce médicament agit bien sur les rhumes.)
– ¿Cuántos comprimidos tengo que tomar?
(Combien de comprimés dois-je prendre?)
– Uno cada cuatro horas. Ve al doctor si no se mejora dentro
de dos días. (Un toutes les 4 heures. Voyez un médecin
si vous n'allez pas mieux dans 2 jours.)

Pour demander conseil
Pidiendo consejo

Qu'est-ce que vous me recommandez pour un/une/des …?	¿Qué recomienda usted para …? *ké récômiénda oustéTH para*
rhume	el resfriado *él résfriadô*
toux	la tos *la tôs*
diarrhée	la diarrea *la diarréa*
gueule de bois	la resaca *la résaca*
rhume des foins	la fiebre del heno *la fiébré dél éno*
piqûres d'insectes	las picaduras de insectos *las picadouras dé inséktôs*
mal de gorge	el dolor de garganta *él dôlôr dé garganta*
coups de soleil	las quemaduras del sol *las kémadouras dél sôl*
mal des transports	el mareo *él maréô*
mal au ventre	el dolor de estómago *él dôlôr dé éstômagô*
Puis-je l'obtenir sans ordonnance?	¿Puedo comprarlo sin receta? *pouédô cômprarlô sin réTHéta*

A la pharmacie En la farmacia

Pouvez-vous me donner un/une/du/des …	¿Puede darme …? *pouédé darmé*
analgésiques	analgésicos *analkhésicôs*
aspirine (soluble)	aspirinas (solubles) *aspirinas (sôloublés)*
bandage	vendas *béndas*
coton hydrophile	algodón hidrófilo *algôdôn idrôfilô*
crème antiseptique	una crema antiséptica *ouna kréma anntiséptica*
crème/lotion contre les insectes	repelente/espray para insectos *répélénté/éspray para inséktôs*
préservatifs	condones *côndônés*
vitamines en comprimés	vitaminas en comprimidos *bitaminas én cômprimidôs*

Articles de toilette
Artículos para la higiene personal

Je voudrais de/du/ de la/des …	**Quiero …** *kiérô*
crème solaire	**crema bronceadora** *kréma brônTHéadôra*
dentifrice	**pasta de dientes** *pasta dé diéntés*
déodorant	**desodorante** *désôdôrannté*
lames de rasoir	**cuchillas de afeitar** *coutchil-yas dé aféitar*
lotion après-rasage	**aftershave** «aftershave»
lotion après-soleil	**aftersun** «aftersun»
mouchoirs en papier	**pañuelos de papel** *pagnouélôs dé papél*
papier-toilette	**papel higiénico** *papél ikhiénicô*
savon	**jabón** *khabôn*
serviettes hygiéniques	**compresas** *cômprésas*
tampons	**tampones** *tammpônés*

Soins des cheveux Cuidado del pelo

peigne	**un peine** *oun péiné*
après-shampooing	**suavizante** *souabiTHannté*
brosse à cheveux	**un cepillo** *oun THépil-yô*
mousse pour cheveux	**espuma para el pelo** *éspouma para él pélô*
laque fixante	**espray fijador** *éspray fikhadôr*
shampooing	**champú** *tchammpou*

Pour le bébé Para el bebé

aliments pour bébé	**comida para bebés** *cômida para bébés*
lingettes	**toallitas** *tôal-yitas*
couches	**pañales** *pagnalés*
solution stérilisante	**solución esterilizante** *sôlouTHiôn éstériliTHannté*

Habillement Ropa

Vous constaterez que les boutiques d'aéroports, qui vendent
des articles hors taxe, proposent parfois des prix plus intéres-
sants mais un choix réduit.

Généralités Expresiones generales

Je voudrais …	**Quiero …** *ki<u>é</u>rô*
Avez-vous des …?	**¿Tiene(n) …?** *ti<u>é</u>né(n)*

ROPA DE CABALLERO	vêtements hommes
ROPA DE NIÑOS	vêtements enfants
ROPA DE SEÑORA	vêtements femmes

Couleur Color

Je cherche quelque chose en …	**Estoy buscando algo …** *ést<u>ô</u>y bous<u>cann</u>dô <u>a</u>lgô*
beige	**beige** *béitch*
blanc	**blanco** <u>*blann*</u>*cô*
bleu	**azul** *aTHoul*
gris	**gris** *gris*
jaune	**amarillo** *ama<u>ril</u>-yô*
marron	**marrón** *ma<u>rrôn</u>*
noir	**negro** <u>*né*</u>*grô*
orange	**naranja** *na<u>rann</u>kha*
rouge	**rojo** <u>*rô*</u>*khô*
rose	**rosa** *r<u>ô</u>sa*
vert	**verde** <u>*bér*</u>*dé*
violet	**morado** *m<u>ô</u>radô*
… clair	**… claro** <u>*cla*</u>*rô*
… foncé	**… oscuro** *ôs<u>cou</u>rô*
Je veux une teinte plus foncée / claire.	**Quiero un tono más oscuro/claro.** *ki<u>é</u>rô oun t<u>ô</u>nô mas ôs<u>cou</u>rô/<u>cla</u>rô*
Avez-vous le même en …?	**¿Lo tiene igual en …?** *lô ti<u>é</u>né igo<u>ual</u> én*

Vêtements et accessoires
Ropa y accesorios

bas	**media** _média_
bikini	**bikini** _bikini_
caleçon	**mallas** _mal_-yas
ceinture	**cinturón** _THintourôn_
chapeau	**sombrero** _sômbrérô_
chaussettes	**calcetines** _calTHétinés_
chemise	**camisa** _camisa_
chemisier	**blusa** _blousa_
collant	**medias** _médias_
costume	**traje de chaqueta** _trakhé dé tchakéta_
culotte	**calzoncillos** _calTHônTHil-yôs_
cravate	**corbata** _côrbata_
écharpe	**bufanda** _boufannda_
imperméable	**impermeable** _impérméablé_
jean	**vaqueros** _bakérôs_
jupe	**falda** _falda_
lunettes de soleil	**gafas de sol** _gafas dé sôl_
manteau	**abrigo** _abrigô_
pantalon	**pantalones** _panntalônés_
pull-over / pull	**jersey** _khérséi_
robe	**vestido** _béstidô_
sac à main	**bolso** _bôlsô_
short	**pantalones cortos** _panntalônés côrtôs_
slip	**calzoncillos** _calTHônTHil-yôs_
slip de bain / maillot de bain	**bañador (de hombre/de mujer)** _bagnadôr (dé ômbré/dé moukhér)_
soutien-gorge	**sujetador/sostén** _soukhétadôr/sôstén_
sweat-shirt	**sudadera** _soudadéra_
T-shirt	**camiseta** _camiséta_
veste	**chaqueta** _tchakéta_
à manches longues / courtes	**de manga larga/corta** _dé mannga larga/côrta_
à encolure en V / ronde	**con cuello de pico/a la caja** _côn couél-yô dé picô/a la cakha_

Chaussures Zapatos

Une paire de …	**un par de …**
	oun par dé
bottes	**botas** *bôtas*
chaussures	**zapatos** *THapatôs*
chaussures de sport	**zapatillas de deporte**
	THapat<u>i</u>l-yas dé dép<u>ô</u>rté
claquettes	**chancletas** *tchann<u>klé</u>tas*
pantoufles	**zapatillas** *THapat<u>i</u>l-yas*
sandales	**sandalias** *sann<u>da</u>lias*

Equipement pour la marche equipo de senderismo

coupe-vent	**chubasquero** *tchoubask<u>é</u>rô*
sac à dos	**mochila** *mô<u>tch</u>ila*
chaussures de marche	**botas de montaña** *<u>bô</u>tas dé mô<u>n</u>tagna*
blouson imperméable	**chaquetón impermeable**
	tchakét<u>ô</u>n impérmé<u>a</u>blé

Tissu Tela

Je veux quelque chose en …	**Quiero algo de …** *k<u>ié</u>rô <u>a</u>lgô dé*
coton	**algodón** *alg<u>ô</u>dôn*
jean	**tela vaquera** *<u>té</u>la bak<u>é</u>ra*
dentelle	**encaje** *én<u>ca</u>khé*
cuir	**cuero** *cou<u>é</u>rô*
lin	**lino** *<u>li</u>nô*
laine	**lana** *<u>la</u>na*
Est-ce …?	**¿Es esto …?** *és <u>é</u>stô*
pur coton	**puro algodón** *<u>pou</u>rô alg<u>ô</u>dôn*
en synthétique	**sintético** *sinn<u>té</u>ticô*
Est-ce lavable à la main /	**¿Se puede lavar a mano/a máquina?**
en machine?	*sé pou<u>é</u>dé la<u>bar</u> a <u>ma</u>nô/a <u>ma</u>kina*

LAVAR A MANO	lavage main seulement
LIMPIAR EN SECO	nettoyage à sec seulement
NO DESTIÑE	grand teint/ne déteint pas
NO PLANCHAR	ne pas repasser

Ça vous va? ¿Le está bien?

Est-ce que je peux essayer ça?	**¿Puedo probarme esto?** _pouédô prôbarmé éstô_
Où sont les cabines d'essayage?	**¿Dónde está el probador?** _dôndé ésta él prôbadôr_
Ça me va bien. Je le prends.	**Me está bien. Me lo quedo.** _mé ésta bién. mé lô kédô_
Ça ne me va pas.	**No me está bien.** _nô mé ésta bién_
C'est trop …	**Es demasiado …** _és démasiadô_
court/long	**corto(-a)/largo(-a)** _côrtô(-a)/largô(-a)_
étroit/ample	**estrecho(-a)/ancho(-a)** _éstrétchô(-a)/antchô(-a)_
Est-ce que vous avez ceci dans la taille …?	**¿Tienen esto en la talla …?** _tiénén éstô én la tal-ya_
C'est quelle taille?	**¿De qué talla es?** _dé ké tal-ya és_
Pourriez-vous prendre mes mesures, s.v.p.?	**¿Podría tomarme las medidas, por favor?** _pôdria tômarmé las médidas pôr fabôr_
Je ne connais pas les tailles espagnoles.	**No conozco las tallas españolas.** _nô cônôTHcô las tal-yas éspagnôlas_

Taille Talla

Robes/Costumes						Chaussures de femmes			
Canadien	8	10	12	14	16	18	6	7	8	9
Continental	36	38	40	42	44	46	37	38	40	41

Chemises				Chaussures d'hommes								
Canadien	15	16	17	18	5	6	7	8	8½	9	9½	10	11
Continental	38	41	43	45	38	39	41	42	43	43	44	44	45

> – ¿Puedo probarme esto?
> (Est-ce que je peux essayer ça?)
> – Por supuesto. ¿Qué talla toma usted?
> (Bien sûr. Quelle taille prenez-vous?)
> – Tomo la talla … (Je prends du …)
> – Aquí tiene. Pruebe éso.
> (Voilà, essayez celui-ci.)

Santé et beauté Salud y belleza

Je voudrais un/une/des …	**Quiero que me …** *kiérô ké mé*
soins du visage	**haga una limpieza de cara** *aga ouna limpiéTHa dé cara*
manucure	**haga la manicura** *aga la manicoura*
massage	**dé un masaje** *dé oun masakhé*
épilation à la cire	**haga la cera** *aga la THéra*

Coiffeur Peluquería

L'usage est de laisser un pourboire de 10% au coiffeur et 1 euro à la personne qui a fait le shampooing.

Je voudrais prendre un rendez-vous pour …	**Quiero pedir hora para …** *kiérô pédir ôra para*
Est-ce que je peux venir un peu plus tôt/tard?	**¿Puede venir un poco más temprano/ tarde?** *pouédé bénir oun pôcô mas témpranô/tardé*
Je voudrais …	**Quiero …** *kiérô*
coupe et brushing	**que me corte el pelo y me lo seque** *ké mé côrté él pélô i mé lô séké*
shampooing et mise en plis	**un lavado y marcado** *oun labadô i marcadô*
me faire égaliser les pointes	**que me corte las puntas** *ké mé côrté las pountas*
Je voudrais …	**Quiero que me …** *kiérô ké mé*
une couleur	**tiña el pelo** *tigna él pélô*
des mèches	**haga mechas** *aga métchas*
une permanente	**haga la permanente** *aga la pérmanénté*
Ne les coupez pas trop court.	**No me lo corte demasiado.** *nô mé lô côrté démasiadô*
Pouvez-vous en couper un peu plus …?	**Un poquito más por …** *oun pôkitô mas pôr …*
derrière/devant	**detrás/delante** *détras/délannté*
dans le cou/sur les côtés	**el cuello/los lados** *él couél-yô/ lôs ladôs*
sur le dessus	**arriba** *arriba*
Très bien, merci.	**Está muy bien, gracias.** *ésta moui bién graTHias*

Articles ménagers
Artículos del hogar

Je voudrais un/ une/du/des …	**Quiero …** *kiérô*
adaptateur	**un adaptador** *oun adaptadôr*
allumettes	**cerillas** *THéril-yas*
ampoule	**una bombilla** *ouna bômbil-ya*
bougies	**velas** *bélas*
ciseaux	**tijeras** *tikhéras*
film alimentaire	**film transparente** *film transparénté*
ouvre-boîte	**un abrelatas** *oun abrélatas*
ouvre-bouteilles	**un abrebotellas** *oun abrébôtél-yas*
papier aluminium	**papel de aluminio** *papél dé alouminiô*
pinces à linge	**pinzas de la ropa** *pinTHas dé la rôpa*
prise	**un enchufe** *oun éntchoufé*
serviettes en papier	**servilletas de papel** *sérbil-yétas dé papél*
tire-bouchon	**un sacacorchos** *oun sacacôrtchôs*
tournevis	**un destornillador** *oun déstôrnil-yadôr*

Produits de nettoyage Artículos de limpieza

eau de Javel	**lejía** *lékhia*
lavette	**balleta** *bal-yéta*
lessive	**detergente de lavadora** *détérkhénté dé labadôra*
liquide vaisselle	**lavavajillas** *lababakhil-yas*
sacs poubelles	**bolsas de basura** *bôlsas dé basoura*

Vaisselle/Couverts Vajilla/Cubertería

assiettes	**platos** *platôs*
chopes	**tazas** *taTHas*
cuillères	**cucharas** *coutcharas*
couteaux	**cuchillos** *coutchil-yôs*
cuillères à café	**cucharillas** *coutcharil-yas*
fourchettes	**tenedores** *ténédôrés*
tasses	**tazas** *taTHas*
verres	**vasos/copas** *basôs/côpas*

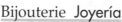

Bijouterie Joyería

Parmi les spécialités régionales pouvant attirer votre regard,
citons les perles artificielles (**perlas majóricas**) de Majorque
et le damasquinage (**damasquino**) de Tolède – du métal
incrusté avec des motifs complexes à base d'or.

Est-ce que je pourrais voir …?	**¿Podría ver …?** *pôdria bér*
ceci/cela	**esto/eso** *éstô/ésô*
C'est en vitrine.	**Está en el escaparate/en la vitrina.** *está én él éscaparaté/én la bitrina*
Je voudrais un/une/des …	**Quiero …** *kiérô*
bague	**un anillo** *oun anil-yô*
boucles d'oreilles	**unos pendientes** *ounôs péndiéntés*
bracelet	**una pulsera** *ouna poulséra*
broche	**un broche** *oun brôtché*
chaîne	**una cadena** *ouna cadéna*
collier	**un collar** *oun côl-yar*
montre	**un reloj de pulsera** *oun rélôkh dé poulséra*
pendule	**un reloj de pared** *oun rélôkh dé paréTH*
pile	**una pila** *ouna pila*

Matériaux Materiales

Est-ce de l'argent/de l'or véritable?	**¿Es esto plata/oro de ley?** *és éstô plata/ôrô dé léy*
Y a-t-il un certificat?	**¿Tiene el sello?** *tiéné él sél-yô*
Avez-vous quelque chose en …?	**¿Tiene(n) algo …?** *tiéné(n) algô*
acier inoxydable	**de acero inoxidable** *dé aTHérô inôksidablé*
argent	**de plata** *dé plata*
cristal	**de vidrio** *dé bidriô*
cuivre	**de cobre** *dé côbré*
diamant	**de diamantes** *dé diamantés*
émail	**esmaltado** *ésmaltadô*
étain	**de peltre** *dé péltré*
or	**de oro** *dé ôrô*
perle de culture	**de perlas** *dé pérlas*
plaqué argent/or	**chapado en plata/oro** *tchapadô én plata/ôrô*
platine	**de platino** *dé platinô*
verre taillé	**de vidrio tallado** *dé bidriô tal-yadô*

Marchand de journaux/Tabac
Kiosko de prensa/Estanco

Les journaux étrangers sont généralement en vente dans les gares ou les aéroports, ou dans les kiosques à journaux des grandes villes.

Vous pourrez vous procurer des cigarettes dans les bureaux de tabac spécialisés, des distributeurs, les restaurants et les grandes surfaces.

Les cigarettes espagnoles sont fortes (**negro**) ou légères (**rubio**). Les cigares des îles Canaries et de Cuba se trouvent facilement en Espagne.

Vendez-vous des livres/journaux en français?	**¿Venden libros/periódicos en francés?** _bénden librôs/periódicôs én frannTHés_
Je voudrais un/une/du/des …	**Quiero …** _kiérô_
allumettes	**unas cerillas** _ounas THéril-yas_
bloc-notes	**un cuaderno** _oun couadérnô_
bonbons	**caramelos** _caramélôs_
briquet	**un encendedor** _oun énTHéndédôr_
carte postale	**una postal** _ouna pôstal_
carte routière de …	**un mapa de carreteras de …** _oun mapa dé carrétéras dé_
chewing-gum	**chicles** _tchiklés_
cigares	**unos puros** _ounôs pourôs_
dictionnaire français-espagnol	**un diccionario de francés-español** _oun dikTHiônariô dé frannTHés-éspagnôl_
guide de/sur …	**una guía de …** _ouna guia dé_
journal	**un periódico** _oun periódicô_
livre	**un libro** _oun librô_
magazine	**una revista** _ouna rébista_
papier	**papel** _papél_
paquet de cigarettes	**un paquete de cigarillos** _oun pakété dé THigaril-yos_
plan de ville	**un plano de la ciudad** _oun planô dé la THioudaTH_
stylo à bille	**un bolígrafo** _oun bôligrafô_
tabac	**tabaco** _tabacô_
tablette de chocolat	**una barra de chocolate** _ouna barra dé tchôcôlaté_
timbres	**unos sellos** _ounôs sél-yôs_

Photographie Fotografía

Je cherche un appareil photo …	**Busco una cámara …** *bouscô ouna camara …*
automatique	**automática** *aoutômatica*
compact	**compacta** *cômpacta*
jetable	**de usar y tirar** *dé ousar i tirar*
reflex	**cámara reflex** *camara réfléks*
Je voudrais un/une/du/des …	**Quiero …** *kiérô*
pile	**una pila** *ouna pila*
sac photo	**una funda para la cámara** *ouna founda para la camara*
flash électronique	**un flash (electrónico)** *oun flash (éléktrônicô)*
filtre	**un filtro** *oun filtrô*
objectif	**una lente** *ouna lénté*
couvercle d'objectif	**una tapa para la lente** *ouna tapa para la lénté*

Développement Revelado

Je voudrais une pellicule … pour cet appareil photo.	**Quiero un carrete … para esta cámara.** *kiérô oun carrété … para ésta camara*
noir et blanc	**en blanco y negro** *én blanncô i négrô*
couleur	**de color** *dé côlôr*
Je voudrais faire développer cette pellicule.	**Quiero que me revelen este carrete, por favor.** *kiérô ké mé rébélén ésté carrété*
Pourriez-vous agrandir ceci?	**¿Podrían ampliarme esto?** *pôdrian ammpliarmé éstô*
Combien coûtent … poses?	**¿Cuánto cuesta revelar … fotos?** *couanntô couésta rébélar …fôtôs*
Quand est-ce que les photos seront prêtes?	**¿Cuándo estarán listas las fotos?** *couanndô éstaran listas las fôtôs*
Je viens chercher mes photos. Voilà le reçu.	**Vengo a recoger mis fotos. Aquí tiene el recibo.** *béngô a récôkhér mis fôtôs.aki tiéné él réTHibô*

Bureau de poste
Oficina de Correos

Les postes espagnoles sont reconnaissables au cor de chasse rouge sur un fond jaune éclatant. Les boîtes aux lettres sont jaunes et rouges.

Les timbres sont en vente dans les bureaux de tabac, ainsi que dans les postes.

Informations générales Informaciones generales

Où est le bureau de poste principal / le plus proche?	**¿Dónde está la oficina de correos principal/más cercana?** *dôndé ésta la ôfiTHina dé côrréôs prinTHipal/mas THércana*
A quelle heure ouvre / ferme le bureau de poste?	**¿A qué hora abre/cierra la oficina de correos?** *a ké ôra abré/THiéra la ôfiTHina dé côrréôs*
Est-elle fermée pour le déjeuner?	**¿A qué hora se cierra para comer?** *a ké ôra sé THiérra para cômér*
Où est la boîte aux lettres?	**¿Dónde está el buzón?** *dôndé ésta él bouTHôn*
Est-ce qu'il y a du courrier pour moi? Je m'appelle ...	**¿Hay correo para mí? Me llamo ...** *aï côrréô para mi. mé l-yamô*

Acheter des timbres Comprando sellos

Un timbre pour cette carte postale, s.v.p.	**Un sello para esta postal/carta, por favor.** *oun sélô para ésta pôstal/carta pôr fabôr*
Un timbre à ... , s.v.p.	**Un sello de ..., por favor.** *oun sél-yô dé ... pôr fabôr*
Quel est le tarif pour une carte postale / lettre pour ...?	**¿Cuántos sellos se necesitan para una postal/carta a ...?** *couanntôs sél-yôs sé néTHésitan para ouna pôstal/carta a*
Y a-t-il un distributeur de timbres ici?	**¿Hay una máquina expendedora de sellos aquí?** *aï ouna makina éxpéndédôra dé sél-yôs aki*

– Hola, quiero mandar estas postales a Francia.
(Bonjour, je voudrais envoyer ces cartes postales en France.)
– ¿Cuántas? (Combien?)
– Cinco, por favor. (Cinq, s.v.p.)

Envoyer des colis
Mandando paquetes

Je voudrais envoyer ce paquet …	**Quiero mandar este paquete por …** *kiéŗô manndar ésté pakété pôr*
par avion	**correo aéreo** *côŗŗéô aéréô*
en exprès	**correo urgente** *côŗŗéô ourkhénté*
en recommandé	**correo certificado** *côŗŗéô THértificadô*
Il contient …	**Contiene …** *côntiéné*

Por favor, rellene la declaración para la aduana.	Veuillez remplir la déclaration de douane, s.v.p.
¿Qué valor tienen los objetos?	Quelle est la valeur?
¿Qué hay dentro?	Qu'y a-t-il à l'intérieur?

Télécommunications Telecommunicaciones

Je voudrais une Télécarte / carte de téléphone.	**Quiero una tarjeta para llamar por teléfono.** *kiéŗô ouna tarkhéta para l-yamar pôr téléfonô*
20/40/100 unités.	**De diez/veinte/cincuenta unidades.** *dé diéTH/bénté/THinncouénta ounidadés*
Est-ce qu'il y a un photocopieur?	**¿Tienen una fotocopiadora aquí?** *tiénén ouna fôtôcôpiadôra aki*
Je voudrais envoyer un message par fax / courrier électronique.	**Quiero mandar un fax/un mensaje por correo electrónico.** *kiéŗô manndar oun faks/ménsakhé pôr côŗŗéô éléktrônicô*
Quelle est votre adresse de courrier électronique?	**¿Cuál es tu dirección de correo electrónico?** *coual és tou dirékTHiôn dé côŗŗéô éléktrônicô*
Est-ce que je peux accéder à l'internet ici?	**¿Puedo acceder a Internet desde aquí?** *pouédô akTHédér a intérnét désdé aki*
C'est combien par heure?	**¿Cuánto cuesta por hora?** *couanntô couésta pôr ôra*
Comment est-ce que j'entre en communication?	**¿Cómo entro?** *cômô éntrô*

PAQUETES	paquets
PRÓXIMA RECOGIDA …	… prochaine levée
RECOGIDA DE CORREO	poste restante
SELLOS	timbres
TELEGRAMAS	télégrammes

Souvenirs Recuerdos

Vous ne serez jamais à court d'idées de cadeaux grâce à l'industrie espagnole du souvenir:

Poster de corrida (**el cartel de toros**), toque de torero (**la montera**), poupées de matador (**los muñecos de torero**), épée de matador (**la espada de torero**), cape (**la capa**), castagnettes (**las castañuelas**), éventail (**el abanico**), guitare (**la guitara**), mantille (**la mantilla**), cruche (**el botijo**), poncho (**el poncho**), reproduction de peinture (**la reproducción de un cuadro**), tambourin (**la pandereta**).

Vous trouverez également une large sélection d'articles fins d'artisanat, en particulier dans les boutiques spécialisées, appelées **artesanía**, ou dans les **Artespaña** fondées à l'initiative de gouvernement: tapis (**las alfombras**), objets en céramique (**objetos de cerámica**), objets en cuivre (**objetos de cobre**), articles de faïence (**la loza de barro**), cuir imprimé (**el cuero repujado**), articles brodés (**el bordado**), articles de mode (**la moda**), bijoux (**las joyas**), dentelles (**los encajes**), objets en cuir (**artículos de piel**), porcelaine de Valence (**la cerámica de Valencia**), sculptures en bois (**la talla en madera**).

Cadeaux Regalos

Je voudrais un/une...	**Quiero** ... *kiérô*
bouteille de vin	**una botella de vino** *ouna bôtél-ya dé binô*
boîte de chocolats	**una caja de bombones** *ouna cakha dé bômbônés*
calendrier	**un calendario** *oun caléndariô*
carte postale	**una postal** *ouna pôstal*
guide-souvenir	**un catálogo de recuerdos** *oun catalagô dé récouérdôs*
porte-clefs	**un llavero** *oun l-yabérô*
torchon	**un paño de cocina** *oun pagnô dé côTHina*
T-shirt	**una camiseta** *ouna camiséta*

Musique Música

Je voudrais un/une …	**Quiero …** *kiérô*
cassette	**una cinta/cassette** *ouna THinnta/cassété*
disque compact/CD	**un compact disc** *oun cômpact disc*
disque	**un disco** *oun discô*
cassette vidéo	**una cinta de video** *ouna THinnta dé bidéô*
Quels sont les chanteurs/ groupes populaires espagnols?	**¿Quiénes son los cantantes/grupos populares de aquí?** *kiénés sôn lôs cantanntés/groupôs pôpoularés dé aki*

Si vous envisagez d'acheter une vidéo en souvenir de votre voyage en Espagne, assurez-vous qu'elle est bien en format SECAM.

Jouets et jeux Juguetes y juegos

Je voudrais un jouet/un jeu …	**Quiero un juguete/juego …** *kiérô oun khougété/khouégô*
pour un garçon	**para un niño** *para oun nignô*
pour une fille de cinq ans	**para una niña de cinco años** *para ouna nigna dé THinncô agnôs*
un seau et une pelle	**un cubo y una pala** *oun coubô i ouna pala*
un jeu d'échecs	**un juego de ajedrez** *oun khouégô dé akhédréTH*
une poupée	**una muñeca** *ouna mougnéca*
un jeu électronique	**un juego electrónico** *oun khouégô éléktrônicô*
un ours en peluche	**un osito** *oun ôsitô*

Antiquités Antigüedades

Ceci date de quand?	**¿Qué antigüedad tiene esto?** *ké anntigouédaTH tiéné éstô*
Avez-vous quelque chose de la période …?	**¿Tiene algo del periodo …?** *tiéné algô dél périôdô*
Pouvez-vous me l'envoyer?	**¿Puede mandármelo?** *pouédé manndarmélô*
Est-ce que je risque d'avoir des problèmes à la douane?	**¿Tendré problemas en la aduana?** *téndré prôblémas én la adouana*
Y a-t-il un certificat d'authenticité?	**¿Tiene certificado de autenticidad?** *tiéné THértificadô dé aouténtiTHidaTH*

Supermarché/Minimarché
Supermercado/Galería comercial

Vous trouverez des supermarchés tels que **Día** et **Spar** dans les centre-villes; **Alcampo**, **Caprabo**, **Jumbo** et **Pryca** sont des chaînes d'hypermarchés situés aux alentours des villes plus importantes. Vous rencontrerez également des supérettes (**galería comercial**) et les substituts modernes du marché traditionnel (**galería de alimentación**).

Ces magasins sont généralement ouverts de 9.30h à 13.30h, de 16.00h à 20.00h, et le samedi de 9.30h à 13.30h, quelques-uns ouvrant l'après-midi.

Au supermarché En el supermercado

Excusez-moi. Où se trouve(nt) …?	**Disculpe. ¿Dónde puedo encontrar …?** _discoulpé dôndé pouédô éncôntrar_
Je paye ça ici ou à la caisse?	**¿Pago esto aquí o en la caja?** _pagô éstô aki ô én la cakha_
Où sont les chariots/ les paniers?	**¿Dónde están los carritos/las cestas?** _dôndé éstan lôs carritôs/las THéstas_
Y a-t-il un/une … ici?	**¿Hay … aquí?** _aï … aki_
traiteur	**una charcutería** _ouna tcharcoutéria_
pharmacie	**una farmacia** _ouna farmaTHia_
boulangerie	**una panadería** _ouna panadéria_
Où puis-je trouver des/du … ?	**Donde puedo encontrar …** _dôndé pouédô énconntrar …_
céréales	**los cereales** _lôs THéréalés_
articles de toilette	**artículos de aseo** _articoulôs dé asséô_
conserves	**conservas** _connsérbas_
café/thé	**café/té** _café/té_
Je voudrais un sac au plastique/ papier, s.v.p.	**Quiero una bolsa de plástico/papel por favor.** _kiérô ouna bôlsa de plastico/ papél, pôr fabôr_
Je pense qu'il y a une erreur sur le ticket de caisse.	**Pienso que hay un error en el recibo.** _piénsô ké aï ou érrôr én él réTHibo_

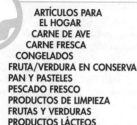

ARTÍCULOS PARA EL HOGAR	articles ménagers
CARNE DE AVE	volaille
CARNE FRESCA	boucherie
CONGELADOS	surgelés
FRUTA/VERDURA EN CONSERVA	conserves
PAN Y PASTELES	boulangerie–pâtisserie
PESCADO FRESCO	poissonnerie
PRODUCTOS DE LIMPIEZA	produits d'entretien
FRUTAS Y VERDURAS	fruits et légumes
PRODUCTOS LÁCTEOS	produits laitiers / crèmerie
VINOS Y LICORES	vins et spiritueux

APROPIADO PARA MICROONDAS	convient au micro-ondes
APROPIADO PARA VEGETARIANOS	convient aux végétariens
CADUCA EL ...	date limite de vente …
CALENTAR ANTES DE CONSUMIR	réchauffer avant de consommer
CONSUMIR A LOS ... DÍAS DE ABRIR	à consommer dans les… jours après ouverture
MANTENER REFRIGERADO	à conserver au froid / au réfrigérateur

una barra de pan *ouna barra dé pan*
semblable au pain français; il existe également d'autres types de pain:
colines (grissins), **rosquillas** (en forme de couronne), **pan integral**
(pain complet)
empanadillas *émpannadil-yas*
petits pâtés ou feuilletés, habituellement farcis de viande ou de thon
una tarta/un pastel *ouna tarta/ oun pastél*
gâteau / petit four; on trouve également d'autres types de pâtisseries
comme le **roscón** (gâteau en forme de couronne, souvent arômatisé) **bizcocho** (gâteau de Savoie), **magdalenas** (semblable aux madeleines françaises)

–Disculpe. ¿Dónde está el queso, por favor?
(Excusez-moi, où se trouve le fromage, s.v.p.?)
¿Envasado o fresco? *(Emballé ou à la coupe?)*
Envasado. *(Emballé.)*
Ahí está, en la sección cinca, por la izquierda.
(Là-bas, au rayon 5, à gauche.)

Au magasin d'alimentation
En la tienda de alimentación

Je voudrais un/une ...	**Quiero ...** *kiérô*
kilo/livre de pommes	**un kilo/medio kilo de manzanas** *oun kilô/médiô kilô dé manTHanas*
cent grammes de fromage	**cien gramos de queso** *THién gramôs dé késô*
litre de lait	**un litro de leche** *oun litrô dé létché*
demi-douzaine d'œufs	**media docena de huevos** *média dôTHéna dé ouébôs*
... tranches de jambon	**... rodajas de jamón** *rôdakhas dé khamôn*
morceau de gâteau	**un trozo de pastel/tarta** *oun trôTHô dé pastél/tarta*
boîte de chocolats	**una caja de chocolates** *ouna cakha dé tchôcôlatés*
bouteille de vin	**una botella de vino** *ouna bôtél-ya dé binô*
brique de lait	**un cartón de leche** *oun cartôn dé létché*
pot de confiture	**un bote de mermelada** *oun bôté dé mérmélada*
paquet de chips	**una bolsa de patatas** *ouna bôlsa dé patatas*
Je voudrais de ça/ceci.	**Quiero un poco de eso/unos cuantos de esos.** *kiérô oun pôcô dé ésô/ounôs couanntôs dé éssôs*
celui-ci/ceux-ci	**éste/esos** *ésté/ésôs*
à gauche/droite	**a la izquierda/derecha** *al la iTHkiérda/dérétcha*
là-bas/ici	**ahí/allí** *ai/al-yi*
Lequel (laquelle)/lesquels (lesquelles)?	**¿Cuál/cuáles?** *coual/coualés*

– Quiero medio kilo de ese queso, por favor.
(Je voudrais une livre de ce fromage, s.v.p.)
– ¿Éste? (Celui-ci?)
– Sí, el Manchego por favor.
(Oui, le Manchego, s.v.p.)
– Por supuesto. Algo más. (Très bien … et avec ça?)
– Y cuatro trozos de tarta, por favor.
(Quatre parts de quiche, s.v.p.)
– Aquí tiene. (Voilà.)

Provisions/Pique-nique Provisiones/Picnic

beurre	**mantequilla** *manntékilya*
biscuits/sablés	**unas galletas** *ounas galiétas*
boissons gazeuses	**bebidas gaseosas** *bébidas gaséôsas*
café soluble	**café soluble** *café sôloublé*
charcuterie	**unos fiambres** *ounôs fiammbrés*
chips	**patatas fritas (de bolsa)** *patatas fritas (dé bôlsa)*
frites	**patatas fritas** *patatas fritas*
fromage	**queso** *késô*
fruits	**fruta** *frouta*
glace	**helado** *éladô*
lait	**leche** *létché*
margarine	**margarina** *margarina*
œufs	**unos huevos** *ounôs ouébôs*
pain	**una barra de pan** *ouna barra dé pan*
petits pains	**unos panecillos** *ounôs panéTHil-yôs*
poulet rôti	**pollo asado** *pôl-yô assadô*
raisins	**unas uvas** *ounas oubas*
saucisses	**unas salchichas** *ounas saltchitchas*
yaourt	**yoghurt** *yogourt*

Urgences/Santé

Police Policía

Il existe 3 unités de police en Espagne. Dans les régions rurales et les petites villes, tout crime ou accident de la circulation doit être signalé au **Cuartel de la Guardia Civil**. Dans les villes plus importantes, les responsabilités se répartissent entre la police locale (**Policía Municipal**) pour ce qui est du contrôle de la circulation, des objets perdus, des affaires commerciales, et la police nationale (**Cuerpo Nacional de Policía**) pour tous les aspects de la protection des personnes, les crimes, vols, blessures et l'immigration.

Signalez tout vol à la police locale dans les 24 heures, afin que puisse intervenir votre assurance personnelle. Pour contacter la police en cas d'urgence, ☎ 091 pour signaler un crime dans une ville principale, ☎ 092 pour une assistance médicale.

Où est le commissariat de police le plus proche?	**¿Dónde está la comisaría (de policía) más cercana?** _dondé ésta la comisaria (dé polithia) mas thércana_
Est-ce qu'il y a quelqu'un ici qui parle français?	**¿Hay alguien aquí que hable francés?** _aï alghién aki ké ablé frannTHés_
Je veux signaler …	**Quiero denunciar …** _kiéro dénounTHiar_
un accident/une attaque	**un accidente/asalto** _oun akTHidénté/asalto_
Mon enfant a disparu.	**Mi hijo(-a) ha desaparecido.** _mi iкho(-a) a désaparéTHido_
Il me faut un avocat qui parle français.	**Necesito un abogado que hable francés.** _néTHésito oun abogado ké ablé frannTHéss_
Je dois téléphoner à quelqu'un.	**Tengo que hacer una llamada.** _téngo ké aTHér ouna l-yamada_
Je dois contacter le consulat français, suisse, belge, canadien.	**Tengo que ponerme en contacto con el consulado francés/suiza/belga/canadiense.** _téngo ké ponérmé én contacto con él consulado frannTHés/suiTHa/ bélga/canadiénnsé_

HEURES ➤ _220; DATE_ ➤ _218_

Pertes/Vol   Objetos perdidos/Robo

Je veux signaler un cambriolage.	**Quiero denunciar un robo.** *kiérô dénounTHiar oun rôbô*
Ma voiture a été cambriolée.	**Me han forzado el coche.** *mé an fôrTHadô él côtché*
J'ai été volé/agressé.	**Me han robado/atacado.** *mé an rôbadô/atacadô*
J'ai perdu mon/ma …	**He perdido mi …** *é pérdidô mi*
On m'a volé mon/ma/mes …	**Me han robado …** *mé an rôbadô*
appareil-photo	**la cámara** *la camara*
argent	**el dinero** *él dinérô*
cartes de crédit	**las tarjetas de crédito** *las tarkhétas dé créditô*
montre	**el reloj (de pulsera)** *él rélôkh (dé poulséra)*
passeport	**el pasaporte** *él pasapôrté*
portefeuille	**la billetera** *la bil-yétéra*
porte-monnaie	**el monedero** *él mônédérô*
sac à main	**el bolso** *él bôlsô*
vélo	**la bicicleta** *la biTHiklléta*
voiture (de location)	**el coche (alquilado)** *él côtché (alkiladô)*
Que dois-je faire?	**¿Qué hago?** *ké agô*
Il me faut un certificat de police pour ma compagnie d'assurances	**Necesito un certificado de la policía para el seguro.** *néTHésitô oun THértificadô dé la pôliTHia para él ségourô*

¿Qué falta?	Qu'est-ce qui (vous) manque?
¿Cuándo lo robaron?	Quand est-ce qu'on vous l'a volé(e)?
¿Cuándo ocurrió?	Quand cela s'est-il passé?
¿Dónde se hospeda?	Où logez-vous?
¿De dónde lo cogieron?	Où a-t-il/elle été volé(e)?
¿Dónde estaba usted entonces?	Où étiez-vous à ce moment-là?
Le vamos a conseguir un intérprete.	Nous allons vous procurer un interprète.
Investigaremos el asunto.	Nous allons faire une enquête.
Por favor, rellene este impreso/ formulario.	Pouvez-vous remplir ce formulaire, s.v.p.?

162

PARTIES DU CORPS ➤ 166

Médecin / Généralités
Médico / General

Assurance et paiement (➤ 168 pour les expressions)

Avant de reprendre la route, assurez-vous que votre police d'assurance santé couvre toute maladie ou accident sur le lieu de vos vacances. Dans le cas contraire, demandez à votre assureur, association automobile ou agent de voyages de plus amples détails sur l'assurance santé spéciale. Une assurance espagnole spéciale santé et accident est disponible dans les conseils du tourisme (**ASTES**), couvrant les honoraires des médecins et les soins cliniques.

Où est-ce que je peux trouver un médecin/dentiste?	**¿Dónde puedo encontrar un médico/dentista?** _dônd_é poué_dô_ éncôn_trar_ oun _médicô/déntista_
Où y a-t-il un médecin qui parle français?	**¿Dónde hay un médico que hable francés?** _dônd_é aï oun _médicô_ ké _ablé_ frannTHés
Quelles sont les heures de consultation au cabinet?	**¿Cuáles son las horas de consulta?** cou_alés_ sôn las _ôras_ dé côn_soulta
Est-ce que je peux prendre rendez-vous pour …?	**¿Puede darme una cita para …?** poué_dé darmé ouna_ THita _para_
aujourd'hui/demain	**hoy/mañana** ôy/_magnana_
C'est urgent.	**Es urgente.** és our_khént_é
J'ai rendez-vous avec docteur …	**Tengo una cita con el /la doctor(a) …** _téngô ouna_ THita côn él/la dôk_tôr(a)_
Mon/Ma … est blessé(e).	**Mi … está herido(-a).** mi … és_ta éridô(-a)_
mari/femme	**marido/mujer** ma_ridô/moukhér_
fils/fille	**hijo/hija** _ikhô/ikha_
ami(e)	**amigo(-a)** a_migô(-a)_
bébé	**bebé** bé_bé_
Il/Elle est …	**El/Ella está …** él/_él-ya ésta_
sans connaissance	**inconsciente** incônsTHi_ént_é
Il/Elle saigne (beaucoup).	**Está sangrando (mucho).** és_ta sangrannd_ô (_moutchô_)

Symptômes   Síntomas

Je suis malade depuis … jours.	**Llevo … días sintiéndome enfermo.**	*l-yébô … días sintiéndômé énférmô*
Je vais m'évanouir.	**Estoy mareado(-a).**	*éstôy maréadô(-a)*
J'ai de la fièvre.	**Tengo fiebre.**	*téngô fiébré*
J'ai vomi.	**He estado vomitando.**	*é éstadô bômitanndô*
J'ai la diarrhée.	**Tengo diarrea.**	*téngô diarréa*
J'ai mal ici.	**Me duele aquí.**	*mé douélé aki*
J'ai un/une/des …	**Tengo …**	*téngô*
mal au dos	**dolor de espalda**	*dôlôr dé éspalda*
rhume	**un resfriado**	*oun résfriadô*
crampes	**retortijones**	*rétôrtikhônés*
mal à l'oreille	**dolor de oídos**	*dôlôr dé ôïdôs*
mal à la tête	**dolor de cabeza**	*dôlôr dé cabéTHa*
mal à l'estomac	**dolor de estómago**	*dôlôr dé éstômagô*
mal à la gorge	**Me duele la garganta.**	*mé douélé la gargannta*
insolation	**Tengo una insolación.**	*téngô ouna insôlaTHiôn*

Problèmes médicaux   Problemas medicales

Je suis …	**Soy …**	*sôy*
asmathique	**asmático(-a)**	*asmaticô(-a)*
sourd	**sordo(-a)**	*sôrdô(-a)*
diabétique	**diabético(-a)**	*diabéticô(-a)*
épileptique	**epiléptico(-a)**	*épilépticô(-a)*
handicapé(e)	**minusválido(-a)**	*minousbalidô(-a)*
enceinte (de … mois)	**Estoy embarazada (de … meses).**	*éstôy émbaraTHada (dé … mésés)*
J'ai de l'arthrite.	**Tengo artritis.**	*téngô artritis*
Je souffre du cœur/ d'hypertension.	**Padezco del corazón/de tensión alta.**	*padéTHcô dél côraTHôn/dé ténsiôn alta*
J'ai eu une crise cardiaque il y a … ans.	**Me dio un infarto hace … años.**	*mé diô oun infartô aTHé … agnôs*

Questions du docteur Preguntas del médico

¿Cuánto tiempo lleva sintiéndose así?	Depuis combien de temps vous sentez-vous comme ça?
¿Es ésta la primera vez que le pasa?	Est-ce que c'est la première fois que ça vous arrive?
¿Está tomando otros medicamentos?	Est-ce que vous prenez d'autres médicaments?
¿Es alérgico(a) a algo?	Est-ce que vous êtes allergique à quelque chose?
¿Lo/la han vacunado contra el tétano?	Est-ce que vous avez été vacciné(e) contre le tétanos?
¿Ha perdido el apetito?	Est-ce que vous avez perdu l'appétit?

Examen (médical) Reconocimiento

Le tomaré la temperatura/ tensión.	Je vais prendre votre température/ tension.
Súbase la manga, por favor.	Remontez votre manche, s.v.p.
Desvístase de cintura para arriba, por favor.	Déshabillez-vous jusqu'à la ceinture, s.v.p.
Túmbese, por favor	Allongez-vous, s.v.p.
Abre la boca.	Ouvrez la bouche.
Respire profundamente.	Respirez profondément.
Tosa, por favor.	Toussez, s'il vous plaît.
¿Dónde le duele?	Où est-ce que vous avez mal?
¿Le duele aquí?	Est-ce que ça vous fait mal ici?

Diagnostic Diagnosis

Necessita una radiografía.	Il faut vous faire une radio.
Necesito una muestra de sangre/heces/orina.	J'ai besoin d'une prise de sang/ d'un examen des selles/ d'une analyse d'urine.
Quiero mandarlo a un especialista.	Je veux que vous alliez voir un spécialiste.
Quiero mandarlo al hospital.	Je veux vous hospitaliser.
Está roto(-a)/tiene un esguince.	C'est cassé/foulé.
Está dislocado(a)/desgarrado(a).	C'est disloqué/déchiré.

Traitement   Tratamiento

Le daré ...	Je vais vous donner ...
un antiséptico	un antiseptique
un analgésico	un analgésique
Voy a recetarle ...	Je vais vous prescrire ...
un tratamiento de antibióticos	des antibiotiques
unos supositorios	des suppositoires
¿Es usted alérgico(a) a algún medicamento?	Est-ce que vous êtes allergique à certains médicaments?
Tome una pastilla ...	Prendre une pilule / un comprimé ...
cada ... horas	toutes les ... heures
antes/después de las comidas	avant/après les repas
Consulte a un médico cuando vuelva a casa.	Consultez un médecin à votre retour.

Parties du corps Partes del cuerpo

amygdales	**las amígdalas** *las amigdalas*
appendice	**el apéndice** *él apéndiTHé*
articulation	**la articulación** *la articoulaTHión*
cœur	**el corazón** *él côraTHôn*
colonne vertébrale	**la columna vertebral** *la côloumna bértébral*
côte	**la costilla** *la côstil-ya*
cuisse	**la cadera** *la cadéra*
estomac	**el estómago** *él éstômagô*
foie	**el hígado** *él igadô*
glande	**el ganglio** *él gannglô*
gorge	**la garganta** *la gargannta*
langue	**la lengua** *la léngoua*
muscle	**el músculo** *él mouscoulô*
os	**el hueso** *él ouésô*
peau	**la piel** *la piél*
poitrine	**el pecho** *él pétchô*
pouce	**el pulgar** *él poulgar*
rein	**el riñón** *él rignôn*
sein	**el pecho** *él pétchô*
veine	**la vena** *la béna*
vessie	**la vejiga** *la békhiga*

Gynécologue   Ginecólogo

J'ai ...
Tengo ... _téngô_

des douleurs abdominales
dolores abdominales _dôlôrés abdôminalés_

des règles douloureuses
molestias del periodo _môléstias dél périôdô_

une infection vaginale
una infección vaginal _ouna infékTHiôn bakhinal_

Je n'ai pas eu mes règles depuis ... mois.
No me ha venido el periodo desde hace ... meses. _nô mé a bénidô él périôdô désdé aTHé ... mésés_

Je prends la pilule.
Estoy tomando la píldora. _éstôy tômanndô la píldôra_

Hôpital   Hospital

Prévenez ma famille, s.v.p.
Por favor, notifíqueselo a mi familia. _pôr fabôr nôtifikésélô a mi familia_

Quelles sont les heures de visite?
¿Qué horas de visita tienen? _ké ôras dé bisita tiénén_

J'ai mal.
Tengo dolores. _téngô dôlôrés_

Je ne peux pas manger/dormir.
No puedo comer/dormir. _nô pouédô cômér/dôrmir_

Quand est-ce que le docteur passera?
¿Cuándo viene el médico? _couanndô biéné él médicô_

Dans quelle chambre est ...?
¿En qué sala está ... ? _én ké sala ésta_

Je viens voir ...
Vengo a hacer una visita a ... _béngô a aTHér ouna bisita a ..._

Opticien   Oculista

Je suis myope/hypermétrope.
Soy miope/hipermétrope. _sôy miôpé/ipérmétrôpé_

J'ai perdu ...
He perdido ... _é pérdidô_

une de mes lentilles de contact
una lentilla _ouna léntil-ya_

mes lunettes
mis gafas _mis gafas_

un verre
una lente _ouna lénté_

Pourriez-vous me donner un/une autre?
¿Podría darme otro(-a)? _pôdria darmé ôtrô(-a)_

Dentiste Dentista

J'ai mal aux dents.	**Tengo dolor de muelas.** *téngô dôlôr dé mouélas*
Cette dent me fait mal.	**Este diente me duele.** *ésté diénté mé douélé*
J'ai perdu un plombage/ une dent.	**Se me ha caído un empaste/un diente.** *sé mé a caïdô oun empasté/ oun diénté*
Est-ce que vous pouvez réparer ce dentier?	**¿Puede arreglar esta dentadura postiza?** *pouédé arréglar ésta déntadoura pôstiTHa*
Je ne veux pas que vous me l'arrachiez.	**No quiero que me lo saque.** *nô kiérô ké mé lô saké*

Voy a ponerle una inyección/ anestesia local.	Je vais vous faire une piqûre/ une anesthésie locale.
Le hace falta un empaste/ una funda/una corona.	Il faut vous faire un plombage/ vous mettre une couronne.
Tendré que sacárselo.	Je dois l'arracher.
Sólo puedo arreglárselo provisionalmente.	Je ne peux vous donner qu'un traitement provisoire.
Vuelva dentro de … días.	Revenez dans … jours.
No coma nada durante … horas.	Ne mangez rien pendant … heures.

Paiement/Assurance Pagos/seguros

Combien je vous dois?	**¿Cuánto le debo?** *couanntô lé débô*
J'ai une assurance.	**Tengo un seguro.** *téngô oun ségourô*
Puis-je avoir un reçu pour mon assurance-maladie?	**¿Puede darme un recibo para mi seguro médico?** *pouédé darmé oun réTHibô para mi ségourô médicô*
Pourriez-vous remplir cette feuille d'assurance maladie?	**¿Me rellena este formulario para el seguro médico, por favor?** *mé réllyéna ésté fôrmoulariô para él ségourô médicô pôr fabôr*
Est-ce que vous avez …?	**¿Tiene …?** *tiéné*
assurance maladie	**seguro médico** *ségourô médicô*

Lexique
Français–Espagnol

La plupart des mots figurant dans ce lexique sont suivis soit d'une expression, soit d'un renvoi aux pages où ils apparaissent dans une phrase. Les notes ci-dessous vous fourniront l'assise grammaticale de base nécessaire à l'usage courant de la langue espagnole.

Noms

La plupart des noms qui se terminent par **-o** sont masculins tandis que ceux qui se terminent par **-a** sont en général féminins. Le pluriel se forme en ajoutant **-s** à la fin des mots se terminant par une voyelle ou **-es** à la fin des mots se terminant par une consonne. Les articles s'accordent en genre et en nombre avec le nom qu'ils définissent:

masculin	**el tren**	le train	féminin	**la casa**	la maison
	un tren	un train		**una casa**	une maison
	los trenes	les trains		**las casas**	les maisons
	unos trenes	des trains		**unas casas**	des maisons

Adjectifs

Les adjectifs s'accordent en genre et en nombre avec le nom qu'ils qualifient. En règle générale, l'usage est à peu près le même qu'en français.

el niño pequeño   le petit garçon   **la niña pequeña**   la petite fille

Les adjectifs qui se terminent par **-e** ou par une consonne sont, en général, invariables au masculin comme au féminin.

el mar/la flor azul   la mer/la fleur bleue

La plupart des adjectifs forment le pluriel comme les noms.

un coche rojo/dos coches rojos   une voiture rouge/deux voitures rouges

Verbes

En règle générale, les verbes sont présentés à la forme infinitive (dire, manger). Bien qu'il n'y ait pas suffisamment d'espace pour montrer ici la conjugaison des différents verbes, voici trois des principales catégories de verbes réguliers au présent:

	hablar (parler)	**comer** (manger)	**reír** (rire)
	terminaison **-ar**	terminaison **-er**	terminaison **-ir**
yo	hablo	como	río
tú	hablas	comes	ríes
usted	habla	come	ríe
él/ella	habla	come	ríe
nosotros(-as)	hablamos	comemos	reímos
vosotros(-as)	habláis	coméis	reís
ustedes	hablan	comen	ríen
ellos(-as)	hablan	comen	ríen

La forme négative s'obtient en plaçant **no** (ne … pas) devant le verbe:

Es nuevo.   C'est neuf.   **No es nuevo.**   Ce n'est pas neuf.

A à *(+heure)* a las … 13

à elle suya 16

à eux suyos(-as) 16

à l'avance con antelación 21

à l'étranger al extranjero m

à l'extérieur de al exterior de; fuera de

à lui suyo 16

à moi mío(-a) 16

à nous nuestro(-a) 16

à vous suyo(-a) 16

à: ~ 2 km de … a dos kilómetros de … 88

abbaye abadía f 99

abîmé estropeado 28, 71

accélérateur acelerador m 91

accepter aceptar 125

accessible acceso 100

accessible: est-ce accessible aux handicapés? ¿tiene acceso para minusválidos? 100

accident accidente m 92, 161

accidents accidentes mpl 92

accompagnement acompañamiento m 38

accompagner acompañar 65

accueil recepción f

acheter comprar

acide ácido 41

acide ácido/amargo 41

acier inoxydable acero m inoxidable 150

acteur/actrice actor/actriz m/f

addition cuenta f 42

adorer: j'adore … ici me encanta … de aquí 119

adresse dirección f 84, 93, 126, 139

adulte adulto m 100

adultes adultos mpl 81

aéroport aeropuerto m 84, 96

affaires cosas f pl 27

affaires: pour affaires de negocios 66

Afrique África f 119

âge: quel âge …? ¿qué edad …? 113

agence de voyages agencia f de viajes 26, 131

agent immobilier agente m inmobiliario

agrandir: m'agrandir … ampliarme … 152

agréable agradable 14

agressé atacado 162

aide ayuda f 94

aider ayudar

aider: m'aider ayudarme 18, 92, 224

aimable amable

aimer: aimez-vous …? ¿le gusta …? 125; **j'aime** me gusta 119; **j'aimerais** me gustaría; **je t'aime** te quiero; **aimez-vous …?** ¿le gusta …? 124

aire de pique-nique zona f para picnics 107

alarme d'incendie alarma f de incendios

alcool alcohol m

aliments pour bébés comida f para bebés 143

allaiter amamantar 39

allée pasillo m 74

aller ir 18; **~ faire les courses** ir de compras; **~-retour** de ida y vuelta 68, 74, 79; **~-simple** de ida 68, 74, 79; **j'aimerais ~ à …** quiero ir a … 124; **aller: pour ~ à …?** cómo se va a …? 94

aller *(se diriger)* se dirige 83

allons-nous en! ¡vámonos!

allergie alergia f

allergique (à) alérgico a 165, 166

allez-vous en! ¡váyase!

alliance anillo m de boda / alianza f

allô ... hola ... 128

allumer encender 25

allumettes cerillas fpl 31, 151

alors entonces 13

alternateur alternador m 91

ambassade embajada f

ambassadeur embajador(-a) m / f

ambulance ambulancia f 92

amende multa f 93

amener llevar 125; dejar 113

amer amargo 41

ami(e) amigo(-a) m 120, 163

amortisseurs amortiguadores 91

ample ancho 147

ampoule ampolla f 141

ampoule luz f 82

ampoule (électrique) bombilla f 149

amuser, s' divertirse

amygdales amígdalas fpl 166

an año m

analgésique analgésico m 142, 166

analyse d'urine muestra f de orina 165

anesthésie anestesia f; **~ locale** anestesia f local 168

angine angina f

animal animal m 106

année año m 218

annuaire guía f telefónica

annuler cancelar 68

antibiotiques antibióticos mpl 166

Antilles Antillas f 119

antiquaire tienda f de antigüedades 130

antiquités antigüedades fpl 156

antiseptique antiséptico m 166

antivol candado m 82

août agosto m 218

aphte afta f

appareil de surdité aparato m del oído / audífono m

appareil photo cámara f 152, 162

appartement apartamento m 28, 123

appartement meublé apartamento m amueblado 20

appeler: je m'appelle ... me llamo ... 22; **il/elle s'appelle** se llama 120

appelez ... llame ... 92; **~-moi!** (téléphone). ¡llámeme! 127

appels téléphoniques llamadas fpl 32

appendice apéndice m 166

appendicite apendicitis f

apprendre aprender

après después de 95

après-midi (l') por la tarde f 221

après-shampooing suavizante 143

arbre árbol m 106

arbre à cames árbol de levas 91

architecte arquitecto m 104

argent dinero m 42, 136, 162

argent plata f 150

Argentine Argentina f 119

armoire armario m

arracher: (dent) **arrachiez** saque 168

arrêt parada f 79

arrêt (de bus / de car) andén m 78; **~ d'autobus** parada de autobús f 65, 78, 96; **~ d'urgence** freno m de emergencia 78

arrêter, s' parar 98

arrhes señal f 24, 83

arrivée llegada f 66, 70, 69

arriver venir 17; **il/elle arrive** llega 65; **nous arrivons** llegamos 77

arthrite artritis f 164

bas bajo 122

bas *(de femme)* media f 145

basket baloncesto m 114

bateau barco m 81

bâtiment edificio m 104

bâtons (de ski) bastones mpl 117

batterie batería f 88, 91

bavoir babero m; babador m

beau bonito 14, 101

beaucoup mucho 15; **~ plus** mucho
más 15

bébé bebé m 143, 163

beige beige 144

belge belga 161

Belgique Bélgica f 119

belvédère mirador m 99

béquilles *(de moto)* caballete m 82

berline limusina f

besoin: j'ai ~ tengo la necesidad;
necesito

beurre mantequilla f 38, 43, 160

biberon biberón m

bibliothèque biblioteca f 99, 131

bicyclette bicicleta f 83

bidet bidé m

bidon d'eau botella f para el agua 82

bien sûr por supuesto 19

bientôt pronto 13; **à ~** hasta
luego 126

bienvenue à … bienvenido a …

bière cerveza f 40, 49

bigoudis rulo m; bigudí m

bijouterie joyería f 130, 150

billet *(bus/tram)* billete mpl 65, 68,
74, 75, 79; **~ d'entrée** entrada f
100, 109; **~ pour la journée** billete
m de ida y vuelta en el mismo día

biscuits galletas fpl 160

bizarre extraño 101

blaireau *(à raser)* brocha f de afeitar

blanc blanco 144

blessé *(adj.)* herido 92,
163; **il est grièvement
blessé** está
gravemente herido 92

blessés *(gens)* gente herida
92

blessure herida f 92, 141

bleu azul 144

bleu *(ecchymose)* cardenal m 141

blouson imperméable chaquetón m
impermeable 146

boire beber

bois bosque m 107; **~ de chauffage**
leña f astillas fpl

boisson bebida 49, 51; **~ gazeuse**
refresco m 160; **~ non alcoolisée**
bebida sin alcohol

boîte caja f 159; cucurucho m 110;
~ à fusibles caja f de fusibles 28;
~ aux lettres buzón m 153; **~ de
chocolats** caja f de bombones 155;
~ de nuit sala de fiestas; cabaret;
boite; **~ de vitesses** caja f de
cambio 91

bon bueno 14; **~ anniversaire!** ¡Feliz
Cumpleaños! 219; **~ appétit** que
aproveche 37; **~ marché** barato 14,
35, 134; **~ voyage!** ¡que tenga un
buen viaje! 219

bonbons caramelos mpl 151

bonjour buenos días 10, 224

Bonne Année! ¡Feliz Año Nuevo!
219; **~ chance!** ¡buena suerte! 219;
~ nuit buenas noches 10, 224

bonsoir buenas tardes 10, 224

bosse bulto m 141

bottes botas fpl 146

bouché atascado 25

bouche boca f

boucher carnicería f 130

boucherie carnicería f

A-Z

bouchon corcho; **tire ~ sacacorchos** m; **~ de réservoir** *(d'essence)* tapa f del depósito de gasolina 90;

boucles d'oreilles pendientes mpl 150

bouée *(de sauvetage)* flotador m

bouger *(se mouvoir)* moverse 92

bougie velas fpl 149

bougies *(voiture)* bujía f 91

bouilli cocido

bouilloire hervidora f 29

bouillon caldo m 44

bouillotte cantimplora f

boulangerie panadería f 130, 157

boutade broma f; chiste m; burla f

bouteille botella f 37, 159; **~ de vin** botella f de vino 155; **~ Thermos** termos mpl; **~s de gaz** bombonas fpl de gas 28

bouton botón m

bracelet pulsera f 150

branchement électrique tomas de tierra 30

bras brazo m

brillant *(photos)* brillante

brique *(de lait)* cartón m 159

briquet encendedor m 151

broderie bordado m

bronchite bronquitis f

bronzage bronceado; moreno

bronzer, se broncearse

brosse à cheveux cepillo m 143; **~ à dents** cepillo m de dientes

brouillard niebla f; **il y a du ~** hay niebla 122

brouillés *(œufs)* revueltos 43

brûlure quemadura f 141

bruyant ruidoso 14, 24

bureau oficina f; **~ de change** despacho m de cambio 138; oficina f de cambio 138; **~ de change** ventanilla f de cambio 70, 73; **~ de poste** oficina de correo f 96, 153; **~ des objets trouvés** oficina f de objectos perdidos 73; **~ des renseignements** ventanilla de información f 73; **~ des réservations** mostrador m de reservas 109

bus autobús m 17, 78, 123

C **ça va: comment ~?** ¿cómo te va? 19; **~** tirando 19; **ça ne va pas bien du tout** fatal 19

cabine *(station de ski)* cabina; **~ pour deux** camarote m doble 81; **~ pour une personne** camarote m individual 81; **~ téléphonique** cabina f de teléfono; **~ d'essayage** probador m 147

câble cable m; **~ de changement de vitesse** cable m de las marchas 82; **~ de frein** cable m de los frenos 82; **~s de secours** *(pour batterie)* cables mpl para cargar la batería

cadeau regalo m 67

cadenas candado m

cadre cuadro m 82

cafard cucaracha f

café café m 40, 157; cafetería f 35 **~ soluble** café soluble m 160;

caisse caja f 132, 157

caleçon mallas pl 145

calendrier calendario m 155

calme tranquilo 126

cambriolage robo m 162

camion camión m

campagne campo m 106

camping cámping m 123; *(terrain)* cámping m 30

Canada Canadá m 119

canadien canadiense 161

cancer cáncer m

canne à pêche caña f de pescar

canot automobile motora f 116; **~ de sauvetage** bote m salvavidas 81

capot capó 90

carafe garrafa f 37

caravane roulotte f 30, 81; caravana f

carburant combustible m 86

carburateur carburador 91

cardiaque *(infarctus)* infarto m 164

carnet de chèques libreta f de cheques

carré cuadrado 134

carte mapa m 94, 99, 106; carta f

carte bancaire tarjeta f bancaria 139; **~ d'abonnement** billete m de abono; **~ d'étudiant** carnet m internacional de estudiante 29; **~ de crédit** tarjeta de crédito f 17, 42, 109, 136; **~ de téléphone** tarjeta f telefónica; **~ des vins** carta f de vinos 37; **~ grise** título de propriedad de un automóvil m 93; **~ postale** postal f 151, 155; **~ routière** mapa m de carreteras 151

cascade catarata f 107

casque casco m 82; **~ à vélo** casco m de ciclista

cassé roto 25, 137, 165; estropeado 28

casse-croûte bocadillo m

casserole cazo m 29

cassette cinta f; cassette f 156; **~ vidéo** cinta f de video 156

cathédrale catedral f 99

catholique católica 105

cause: à ~ de por el … 15

CD *(disque compact)* disco compacto m; CD m

ceinture cinturón m 145; **~ de sauvetage** cinturón m salvavidas; **~ de sécurité** cinturón m de seguridad 90

cela eso

célèbre famoso

célibataire soltero 120

celle-ci éste 16

celle-là ése 16

celui-ci éste 16

celui-là ése 16

cendrier cenicero m 39

cent cien 217

centre centro m 83; **~ commercial** centro m comercial 130; **~-ville** centro m 99; centro m de la ciudad 21

céramique cerámica f

céréales cereales mpl 157

certificat sello m 150; **~ d'authenticité** certificado m de autenticidad 156; **~ de police** certificado m de policía 162

c'est es; está

chaîne cadena f 82; **~ de montagnes** cordillera f 107

chaise haute *(pour bébé)* silla f para niños 39

chaise longue tumbona f 116

chaleur calor m 122

chaloupe *(canot de sauvetage)* bote m salvavidas

chambre dormitorio m 29; *(hôtel)* habitación f 24, 25, 27; *(vélo)* **~ à air** cámara 82; **~ à un lit** habitación f individual 21; **~ pour 2 personnes** habitación f doble 21

champ campo m 107; **~ de bataille** lugar m de la batalla 99

champignons champiñones mpl 47

changer cambiar 68; *(argent)* cambiar 138; *(de bus)* transbordo 79; *(un bébé)* cambiar 39; *(de train)* cambiar 75

chanteur(euse) cantante m / f 156

chapeau sombrero m 145

chaque cada 13; **~ jour** cada día

charbon carbón f 31

charcutier *(traiteur)* charcutería f 130

chariot carrito m; **~s** *(supermarché)* carritos mpl 157; **~ à bagages** carritos mpl para el equipaje 71

chasse d'eau la cadena f del wáter

château castillo m 99

chaud caliente 14, 24

chaudière calentador m; caldera f 29

chauffage calefacción f 25, 91; **~ central** calefacción central f

chauffe-eau calentador m 28

chauffeur conductor m

chaussettes calcetines fpl 145

chaussures botas fpl 115; zapatos mpl 146; **~ de marche** botas fpl de montaña 146; **~ de ski** botas fpl de esquiar 117; **~ de sport** zapatillas fpl de deporte 146; **~ tennis** zapatillas fpl de tennis

chef *(de groupe)* jefe de grupo; **~ d'orchestre** director m / f 111

chemise camisa f 145

chemisier blusa f 145

chèque cheque m; **~ de voyage** cheque m de viaje 136; **carnet de ~** libreta f de cheques

cher caro 14, 134

chercher buscar; **je cherche …** estoy buscando … 18, 133

cheval caballo m

chewing-gum chicles mpl 151

chien perro m

chinois chino 35

choc électrique descarga f eléctrica

chocolat chocolate m 40; **~ chaud** chocolate caliente f 51

chômage: je suis au ~ estoy en paro; estoy en parado 121

chopes tazas fpl 149

chose cosa f; **quelque ~** alguna cosa

chou repollo m 47

cigares puros mpl 151

cigarettes cigarrillos mpl 151

cinéma cine m 96, 110

cinq cinco 15, 216; **~ cents** quinientos 217

cinquante cincuenta 217

cinquième quinto 217

cintre percha f 27

cirage limpiabotas m

circulation *(d'autos)* tráfico m 15; *(médical)* circulación f

ciseaux tijeras fpl 149

citron limón m 38

clair claro 14, 134, 144

classe clase; **~ affaires** clase preferente 68; **~ économique** económica 68; **première ~** primera clase 68

clé llave f 27, 28; **~ de contact** llave f de encendido 90

clignotant intermitente f 82, 90

climatisation aire acondicionado m 22, 25, 86

club *(de golf)* palos m de golf 115

club sportif polideportivo m 115

code código m

code *(téléphone)* prefijo m 127

codes *(voiture)* cortas fpl 86

coffre maletero m 90

coffre-fort caja f fuerte 27

coiffeur peluquería f 131, 148

coiffeur *(profession)* peluquero m

coin: au ~ en la esquina f 95

col paso m 107

colis paquetes mpl 154

collant medias fpl 145

collier collar m 150

colonne columna f; ~ **de direction** columna f de dirección 91; ~ **vertébrale** columna f vertebral 166

combien cuánto 15; ~ **ça côute?** ¿cuánto cobran? 30; **c'est ~?** ¿cuánto cuesta? 15, 84, 129, 136

commander pedir 37, 135

comme ça así

commencer empezar; **il/elle commence** empieza 108

comment cómo 17; ~ **allez-vous?** ¿cómo está? 118; ~ **aller à …?** cómo ir a …? 18; ~ **ça va?** ¿cómo te va? 19

commissariat de police comisaría de policía m 96, 93, 131, 161

commission comisión f 138

compact disc compact disc; CD m 156

compagnie compañía f

compartiment *(train)* compartimento m

complet todo ocupado 21; completo 36; no quedan plazas 115

compositeur compositor(-a) m/f 111

composter convalidar; *(billet)* picar 79

compostez votre billet al picar su billete 79

comprend: est-ce que cela ~ …? ¿incluye el precio …? 24

comprendre: je comprends entiendo 11, 224

compresseur pour l'air aire m 87; ~ **pour l'eau** agua f 87

comprimé pastilla f 166

comprimés comprimidos mpl 140

compris incluido 23, 42

comptable contable m 121

compte: je travaille à mon compte trabajo por mi cuenta 121

compteur électrique contador m de la luz 28; ~ **kilométrique** cuentakilómetros m 90

concert concierto m 108, 111

conduire: permis de conduire permiso m de conducir 93

confesser, se: je voudrais me confesser quiero confesarme 105

confirmer confirmar 68; **j'ai confirmé** confirmé 22

confiture mermelada f 43, 159

congélateur congelador m 29

connaissance: elle/il a perdu connaissance está inconsciente 92; **sans ~** inconsciente 163

connaître conocer; **nous connaissons** conocemos 118

connus famosos 111

conscient: il est conscient está consciente

conseiller: … me conseiller … recomendarme 108

conserver mantener 158

conserves conservas fpl 157

consigne consigna f 73; ~ **automatique** taquillas f 71, 73; ~ **des bagages** consigna f 71

constipation estreñimiento m

consulat consulado m 161

contact contacto; *(moto)* interruptor m de arranque 82; **me mettre en ~** ponerme en contacto 161

contacter contactar

contenir: il contient … contiene … 154

continuer continuar

continuez continúa 19

contraceptif anticonceptivo m

contre contra

contusion contusión f

convenir à convenir en

copie copia f

corde cuerda f; ~ **de tente** cuerda f tensora 31

cordonnerie zapatería f

A-Z

corps cuerpo m

correct correcto; justo; exacto

correspondance enlace m 76; correspondencia f 80

costume traje m de chaqueta 145

côte *(corps)* costilla f 166

côte *(mer)* costa f

côte à côte conjuntas 22

côté: à ~ de … al lado de … 12, 95

coton algodón m 146; **~ hydrophile** algodón hidrofilo m 142

cou cuello m

couche *(pour bébé)* pañales fpl 143

couchettes literas fpl 77; **~ inférieure** litera abajo 74; **~ supérieure** litera de arriba 74

couleur color m 134

couleur *(pellicule)* de color 152

coup de soleil quemadura del sol f 142

coup d'œil: je jette juste un ~ solo estoy mirando; solo estoy echando un vistazo

coupe de cheveux corte m de pelo

coupe et brushing: je voudrais une ~ me corte el pelo y me lo seque 148

coupure corte m 141

coupure de courant fallo m de la luz

cœur corazón m 166

cour de récréation patio m de juegos 113

courant d'air corriente f de aire

couronne *(dentaire)* corona f 168

courrier correo m 27, 153; **~ électronique** correo m electrónico 154; **~ en recommandé** correo m certificado

courroie de ventilateur correa f del ventilador 91

cours de langue curso m de idiomas

course carrera f

courses de chevaux carreras fpl de caballos 114

courses: aller faire des ~ ir de compras 124

court corto 147

cousin(e) primo(-a) m/f

couteau cuchillo m 39, 149

coûter: combien coûte … ¿cuánto cuesta …? 98, 133; **coûtera** costará 84

couverts cubiertos mpl 29

couverture manta f 27

couvre-chaîne protector m de la cadena 82

crampes retortijones mpl 164

crèche club infantil m

crédit crédito m

crème crema f; **~ à raser** crema f de afeitar; **~ antiseptique** crema antiséptica f 142; **~ solaire** crema bronceadora f 143

crevaison pinchazo m 88

crevé pinchado 83

crise cardiaque *(infarctus)* infarto m

cristal vidrio m 150

croire creer

croisière crucero m; viaje m por mar; **~ sur rivière** crucero m por el río 81

croix cruz f

cuillère cuchara f 39, 149; **~ à café** cucharillas fpl 149

cuillerées à café cucharadidas fpl 140

cuir cuero m 146

cuisine cocina f 29, 119

cuisiner *(faire la cuisine)* cocinar

cuisinier(ère) *(profession)* cocinero(-a) m/f

cuisinière cocina f 28, 29

cuisse cadera f

cuivre cobre m 150

cure-pipe limpiapipa m

cyclisme ciclismo m 114

cyclomoteur ciclomotor m 83

D **d'accord** de acuerdo 10; **je suis ~** estoy de acuerdo **d'autres** otros 134

d'occasion de segunda mano

dangereux peligroso

dans en 12; **~ … jours** dentro de … días 89; **~ … minutes** dentro de … minutos mpl 13

danse baile m 111; **~ contemporaine** baile contemporáneo m 111

danser bailar; **aller ~** ir a bailar 124

date fecha f; **~ de naissance** fecha de nacimiento 23; **~ limite de vente** caduca el … 158

de temps en temps de vez en cuando

de 9 h à 17 h de nueve a cinco 221

de/de la/de l'/des del, de la, de los, de las,

débutant principiante m 117

décalage horaire: je souffre du ~ tengo el cuerpo desfasado por el viaje en avión

décembre diciembre m 218

déchiré desgarrado 165; rasgado

décision decisión f 24, 135

déclaration de douane declaración f para la aduana 154

déclarer (marchandises) declarar 67

décongeler descongelar

dedans: qui y-a-t-il ~? ¿qué lleva? 37

défaut: il y a un ~ hay un defecto 137

défense de fumer prohibido fumar 78

dégoûtant asqueroso 14; repugnante

degrés (température) grados mpl

déjeuner (le) almuerzo m 13, 34; (repas) comida f 98

déjeuner (manger) comer 124

délicieux delicioso 14

deltaplane ala f delta; cometa f delta

demain mañana f 13, 84, 89, 122, 124, 163, 218

demande demanda f; **~ d'indemnité d'assurance** demanda f de seguro

demander: j'ai demandé pedí 41

démarrer (voiture) arrancar 88;

démarreur motor m de arranque 91

demi medio 217; **-heure** media hora f 217, 221; **-kilo** medio kilo m 159; **~-douzaine** media docena f 159; **~-pension** media pensión f 24

démodé antiguo 14

dent diente m 168

dentelle encaje m 146

dentier dentadura f 168

dentifrice pasta f de dientes 143

dentiste dentista m 131, 163, 168

dépanneuse grúa f 88

départ salida f 32, 69, 76

dépenser gastar

déplacer: ne le déplacez pas no lo mueva 92

dépliant folleto m; prospecto m

déposer dejar 83

déranger: ne pas ~ no molestar; **ça vous dérange si …?** le importa si …? 77

dernier (semaine, mois) pasado 218

dernier último 14, 75

derrière detrás de … 95, 148

dés dados mpl

désagréable desagradable 14

descendre (du bus/du train) bajar 79

désolé! ¡lo siento! f 10

dessert postre m 48

dessus: sur le ~ arriba 148

destination destino m
détaillé detallado 32
détails detalle m
détergent detergente m
deux dos 15, 216
deux cents doscientos 217
deux fois dos veces 76, 217
deuxième segundo 217
devant en frente 12; delante de 148
devises *(étrangères)* divisas extranjeras fpl 138
devoir: je dois debo; necesito 18
diabète diabetes m
diabétique *(personne)* diabético(-a) m/f 164
diabétiques diabéticos mpl 39
diamant diamante m 150
diarrhée diarrea f 142, 164
dictionnaire diccionario m 151
diesel diesel m
difficile difícil 14
difficile *(physiquement)* duro 106
dimanche domingo m 218
dîner *(repas)* cena f 34
dîner cenar 124
dire decir; **comment dites-vous?** ¿cómo se dice …? **qu'avez-vous dit?** ¿qué ha dicho? 11; **qu'est-ce que ça veut ~?** ¿qué significa esto?
direct directo(-a) 75
directeur *(société)* director m
direction: en ~ de … yendo hacia … 95
directrice directora f
disloqué dislocado 165
disparaître: mon enfant a disparu mi hijo(-a) ha desaparecido 161
dispensaire ambulatorio m 131
disponibilité disponibilidad f 108
disque disco m 156

distributeur distribuidor m 91
distributeurs automatiques de billets cajeros automáticos mpl 139
divorcé divorciado 120
dix diez 216
dix-huit dieciocho 216
dix-neuf diecinueve 216
dix-sept diecisiete 216
docteur médico m 92
doigt dedo m
dois: combien je vous ~? ¿cuánto le debo?
donner à dar a
donnez-moi … déme … 18
dormir dormir 167
dos espalda f; lomo m
douane aduana f 67, 156
doublé *(film)* doblada 110
douche ducha f 17, 21, 26
douleurs abdominales dolores abdominales mpl 167
douzaine docena f 217
douze doce 216
draps sábanas fpl 28
droguerie droguería f 130
droit: tout droit todo recto 95
droite, à a la derecha 12, 76, 95
du matin de la mañana f
du, de la del/de la
dur duro 31, 41
durite manguera del radiador 91 f
duvet edredón m
dynamo dinamo m 82

E **eau** agua f; **~ de Javel** lejía f 149; **~ distillée** agua f destilada; **~ glacée** agua helada f 51; **~ minérale** agua f mineral 51; **~ potable** agua m potable 30 échanger cambiar ... m'~ ... cambiarme 137

écharpe bufanda f 145

échecs ajedrez m 121

échelle escalera f

écrire escribir; **pouvez-vous me l'écrire** escríbamelo 11

édifice edificio m 104

édredon edredón m

édulcorant edulcorante artificial m 38

également igualmente 17

église iglesia f 96, 99, 105

égouts cloaca f

égratignure rasguño m 141

élevé alto 122

elle ella 16

elles ellas 16

émail esmaltado m 150

embarquement embarque m 70; **~ dans le train** montarse en el tren 77

embouteillage embotellamiento m

embrasser besar; **t'embrasser** besarte 126

embrayage embrague m 91; palanca f del embrague 82

emmener llevar

emmenez-moi lléveme 84

emplacement situación f 95; **~ de camping** parcela f (tienda) 31

emporter llevar 40

emprunter: **est-ce que je peux ~ votre ...?** ¿me prestas tu ...?

en en 12

en avance adelantado 221

encaisser cobrar 138

enceinte (de ... mois) estoy embarazada (de ... meses) 164

enchanté encantado 118

encolure cuello m 145

encore pour combien de temps cuanto más tardará 41

enfants niños mpl 22, 74, 81, 100, 113, 120

enfin! ¡por fin! 19

enflure hinchazón m 141

enjoliveur tapacubos m 90

ennuyeux aburrido 101

enregistrement facturación f 69

enregistrer facturar 68

ensemble: **nous vivons ~** vivimos juntos 120

ensuite luego 13

entendre oír

entiers (sans croquer) enteros 140

entrée entrada f 100, 132

environ 100 euros unas cien euros 15

envoyer mandar 153

épais grueso 14; espeso

épaule hombro m espadas fpl

épeler deletrear 11

épicerie tienda f de alimentación 130

épicier tienda f de alimentación 130

épilation à la cire: **je voudrais une ~** quiero qué me haga la cera f 148

épileptique (personne) epiléptico(-a) m / f 164

épingles de sûreté imperdibles mpl seguros mpl

époustouflant impresionante 101

épuisé (adj) exhausto 106

épuisé (article) agotado 135

équipements instalaciones fpl 22

équipement de plongée equipo m de buceo 116

équipes equipos mpl 114

erreur error m 41

éruption cutanée sarpullido m 141

escaliers escaleras fpl 132; **~ roulant** escaleras mecánicas f 132

Espagne España f 119; **en ~** en España 12

espagnol español 126

espérer esperar; **j'espère que ...** espero que ... 19

essayer *(vêtement)* probar; **je peux l'~?** ¿puedo probarme esto? 147

essence gasolina f 87; **~ sans plomb** gasolina f sin plomo

essieu eje m 82

essuie-glaces escobillas fpl 90

est este m; **à l'~** al este 95

estomac estómago m 166

et y 19

étage piso m 132

étain peltre m 150

étang estanque m 107

été verano m 219

éteindre apagar 25

étiquette etiqueta f

étrange extraño 101

être ser; estar

étroit estrecho 14, 147

étudiant estudiante m 74, 100, 121

étudier estudiar

étudiez estudia 121

eux ellos 16

évanouir: je vais m'~ estoy mareado 164

excursion excursión f 97, 98; **~ d'une journée** excursión f de un día

excuses disculpas fpl 10

excusez-moi ¡perdón!; ¡lo siento! 224; ¡disculpe! 10, 18, 94

exemple ejemplo; **par ~** por ejemplo

expédier enviar; **~ par la poste** enviar por correo

exprès: en ~ correo m urgente 154; **je ne l'ai pas fait ~** fue un accidente 10

extincteur extintor m

extrêmement sumamente 17

face: en ~ de enfrente de 12; frente a 95

facile fácil 14, 106

facteur cartero m

faim hambre; **j'ai~** tengo hambre

faire hacer; **~ beau** hacer buen tiempo 122; **~ de la randonnée** hacer una excursión; **~ une promenade** dar un paseo 124

falaise acantilado m 107

famille familia f 66, 74, 120

fast-food *(restauration rapide)* restaurante m de comida rápida 35

fatigué cansado

faune et flore fauna y flora f

fauteuil roulant silla f de ruedas

faux incorrecto 14

fax fax m 154

¡félicitations! ¡felicidades! fpl

femme mujer f 120, 163; **~ au foyer** ama de casa f 121; **~ de chambre** camarera f; chica f del servicio 27; **~ de ménage** limpiadora f 28

fenêtre ventana f 25, 77

fermé cerrado 14, 129, 132

ferme granja f 107

fermer cerrar; **il/elle ferme** cierra 100, 132, 140

fermeture centrale cierre m centralizado 90

fermez: quand est-ce que vous ~? ¿cuándo cierra?

ferry ferry m 81, 123

fête foraine feria f 113

feu fuego 224; **au ~!** ¡fuego! 224; **~ antibrouillard** faro antiniebla 90; **~ arrière** luz f trasera 82; **~ de détresse** luz de advertencia 90; **il y a le ~!** ¡hay un incendio!; **~ de recul** luces de marcha atrás 91; **~ rouges des freins** luces fpl de los frenos 90

feux *(rouge)* semáforo m 12, 95

feux *(véhicule)* faros mpl 93

feux *(vélo/moto)* luces fpl 83

février febrero m 218

fiable *(de confiance)* de confianza 113

fiancé(e) novio(-a) m/f

fiche impreso m 139; *(formulaire)* formulario m 23

fièvre fiebre f 164

fil dentaire hilo dental m

fille hija f 120, 163; niña f 120, 156

film película f 108; **~ alimentaire** film m transparente 149

fils hijo m 120, 163

filtre filtro m 152; **~ à air** filtro m de aire 91; **~ à huile** filtro m de aceite 91

finir terminar; **il/elle finit** termina 108

flash électronique flash m electrónico 152

fleur flor f 106

fleuriste floristería f 130

fleuve río m 107

foie hígado m 166

fois vez f 119

foncé oscuro 134, 144

fonctionner funcionar; **ne fonctionne pas** no funciona 25

fontaine fuente f 99

football fútbol m 114

forêt bosque m 107

forfait *(ski)* pase m 117

forme forma f 134

formulaire formulario m 162

fort fuerte

fort: parlez plus ~ hable más alto 128

foulure esguince m 165

four horno m; **~ à micro-ondes** horno m de microonda 158

fourchette tenedor m 39, 149

frais fresco 41

français francés 11, 161, 224

France Francia f 119

francs *(suisse)* francos mpl 138

frein freno m 82, 83; **~ à main** freno m de mano 91

frère hermano m 120

frit frito

frites patatas fritas fpl 38, 160

froid frío 14, 122

fromage queso m 48, 160

fruit fruta f 47

fruits de mer mariscos mpl 44

fuire gotear; **le robinet fuit** el grifo gotea 25

fumer fumar; **je fume** fumo 126

furoncle forúnculo m 141

G **galerie** baca f; **~ de peinture** galería f de arte 99; túnel m; galería f

gant guante m; **~ de toilette** manopla f

garage garaje m 26; *(atelier de réparations)* taller m 88

garantie garantía f 135

garçon niño m 120, 156

garde d'enfants cuidado m de los niños 113

garde-boue guardabarros mpl 82

gardez la monnaie! ¡quédese con la vuelta!

garderie club m infantil 113

A-Z

gardienne d'enfants canguro f 113

gare estación f 73, 84, 96; **~ routière** estación f de autobuses 78

gauche, à a la izquierda 12, 76, 95

gaz gas m; **~ butane** gas m butano 31; **ça sent le ~!** ¡huele a gas!

genou rodilla f

gens gente f 15, 119

gentil amable; bueno; gentil

gilet de sauvetage flotador m 81

giratoire rotonda f

givre heladas f; **il y a du ~** hay heladas 122

glace helado m 40, 160; **~ au chocolat** polo m de chocolate 110

glace *(glaçons)* hielo m 38

glacier *(pâtissier)* heladería f 33

glacière nevera portátil f

glande ganglio m 166

gonflé hinchado

gorge garganta f 166; **mal de ~** dolor m de garganta 142

grammes gramos mpl 159

grand grande 14; **~ lit** cama f de matrimonio 21

grands magasins grandes almacenes mpl 130

grands-parents abuelos mpl

gras grasa f

gratuit gratis 17

grave serio

grec griego 35

grill *(restaurant)* churrasquería f 35

grillé a la parrilla; a la plancha

gris gris 144

grosse grande 40

grotte cueva f 107

groupe grupo m 66; **~ sanguin** grupo m sanguíneo

guêpe avispa f

gueule de bois resaca f 142

guichet despacho m de billetes 73

guide guía m/f 98, 100; **~ audio** auriculares mpl 100; **~ de loisirs** guía del ocio m 108; **~ des spectacles** guía f de espectáculos; cartelera f; **~-souvenir** catálogo m de recuerdos 155

guidon manillar m 82

guitare guitarra f

H **habillement** ropa f 144
habiter vivir; **où habitez-vous** dónde vive 119

halle d'entrée vestíbulo m

handicapé minusválido 22, 100, 164

hasard: par ~ por casualidad 17

héberger alojar; **pouvez-vous m' ~ pour la nuit?** ¿me puede alojar durante una noche?

hémorroïdes hemorroides mpl

herbe hierba f

heure hora f 13; **~ de pointe** horas fpl punta; **à l'~** puntual 76; **à l'~ juste** a la hora en punto 76; **à quelle ~ …?** ¿a qué hora …? 13, 76, 98; **par ~** por hora 154

heures horas fpl 97; **quelles sont les ~ d'ouverture?** ¿a qué hora abre? 100; **~ de consultation** horas fpl de consulta 163; **~ de visite** horas fpl de visita

heureusement afortunadamente 19

hier ayer 218

hippodrome hipódromo m 114

hiver invierno m 219

homme hombre m

homosexuel *(adj)* homosexual

hôpital hospital m 131, 165, 167

horaires des trains horario m de trenes 75

horrible más feo 122
hors-d'œuvres entremeses mpl 43
hot dog perrito m caliente 110
hôtel hotel m 12, 20, 21, 84, 123;
~ de ville ayuntamiento m 99
huile aceite m 38
huit ocho 216
humide húmedo
humidité humedad f
hypermarché hipermercado m
hypermétrope hipermétrope 167

I ici aquí 12
identité: pièce d'~ forma de
identificación f 139
illégal ilegal; est-ce illégal? ¿es
ilegal?
imitation imitación f 134
immatriculation: numéro d'~ número
m de matrícula 93
imperméable impermeable m 145
impoli grosero
inclus incluido 42
indigestion indigestión f
indiquer indicar 18
inégal *(terrain)* desnivelado 31
infection infección f; ~ vaginale
infección f vaginal 167
infirmière enfermero f/m
infraction au code de la route
infracción f de tráfico
ingénierie: je suis dans l'~ trabajo de
ingeniero 121
ingénieur ingeniero m
innocent inocente
insectes insectos mpl 25
insister: j'insiste insisto
insolation insolación f 164
insomnie insomnio m
instant: un ~, s.v.p.
un momento, por favor 128

instructions
instrucciones fpl 135
insuline insulina f
intéressant interesante
101
internet Internet m 154
interprète intérprete m 93, 162
interrupteur interruptor m
intersection cruce f
intestins intestino m
invitations invitaciones fpl 124
iode yodo m
italien italiano 35

J jamais nunca 13
jambe pierna f
jante llanta f 82, 90
janvier enero m 218
jardin jardín m; ~ botanique jardín
m botánico 99
jauge d'huile indicador m del nivel
de aceite 91
jauge de carburant
indicador/bomba de la gasolina 91
jaune amarillo 144
jet lave-glace limpiaparabrisas m 90
jeu juego m 156; ~ d'échecs juego
m de ajedrez 156; ~ vidéo
videojuego m
jeudi jueves 218
jeune joven 14
joli lindo; gracioso; bonito
jouer jugar; je joue à juego a 121
jouet juguete m 156
jour día m 23; en ... ~s dentro de ...
días 13
journal periódico m 151
journaliste periodista fm
journée día m 97, 122
Joyeux Noël! ¡Feliz Navidad! 219
juif *(adj)* judío

juillet julio m 218
juin junio m 218
jumelles prismáticos m; gemelos m
jupe falda f 145
jus zumo m; ~ **de fruit** zumo m de fruta 43; ~ **de fruit glacé** granizado m 51
jusqu'à hasta 221
juste bien 14

K **kilo** kilo m 159
kilométrage kilometraje m 86
kiosque à hamburger hamburguesería f 35
klaxon cláxon m 82, 91

L **l'intérieur, à** dentro 12
là-bas allí 12, 76
lac lago m 107
lacets cordón m
laid feo 14, 101
laine lana f 146
lait leche f 43, 51,160; **au ~** con leche 40
lames de rasoir cuchillas fpl de afeitar 143
lampe lámpara f 25
langue lengua f 166
laque fixante espray m fijador 143
laquelle? ¿cuál? 16
large ancho 14
lavabo lavabo m 25
lavage main lavar a mano 146
laverie automatique lavandería f 131
lavette balleta f 149
laxatif laxante m
leçon lección f
leçons (de sport) clases fpl 115; ~ **de ski** clases de esquí m 117
lecteur de CD lector m de CD

léger ligero 14, 134
légumes verduras fpl 38
lent lento 14
lentement despacio 11, 17, 94, 128
lentille (de contact) lentilla f 167
lequel? ¿cuál? 16
lessive detergente m de lavadora 149; jabón m en polvo
leur suyo 16
leurs suyos 16
levier de changement de vitesse palanca f para cambiar de marcha 82
levier de vitesse palanca f de cambios 91
lèvre labio m
librairie librería f 130
librairie-papeterie librería f papelero m
libre libre 14, 21, 84, 124
lieu lugar m; ~ **de naissance** lugar m de nacimiento 23; **en ~ de** en lugar de
ligne (métro) línea f 80
limitation de vitesse límite de velocidad f 93
limonade limonada f 51
lin lino m 146
lingettes toallitas fpl 143
liqueur licor m
liquide vaisselle lavajillas fpl 149
liquide: en ~ (monnaie) en metálico 136
lire leer 121
lit cama f 22; ~ **d'enfant** cuna f 22; ~ **de camp** cama f de cámping 31; ~s **jumeaux** dos camas fpl 21
litre litro m 87, 159
livre libro m 151
livrer remitir; mandar
location de voiture alquiler m de coches 70, 86

loger alojar; **où logez-vous?** ¿dónde aloja? 123

loin lejos 95, 130; **~ de** lejos de 12; **c'est ~?** ¿está lejos? 95

long largo 147

longueur largo m

lotion après-rasage aftershave m 143

lotion après-soleil aftersun f 143

louer alquilar 83, 86, 115, 116, 117

lourd pesado 14, 134

lui él 16

lumière luz f 25

lundi lunes m 218

lune de miel luna f de miel

lunettes gafas fpl 167; **~ de natation** gafas fpl de nadar; **~ de soleil** gafas de sol 145

Luxembourg Luxemburgo m 119

M **machine à laver** lavadora f 29

mâchoire mandíbula f

magasin tienda f 130; **~ d'alimentation** tienda f de alimentación 159; **~ d'articles de sports** tienda f de deportes 130; **~ d'artisanat** tienda f de artesanía; **~ de cadeaux** tienda f de regalos 130; **~ de chaussures** zapatería f 130; **~ de diététique** tienda f de alimentos 131; **~ de disques** tienda f de discos 131; **~ de jouets** juguetería f 131; **~ de photos** tienda f de fotografía 131; **~ de souvenirs** tienda f de recuerdos 131; **~ de vêtements** tienda f de ropa 131

magazine revista f 151

magnétoscope videograbadora f

mai mayo m 218

maillet mazo m 31

main mano m

maintenant ahora 13, 84

mais pero 19

maison casa f 28

maître d'hôtel metre m 41

mal: s'est fait ~ está herido 163; **~ au dos** dolor m de espalda 164; **~ au ventre** dolor m de estómago 142; **~ aux dents** dolor m de muelas 168; **~ de dents** dolor m de muela; **~ de mer: j'ai le mal de mer** estoy mareado; **~ des transports; ~ de mer** mareo m 142; **ça me fait ~** me duele; **j'ai ~** tengo dolores 167; **j'ai ~ ici** me duele aquí 164; **où avez-vous ~?** ¿dónde le duele? 165; **pas ~** no demasiado mal 19

malade enfermo 164, 224; **je suis ~** estoy enfermo

malentendu: il y a eu un ~ hay un malentendido

malheureusement desgraciadamente 19

manche manga f 145, 165

mandat giro m postal

manger comer 167; **aller ~** ir a cenar 124

manquer: il manque falta 137, 162

manteau abrigo m 145

manucure manicura f 148

maquillage maquillaje m

marchand de journaux kiosko m de prensa 151

marchand de légumes verdulería f 131

marchand de vin tienda f de bebidas alcohólicas 131

marché mercado m 99, 131

marche: équipement pour la ~ caminata: equipaje para la marcha

mardi martes m 218

mari marido m 163

mariage boda f

marié casado 120

marron marrón 144

mars marzo m 13, 218

marteau martillo m 31

mascara rímel m máscara

masque de plongée gafas f submarinas

mat *(photos)* mate

matelas colchón m; **~ pneumatique** colchón m inflable 31

matériel equipo m 115

matin por la mañana140, 221

matinée *(représentation)* matiné f 109

mauvais malo 14, 126

mécanicien mecánico m 88

mèches mechas fpl 148

médecin médico; doctor m 131, 163

médicaments medicamentos mpl 165

meilleur(e) mejor

meilleure qualité mejor calidad 134

membre *(d'un club)* socio m 88, 112

même: avez-vous le ~ en …? ¿Lo tiene igual en …?144

menu menú m 37

mer mar m 107¿

merci gracias 10, 94, 129, 224; **~ beaucoup** muchas gracias 10

mercredi miércoles m 218

mère madre f 120

message mensaje m 27, 154,

message recado m 128

messe misa f 105

mesures medidas fpl

métal metal m

météo pronóstico m del tiempo 122

métro metro m 80

metteur en scène escenógrafo m

mettre poner; **~ son clignotant** poner el intermitente; **où puis-je …?** ¿dónde puedo poner …?

meubles muebles mpl

midi doce de la mañana 220; mediodía m

mieux mejor 14

migraine jaqueca f

mille mil m 217

million millón m 217

mince delgado; fino 14

minuit las doce de la noche 13, 220

minute minuto mpl 221

miroir espejo m

mobylette ciclomotor m 83

moderne moderno 14

moi mí 16; **c'est à ~** me toca a mi 133

moins cher más barato 109, 134

moins que (ça) menos que (eso) 15

mois meses mpl 218

moitié mitad f 217

mon/ma/mes mi/mi/mis 16

monastère monasterio m 99

moniteur monitor(-a) m/f

monnaie *(change)* cambio m 84, 87,

monnaie moneda f 67

montagne montaña f 107

montant cantidad f 42

montre reloj m de pulsera 150; reloj m 162

montrer enseñar 18; **… me montrer** … enseñarme 133; **… indicarme** 94, 99

monture de lunettes montura f de las gafas

monument monumento m 99

moquette/tapis moqueta f; alfombra f

morceau trozo m 159

mordu: un chien m'a ~ un perro m me ha mordido

mosquée mezquita f 105

moteur motor m

moto moto f 83

mots palabras 19

mouche mosca f

mouchoir pañuelo m; **~ en papier** pañuelos de papel mpl 143

mousse pour cheveux espuma f para el pelo 143

moustache bigote m

moutarde mostaza f 38

moyen regular 106; 122

moyenne *(portion)* mediana 40

muscle músculo m 166

musée museo m 99

musicien(ne) músico(-a) f/m

musique música f 111

musulman(e) musulmán(-a) m/f

myope miope 167

n'importe quoi! ¡tonterías! 19

nager nadar 116

natation natación f 114

national nacional

nationalité nacionalidad f

nausée náusea f

né nació 119; **je suis né à … en …** nací en … en …

neiger nevar 122

nettoyage limpieza f 137; **service de ~** servicio m de lavandería 22; **~ à sec** limpieza f en seco 146

nettoyer limpiar 137

neuf *(chiffre)* nueve 216

neuf *(adj)* nuevo 14

neveu sobrino m

nez nariz f

nièce sobrina f

noir negro 144; **café ~** café sólo 40; **~ et blanc** *(pellicule)* blanco y negro 152

nom apellido m 23, 93

non no 10

non alcoolisé sin alcohol

non-fumeur *(zone)* no fumadores 36

nord norte; **au ~** al norte 95

nos nuestros 16

note *(d'hôtel)* cuenta f 32; **~ détaillée** cuenta f detallada 32

notre nuestro 16

nourriture comida f 41

novembre noviembre m 218

noyer: quelqu'un se noie alguien se ahoga

nuageux nublado

nuit noche f 23, 24

numéro número m; **~ d'immatriculation** número m de matrícula 23; **~ de téléphone** número m de teléfono 127; **vous avez fait un faux ~** se ha equivocado de número 128

objectif lente f 152

occupé ocupado 14

occuper: pourriez-vous vous en ~? ¿podrían encargarse de eso? 25

octobre octubre m 218

office du tourisme oficina de información f 96, 97

oignon cebolla f 47

œil ojo m

œufs huevos mpl 43, 160; **~ sur le plat** huevos mpl fritos 43

œufs *(station de ski)* teleférico m 117

oiseau pájaro m 106

ombre sombra f 31

omelette tortilla f 40

oncle tío m 120

onze once 216

opéra ópera f 108, 111

opéra *(lieu)* teatro m de la ópera 99

A-Z

opération operación f; intervención quirúrgica

opticien óptico m 131; oculista m 167

or oro m 150

orange naranja 144

orangeade naranjada f 51

orchestre orquesta f 111

ordinaire *(essence)* normal 87

ordinateur ordenador m; computadora f

ordonnance recta f 140

oreille oreja f

oreiller almohada f 27

oreillons paperas fpl

original auténtico 134

originale: version ~ française en el francés original 110

orteil dedo m del pie

os hueso m 166

ou o 19

où dónde 12, 26; **~ est...?** ¿dónde está ...? 94; **d'~** de dónde 119

ouest oeste m ; **à l'~** al oeste 95

oui sí 10

ours *(en peluche)* osito m 156

ouvert abierto 14, 129; **c'est ~** está abierto 100

ouverture: heures d'~ horas de apertura fpl 132

ouvre-boîtes abrelatas m 149

ouvre-bouteilles abrebotellas m 149

ouvrir abrir; **à quelle heure ouvre ...?** ¿A qué ora abre ...? 132, 140

ovale ovalado 134

P **P.C.V.** llamar a cobro revertido 127

paiement pagar 100

paille *(pour boire)* pajita f

pain pan m 38, 43, 160

paire par m 146; **une ~ de ...** un par de ... 217

palais palacio m 99

palpitations palpitaciones fpl

panier cesta f de compras

panier *(supermarché)* cestas fpl 157

panne avería f 88; **je suis en ~ d'essence** se me ha acabado la gasolina 88; **ma voiture est tombée en ~** he tenido una avería 88

panneau señal f 93, 96; **~ indicateur** señales mpl de tráfico

panorama panorama m

pantalon pantalones mpl 145

pantoufles zapatillas fpl 146

papier papel m; **~ aluminium** papel de aluminio m 149; **~-toilette** papel m higiénico 25, 143

paquet bolsa f 159; **~ de cigarettes** paquete m de cigarrillos 151

par por 21, 30, 83,

paralysie parálisis f

parasol sombrilla f 116

parc parque m 96, 99; **~ d'attractions** parque m de atracciones; **~ naturel** reserva natural f 107

parce que porque 15

parcmètre parquímetro m 87

pardon! *(désolé!)* ¡perdón! / ¡lo siento! 10

pardon *(excusez-moi)* perdón 10

pardon! ¡lo siento! 224

pardon? ¿cómo? 11

pare-brise parabrisas m

pare-choc parachoques m 90

parents padres mpl 120

pari *(sur chevaux)* apuesta f 114

parking aparcamiento m 26, 87, 96

parlement palacio m de las cortes 99

parler hablar 11; **~ à** hablar con 18; **… quelqu'un ici qui parle français?** ¿… alguien aquí que hable francés? 161; **parlez-vous français?** ¿habla francés? 224

partager compartir

partir *(décoller)* salir 68

partir *(train, bus)* salir

partir: je pars me voy 32

pas bien no muy bien 19

pas encore todavía no 13

pas mal no demasiado mal 19

passage piéton paso m para peatones

passage souterrain pasaje m subterráneo 96

passe bus bonobús m 79

passeport pasaporte m 17, 23, 139, 162

passer pasar; **nous passons** estamos pasando 123

pataugeoire piscina f infantil 113

patient paciente m enfermo

patinoire pista f de patinaje

patins *(à glace)* patines mpl 117

pâtisserie dulce m 40

pâtisserie *(magasin)* pastelería f 131

payer pagar 17, 42, 67

pays país m

peau piel f 166

pêche pesca; **aller à la ~** ir de pesca

pédale pedal m 82, 91

peigne peine m 143

peindre pintar

peintre pintor m 104

peintre pintor(-a) f / m 104

pelle pala f 156

pellicule carrete m 152

pendant durante 13

pendentif pendientes mpl

pendule reloj m 150

pension pensión f 20; **~ complète** pensión f completa 24

perdre perder

perdu perdido 71; **j'ai ~** he perdido 27; **je me suis perdu** me he perdido 106, 224; estoy perdido 94; **il/elle a ~ connaissance** está inconsciente 92

père padre m 120

période época f **104**

perle de culture perlas fpl 150

permanente permanente f 148

personne nadie 16

personnes âgées pensionistas fpl 74

peser: je pèse peso

petit pequeño 14

petit déjeuner desayuno m 23, 24, 34, 43

petite pequeño 24, 117

petits pains panecillos mpl 43, 160

pétrole parafina f 31

peu: un ~ un poco 15

peut-être quizá 19; tal vez

phare luz f delantera 82

phares *(voiture)* las largas f 86; faros mpl 90

pharmacie farmacia f 131, 140; **~ de garde** farmacia de guardia f 140

photo foto f 152; **~ d'identité** foto f tamaño carnet 115; **prendre une ~** hacer una fotografía; fotografiar

photocopieur fotocopiadora f 154

photographe fotógrafo m

pic pico m 107

pièce *(monnaie)* moneda f

pièce d'identité carnet m de identidad

pièces de rechange piezas fpl 89, 137

pied pie m; **à ~** a pie m 17, 95

pile pila f 137, 150, 152

pilule píldora f 167

pince à épiler pinzas fpl; bruselas fpl

pinces à linge pinzas fpl de la ropa 149

pipe *(fumer)* pipa f

pique-nique picnic m

piquet de tente *(grand)* mástil m 31

piquets de tente estacas fpl 31

piqûre ardor m 141

piqûre inyección f 168

piqûre *(d'insecte)* picadura f 141, 142; **~ de moustique** picadura f de mosquito

pire: le/la ~ el/la peor 14

piscine piscina f 22, 26, 116; **~ en plein air** piscina f al aire libre 116; **~ couverte** piscina f cubierta 116; **~ pour enfants** piscina f para niños 116

piste cyclable rutas f para bicicletas 106

placard armario m

place *(train)* asiento m 77

place *(lieu)* plaza f 95

places *(théâtre)* entradas fpl 108

plage playa f 116; **~ de galets** playa f de guijarros 116; **~ de sable** playa f de arena 116

plaire: ça me plaira? ¿me gustará? 110

(tu) plaisantes! ¡no me digas! 19

plaisanterie broma f; chiste m; burla f

plaît: ça ne me ~ pas no me gusta 100; **ça me ~** me gusta 135; **ça vous ~ ici?** ¿le gusta aquí? 119

plan de la ville plano m de la ciudad 151

plan du métro mapa f del metro 80

planche à voile tabla f de windsurf 116

planche de surf tabla f de surf 116

plante planta f

plaque d'immatriculation placa de la matrícula f 90

plaqué-argent plateado m/f; chapado en plata 150; **~-or** chapado en oro 150

plaquettes de freins pastillas fpl de los frenos 91

plat plato m 43; **la batterie est à ~** la batería no funciona 88; **plus ~** *(terrain)* más nivelada 31

plateau bandeja f

platine platino m 150

plein lleno m 14, 87

pleuvoir llover 122

plombage empaste m 168; funda f 168

plombier fontanero m

plongée: combinaison de ~ traje m de buceo; vestido m isotérmico

plonger tirarse de cabeza 116

plus más 134; **~ que (ça)** más que (eso) 15

plutôt mal bastante mal 19

pneu neumático m 83

point punto m; **~ de rassemblement** punto m de reunión 81; **~ de vue** mirador m 107

pointes puntas fpl 148

pointure talla f 115

pois guisantes m 47

poison veneno m 141

poissonerie pescadería f 131

poissons pescados mpl 45

poitrine pecho m 166

poivre pimienta f 38

police policía f 92, 161

pommes manzanas fpl 169

pommes de terre patatas fpl 38, 47

pompe bomba f 82

pont puente m 95, 107

port puerto m

porte puerta f 25

porte-clefs llavero m 155

porte-monnaie monedero m 162

portefeuille cartera f 42; billetera f 162

porteur mozo m 71

portion porción f 40; **~ enfant** porciones fpl para niños 39

posologie posología f 140

possible posible; **le plus tôt ~** lo antes posible

poste correo m; **bureau de ~** oficina f de correos 131

poste *(téléphone)* extensión f 128

pot bote m 159; **~ d'échappement** tubo m de escape 82, 90

potage sopa f 44

poterie cerámica f

poubelles papeleras fpl 30

pouce pulgar m 166

poumon pulmón m 166

poupée muñeca f 156

pourboire propina f

pourquoi? ¿por qué? 15; **~ pas?** ¿por qué no? 15

pourriez-vous podría 11

poussette carrito m del bebé

pouvez-vous …? ¿puede …? 18

préféré favorito

premier primer 75, 217

première classe primera f clase 74

prendre *(médicament)* tomar 140; **~ des photos** sacar fotos 100; **je la prends** me la quedo 24

prénom nombre m 23

près cerca 95; **~ de** cerca de 12, 74, 92

présentation presentaciones fpl 118

présente presentar 118

préservatif preservativo m; condón m

préservatifs condones mpl 142

presque casi

pressé: je suis ~ tengo prisa 15

pressing tintorería f 131

prêt listo 17, 89

prêter prestar; **pourriez-vous me ~ …?** ¿me puede prestar …?

prêtre sacerdote m; cura m

prévenir: prévenez ma famille notifíqueselo a mi familia 167

prier: je vous en prie no hay de qué 10

principaux points d'intérêt puntos principales de interés mpl 97

printemps primavera f 219

priorité prioridad f 93

prise *(électrique)* enchufe m 149

prison cárcel f; prisión f

prix precio m 24, 74, 87

problèmes problemas mpl 25, 28

prochain próximo 14, 75;

prochain que viene 218; **~ arrêt** próxima f parada 79

prochaine: l'année ~ el año que viene

proche cerca 92; **le/la plus ~** el/la más cercano(-a) 130

produits productos mpl; **~ de beauté** productos mpl para la belleza; cosméticos mpl; **~ de nettoyage** artículos mpl de limpieza 149; **~ laitiers** productos mpl lácteos 158

professeur profesor(-a) f/m

profession profesión f 23; **quelle est votre ~?** ¿de qué trabaja?

profond profundo

promenade paseo m; excursión f 106; **~ en bateau** excursión en barco f 97

prononcer pronunciar

propre limpio 14, 41

A-Z

propriétaire propietario m; dueño m

protestant protestante 105

provisions provisiones fpl 160

puce pulga f

puis luego 13

puis-je? ¿puedo? 18

Q

pyjama pijama m

quai andén m 76

quais andenes mpl 73

qualité calidad f 134

quand ¿cuándo? 13

quantité cantidad f 134

quarante cuarenta 217

quart cuarto m 217; **~ d'heure** cuarto m de hora 221

quatorze catorce 216

quatre cuatro 15, 216

quatre-vingt-dix noventa 217

quatre-vingts ochenta 217

quatrième cuarto(-a) 217

que que; **~ pensez-vous de...?** ¿que le parece …? 119

quelqu'un alguien 16; **il y a quelqu'un qui parle …?** ¿hay alguien que habla …?

quelque chose algo 16

quelquefois a veces 13

quelques unos(-as) 15

question pregunta f

queue: faire la queue hacer cola 112

qui? ¿quién? 16; **à ~?** ¿de quién? 16

quinzaine quincena f

quinze quince 216

R

raccommoder remendar 137

radiateur calentador m

raisin uvas fpl 160

ralentissez! ¡ralentizad !

rame tren m 80

randonnée excursión f a pie

rapide rápido 14

rapidement rápidamente 17

rapides rápidos mpl 107

raquette raqueta f 115

rare raro

rasoir máquinas f de afeitar 26; **~ électrique** máquina f de afeitar eléctrica

ravine barranco m 107

rayon sección f 132, 158

rayons *(vélo)* radios mpl 82

réception recepción f 26

réceptionniste recepcionista f

réchaud de camping hornillo m de gas 31

réclamations quejas fpl 41

recommandé: envoyer en ~ mandar por correo m certificado 154

recommander recomendar; **je vous recommande** le recomiendo 37; **pouvez-vous me recommander** puede recomendarme 21, 35, 97,112

reçu recibo m 32, 42, 89, 136, 152

réduction descuento m 24, 74, 100

réfléchir: je voudrais ~ quiero pensármelo 135

réflecteurs reflectores mpl 82

réfrigérateur frigorífico m 29

refuser refusar 125

regarder *(exposition)* dar una vuelta 100

régime: je fais un ~ estar a régimen

région región f 106

règles periodo m 167; **~ doulou-reuses** molestias fpl del periodo 167

rein riñón m 166

religion religión f

remonte-pente telesquí m 117

remplir rellenar 139

rencontres citas fpl 126

rendez-vous cita f 163

rendez-vous *(point de)* punto de encuentro m 12; **je peux prendre ~ pour …?** ¿puede darme una cita para…? 163; **prendre ~** pedir hora 148

renseignements información f 70, 97, 127

rentrer à pied ir andando 65

réparation reparaciones fpl 89, 137

réparer arreglar 137

repas comida f 24, 42, 125; **c'était un très bon ~** fue una comida estupenda 125; **~ pour végétariens** comidas fpl para vegetarianos 39; **~ pour diabétique** comidas fpl para diabéticos 39

repasser planchar 137, 146

répéter repetir 11, 94, 128

représentant representante 27; **~ de vente** agente m de ventas

réservation reserva f 77

réservations reservas fpl 21, 30

réserver reservar 36, 81, 109

réservoir depósito m del combustible 82

respirer respirar 92; **respirez** respire 165

ressemelage reparación f de calzado

restaurant restaurante m

restauration rapide restaurante m de comida rápida 35

rester quedar

resterons quedaremos 23

retard retraso 70; **en ~** atrasado 221

retirer *(de l'argent)* sacar dinero 139

retourner volver 95

retraité jubilado 121

retraités pensionistas mpl 100

retrouver: je vous retrouve … quedamos … 125

rétroviseur espejo 82; **~ extérieur** espejo m lateral 90

réveille-matin despertador m

revenir: je reviendrai volveré 140

rez-de-chaussée planta baja f 132

rhumatisme reumatismo m

rhume resfriado m 141, 142, 164; **~ des foins** fiebre f del heno 142

rideaux cortinas fpl

rien nada; **~ d'autre** nada más 15

rire: pourquoi riez-vous? ¿por qué se ríe? 126

rivage orilla f; ribera f

rivière río m 107

rixe pelea f

riz arroz m 47

robe vestido m 145

robinet grifo m 25; **~ d'arrêt** llave f de paso 28

romantique romántico 101

rond redondo 134

rose rosa 144

rôti asado

roue rueda f; **~ arrière** rueda f trasera 82; **~ avant** rueda f delantera 82; **~ de secours** rueda f de repuesto 91

rouge rojo 144; **~ à lèvres** lápiz m; barra f de labios

rue calle; **~ principale** calle mayor f 96

rues commerçantes zona f de tiendas 99

ruines ruina f 99

ruisseau arroyo m 107

A-Z

S **s'il vous plaît** por favor 10, 224

sable arena f

sabot de Denver cepo m 87

sac bolsa f 67; **~ à dos** mochila f 31, 146; **~ à main** bolso m 145, 162; **~ de couchage** saco m de dormir 31; **~ en plastique** bolsa f de plástico 157; **~ photo** funda f para la cámara 152; **~ plastic** bolsa f de plástico; **~ poubelle** bolsa f de basura 149; **~ vomitoire** bolsa f para el mareo 70

saccharine sacarina f 38

sacoche de bicyclette cesta f 82

saigner sangrando 92, 163

salade ensalada f 38

salé salado

sale sucio 14

salle sala f; **~ à manger** comedor m 26, 29; **~ d'attente** sala f de espera 73; **~ de bains** baño m 21; cuarto de baño 26, 29; **~ de change** *(pour bébé)* instalaciones fpl para cambiar al bebé 113; **~ de concerts** sala f de conciertos 111; **~ de départ** sala f de embarque; **~ de jeux** salón m recreativo 113; **~ de séjour** sala f de estar 29

salon salón m 29

salut! ¡hola! 10, 224

salutations saludos fpl 10

samedi sábado m 218

sandales sandalias fpl 146

sandwich bocadillo m 40

sang sangre; **prise de ~** muestra f de sangre 165

sans sin; **~ plomb** sin plomo 87

santé! ¡salud!

satisfait satisfecho; **je ne suis pas ~ du service** no estoy satisfecho con el servicio

sauce salsa f 38

saucisse salchichas fpl 46, 160

sauf salvo

sauveteur socorrista m 116

sauna sauna f 22

savoir: je sais sé 15

savon jabón m 27, 143

scooter des mers moto f acuática 116

seau cubo m 156

second segundo 217

secours: au ~! ¡socorro! 224; **sortie de ~** salida f de emergencia 132

secrétaire secretario(-a) m/f

sécurité seguridad f 65, 139; **je ne me sens pas en securité** no me siento seguro 65

sédatif sedante m calmante m

sein seno m 166

seize dieciséis 216

séjour visita f 66

sel sal m 38, 39

self-service autoservicio m 87

selle sillín m 82

selles: examen des selles muestra f de heces 165

semaine semana f 13,23, 24, 97, 218; **pendant la ~** durante la semana 13

semelle suela f

sentier sendero m 107

sentiers de randonnée rutas fpl de senderismo 106

séparé separado 120

séparément separado 42

sept siete 13, 216

septembre septiembre m 218

séropositif seropositivo

serrure pestillo m 25

service servicio m 24, 42, 105, 133; **~ de nettoyage complet** servicio m de planchado

services servicios mpl 131

serviette servilleta f 39; **~ de bain** toalla f de baño 27; **~ en papier** servilleta f de papel 149; **~ hygiénique** compresa f 143

seul solo 120

shampooing champú m 143; **~ et mise en plis** lavado y marcado 148

siège asiento m 74, 75

signaler *(dénoncer)* denuciar 161

signature firma f 23

signer firmar; **signez ici** firme aquí 23, 139

silencieur silenciador m 91

silencieux silencioso 14

situation situación f 95

six seis 216

skis esquís; **~ nautiques** esquís acuáticos mpl 116

slip de bain bañador m 145

slips calzoncillos mpl 145

smoking *(tenue)* smoking m; esmoquin m

snack bar bar m 73

soie seda f

soif: j'ai soif tengo sed

soins du visage limpieza de cara f 148

soins et beauté salud y belleza f 148

soir por la noche 140; **ce ~** esta noche 124

soirée fiesta f 124; velada f 126

soixante sesenta 217

soixante-dix setenta 217

sol suelo m 31

soldes rebajas 129

soleil sol; **coups de ~** quemaduras del sol mpl 142

soliste solista m 111

solution stérélisante solución f esterilizante 143

sombre oscuro 14, 24

sommet pico m 107

somnifère somnífero m

son/sa/ses su/su/sus 16

sonnette timbre m 82

sorte: quelle ~ de … qué tipo de …

sortie salida f 83, 132; **~ de secours** salida de emergencia 78

sortir salir 124

soupe sopa f 44

sœur hermana f 120

sourd sordo 164

sous debajo de; abajo de

sous-sol subsuelo m

sous-titrage subtitulada 110

soutien-gorge sujetador m 145

souvenir, se: je ne me souviens pas no me acuerdo

souvenirs recuerdos mpl 98, 155

souvent a menudo 13; muchas veces

spécialiste *(médecin)* especialista m 165

spécialités régionales platos mpl típicos de la zona 37

spectacle espectáculo m 112

spectateur espectador m 114

sports deportes mpl 114

stade estadio m 96

starter estárter 91

station estación; **~ de métro** estación de metro f 80, 96; **~ de taxi** parada de taxis f 96; **~ de vacances** centro m turístico; **~ thermale** balneario m 107; **~-service** estación de servicio f 87

stationnement aparcamiento m 87

statue estatua f 99

stores persiana f 25

stupéfiant precioso 101

tire-bouchon sacacorchos m 149

tire-fesses percha f 117

tissu tela f 146

toi ti 16

toilettes servicios f 26, 29, 39, 96, 98; wáter m 25

toit techo m; **~ ouvrant** techo m solar 90

tomber en panne tener una avería 88

ton/ta/tes tu/tu/tus 16

torche électrique linterna f 31

torchon paño m de cocina 155

torticolis tortícolis m

tôt temprano 14; **plus ~** más antes 125; poco antes 125

totalement totalmente 17

toujours siempre 13

tour torre f 99

touriste turista m/f

tourner: tournez tuerza 95

tournevis destornillador m 149

tous les jours cada día

tous todos

tousser toser; **toussez** tosa 165

tout droit todo recto 95

toutes todas 13; **~ les heures** cada hora f 76

toux tos f 142

toxique tóxico

traducteur(trice) traductor(-a) m/f

traduction traducción f

traduire traducir; **... me traduire** ... traducirme 11

train tren m 13, 72, 123

traiteur charcutería 130

tram tranvía m

tranches rodajas fpl 159

transit: en ~ estoy de paso 66

traumatisme crânien traumatismo craneoencefálico m

travers, à de parte a parte

traversier ferry m 81

treize trece 216

trente treinta 216

très muy 17

très bien muy bien 19

trois tres 15, 216

troisième tercero(-a) 217

trop demasiado 15, 41, 93, 117; **~ cher** demasiado caro 134; **~ de soleil** demasiado sol 31; **~ vite** demasiado deprisa 17

trottoir acera f 12; pavimento m

trou agujero m

trouver encontrar 18

tunnel túnel m

TVA IVA f 24

ulcère úlcera f

un uno 15, 216

uni unidad

uniforme uniforme m

unités unidades fpl 154

urgent urgente 127

utiles útiles 19

va: ça vous ~? (vêtements) ¿le está bien? 147

vacances vacaciones fpl 66, 123

vacciné vacunado 165

vaisselle vajilla f 149

valeur valor m 154; **de grande ~** de gran valor

valide válida 136

valises maletas fpl 69; **faire les ~** hacer sus maletas

vallée valle m 107

valve válvula f 90

végétarien vegetariano 35

veilleuse (sur véhicule) luz f de situación

vomir vomitar; **j'ai vomi** he estado vomitando 164; **je suis sur le point de vomir** estoy a punto de vomitar

(je) voudrais quiero 14, 18, 129

voyage viaje m 76, 77; **~ d'affaires** viaje de negocios 123; **~ en bateau** excursiones fpl en barco 81; **~ en voiture** viajar en coche 94; **je voyage** viajo 66

vrai verdad; **c'est ~** es verdadero; **ce n'est pas ~!** ¡no es verdad!

VTT bicicleta f de montaña 83

vue vista f; **avec vue sur la mer** con vistas al mar

wagon coche m 75; **~-couchette** coche litera m 77; **~-lit** coche f cama 74; **~-restaurant** coche restaurante m 75, 77

WC servicio m 29
week-end fin m de semana 86, 218

y a-t-il...? ¿hay...? 17
yacht yate m
yaourt yogurt m 160

zéro cero 216

zone piétonnière zona peatonale f 96

Lexique
Espagnol–Français

Ce lexique espagnol-français couvre tous les domaines dans lesquels vous pourriez devoir décoder l'espagnol écrit: hôtels, édifices publics, restaurants, magasins, billetteries et transports. Il vous aidera également à lire les formulaires, plans, étiquettes de produits, panneaux routiers et notices d'utilisation (pour téléphones, parcmètres etc.).

Si vous ne rencontrez pas le terme exact, il se peut que vous trouviez des mots clés ou termes énoncés séparément.

A

a descontar de su próxima compra à déduire de votre prochain achat

a estrenar flambant neuf

a la carte à la carte

a la ... à la ... (mode)

a la tarjeta de crédito sur votre carte de crédit

a su elección de votre choix

abierto ouvert

abierto de ... a ... y de ... a ... heures d'ouverture

abril avril

abrir aquí couper ici; ouvrir ici

abróchense los cinturones attachez vos ceintures

acantilado précipice

acceso al garaje prohibido durante la travesía accès interdit au pont automobiles pendant la traversée

accesorios de baño accessoires de salle de bains

accesorios de cocina équipement de cuisine

aceite huile (de cuisson)

acero acier

acto événement

actuación concert

actualizado actualisé

acueducto aqueduc

administración de lotería loterie

admissiones admissions

adultos adultes

aerodeslizador hydroptère

aeropuerto aéroport

agencia de viajes agence de voyages

agencia inmobiliaria agence immobilière

agítese bien antes de usar bien agiter avant l'utilisation

agosto août

agua potable eau potable

al aire libre en plein air; à l'extérieur

al recibir respuesta introduzca las monedas à l'instant de la réponse, introduire les pièces de monnaie

albergue de carretera motel

albergue juvenil auberge de jeunesse

alerta L avis de tempête

algo que declarar marchandises à déclarer

algodón coton

alimentos dietéticos alimentation diététique

almacén de muebles entrepôt de mobilier

almacenes de música disquaire

almacenes generales magasins d'approvisionnement

alpinismo alpinisme

alquiler de coches location de voitures

alquiler de smoking location de costumes

alta tensión haute tension

altitud altitude

altura máxima marge de sécurité; hauteur maximale

altura sobre el nivel del mar altitude par rapport au niveau de la mer

aluminio aluminium

amarre prohibido interdiction d'amarrer

andén quai

andenes vers les quais

anfiteatro amphithéâtre

animales de compañía animalerie

antes de entrar, dejen salir prière de laisser sortir les passagers en premier lieu

antes de las comidas avant les repas

anticuario magasin d'antiquités

antigüedades antiquités

Año Nuevo jour de l'an

apague el motor éteignez votre moteur

aparcamiento parking; aire de stationnement

aparcamiento autorizado stationnement autorisé

aparcamiento clientes parking réservé à la clientèle

aparcamiento de residentes réservé aux résidents

aparcamiento gratuito stationnement gratuit

aparcamiento no vigilado parking sans surveillance

apartadero aire de stationnement

apellido nom

apellido de la esposa nom d'épouse

aperitivo apéritif

apto para cocción en horno microondas convient au four à micro-ondes

apto para regímenes vegetarianos convient aux régimes végétariens

apuestas deportivas agence de paris

arca de agua château d'eau

arcén blando accotement non stabilisé

arcén duro accotement stabilisé

área de servicio halte routière

arenas movedizas sable mouvant

aroma arôme

arroyo ruisseau

arte art

artículos de regalo articles cadeaux

ascensor ascenseur

asiento de pasillo place côté allée

asiento de ventanilla place côté fenêtre

asiento número place n°

asiento reservado para personas que merecen atención especial veuillez céder cette place aux personnes âgées ou infirmes

atención al cliente service clientèle

atletismo athlétisme

atracción para turistas attraction touristique

auténtico véritable

auto-servicio libre-service

autobús bus

autocar autocar

autocine ciné-parc

autopista autoroute

autovía route à double voie; autoroute

avenida avenue

avión avion

avisamos grúa/cepo les véhicules en stationnement interdit seront emmenés en fourrière ou immobilisés

aviso avertissement

aviso de tempestad avis de tempête

ayuntamiento hôtel de ville

azúcar sucre

B **bahía** baie
bailador danseur
baile danse

bajar descendre

bajo su responsabilidad aux risques du propriétaire

baloncesto basket-ball

balonmano handball

balonvolea volley-ball

banco banque

banda magnética abajo a la derecha bande magnétique en dessous et à droite

baños thermes

barbacoa barbecue

barca de remos barque

barco navire ; bateau à vapeur

bebidas incluidas boissons comprises

bebidas sin alcohol boissons non alcoolisées

béisbol base-ball

bicicleta bicyclette

bicicleta todo terreno vélo tout-terrain

bienvenido bienvenue

billar billard

billete de abono abonnement

bodega établissement vinicole

bolera bowling

bomberos pompiers; poste de pompiers

bosque forêt; bois

botas de esquí chaussures de ski

botes salvavidas canots de sauvetage

botiquín trousse à pharmacie

bufet libre-service

bulevar boulevard

butaca orchestre

C **caballeros** hommes (toilettes)
cada ... horas toutes les ... heures
caduca el ... valable jusqu'au ...

café café

caja caisse

caja de ahorros caisse d'épargne

caja rápida caisse rapide

cajero automático distributeur automatique de billets

A-Z

A-Z

cajero fuera de servicio distributeur hors d'usage
cajeros caissiers
cala crique; calanque
calcio calcium
calle route; rue
calle cortada route barrée
calle de sentido único rue à sens unique
calle mayor route principale
calle sin salida passage interdit; route barrée
callejón avenue
callejón sin salida cul-de-sac
calorías calories
calzada en mal estado accotement non stabilisé
camarotes cabines
cambie (a otra línea de metro) changement (vers d'autres lignes de métro)
cambie en … changer à …
camino sentier
camión camion
cámping con hierba site de camping herbeux
cámping piso de arena site de camping sableux
cámping piso de piedra site de camping rocailleux
campo parc ordinaire/de verdure; champ
campo de batalla champ de bataille
campo de deporte(s) parc/terrain de sports
campo para meriendas zone de pique-nique
camposanto cimetière
cancelado annulé
canoa canoë
canónigo canon
caña de pescar canne à pêche
caño de agua robinet
cañón canyon
capilla chapelle
cápsulas capsules
caravana remorque/caravane
carga máxima limite de chargement
carnaval carnaval
carne viande
carnicería boucher
carretera de peaje péage routier
carretera en construcción route en construction
carretera estrecha route étroite
carretera helada route verglacée
carretera secundaria route secondaire

carretera sin pavimentar route non revêtue
carretillas chariots
carril bici piste cyclable
carril bus desserte en autobus
carta menu
casa maison
casa de huéspedes maison d'hôtes
casa solariega château
cascada cascade
casco protector casque de protection
caseta de baño cabine de bain
castillo château
cata de vinos dégustation de vins
catedral cathédrale
ceda el paso céder le passage
cementerio cimetière
centrifugar centrifuger
centro antiguo ville ancienne
centro ciudad centre-ville
centro comercial centre commercial
centro de jardinería centre de jardinage; jardinerie
cepo en rueda blocage de direction
cerrado al tráfico route barrée
cerrado fermé
cerrado hasta el … fermé jusqu'au …
cerrado por descanso semanal fermé pour congé hebdomadaire
cerrado por reformas fermé pour rénovations
cerramos a mediodia fermé à l'heure de midi; à l'heure du déjeuner
cerveza bière
chaleco salvavidas gilet de sauvetage
charcutería charcuterie
ciclismo cyclisme
cierren la puerta prière de fermer la porte
cine cinéma
circo cirque
circuito de carrera piste de course
circulación en ambos sentidos circulation à double sens
circulación prohibida fermé à la circulation
circulen por la derecha/izquierda rester à droite/gauche
circunvalación déviation
ciudad ville
ciudades de vacaciones village de vacances
clasificación surveillance parentale souhaitée (classification cinématographique)
clínica de salud clinique

clínica oftalmológica clinique ophtalmologique

clínica pediátrica service pédiatrique

club de campo cercle sportif

coche voiture; autocar

cocina cuisine

cocinar sin descongelar cuire sans décongeler

colina colline

coloque el tíquet detrás del parabrisas placer le ticket sur le pare-brise

colores sólidos grand teint

comedia comédie

comedor salle à manger

comedor para desayunos salle de petit déjeuner

comestibles denrées alimentaires

comida para llevar à emporter

comienza a las … (de la mañana/tarde) début à …

comisaría de policía commissariat

compact disc disque compact

competición compétition

completo complet

compra-venta de achat-vente de

comprimido comprimé

con baño avec salle de bains attenante

con cocina avec cuisine

con las comidas avec repas

con plomo avec plomb

con recargo supplément

con suplemento supplément

con vistas al mar avec vue sur mer

concierto de música pop concert pop

confección propia fait maison

confitería confiserie

congelado surgelé

congelados aliments surgelés

congestión retards probables

conservantes conservateurs

conservar en lugar fresco maintenir au frais

conservar en refrigerador maintenir au réfrigérateur

conservas conserves

conserve su billete prière de garder vos tickets

consigna consigne

consulta del doctor consultation médicale

consulte con su médico antes de usar consultez votre médecin avant l'utilisation

consultorio cabinet de consultation

consumir antes de à consommer de préférence avant …

contador de luz (electricidad) compteur électrique

contenedor para botellas conteneur à bouteilles

contorno contour

control de aduana contrôle douanier

control de inmigración contrôle de l'immigration

control de pasaportes contrôle des passeports

convento couvent

correduría de seguros agent d'assurances

correos poste

costa côte

cristal reciclado verre recyclé

cruce carrefour

cruce de autopista échangeur d'autoroutes

cruceros croisières

cruceros en barco croisières en paquebot

cruceros en el río excursions sur rivière

cubierta pont cabine

cubierta de sol terrasse

cubierta superior pont supérieur

cuero cuir

cuidado con el perro attention au chien

cuidados intensivos soins intensifs

cumbre pic

curvas peligrosas virage dangereux

D dársena port; darse

de etiqueta tenue de soirée

de fácil acceso al mar accès aisé à la mer

de gira en tournée

de la mañana/madrugada (du/au) matin

de la tarde/noche (de) l'après-midi

de … a … horas de… à…

deje su coche con la 1ª marcha maintenez la première vitesse enclenchée

dejen libre la … défense d'approcher

dejen sus bolsos aquí prière de déposer vos bagages ici

deporte sport

deportes magasin d'articles de sports

derecho tout droit

derecha droite

desayuno petit déjeuner

desconectado déconnecté

descuentos réductions

desechable jetable

desierto désert
desprendimientos chute de pierres
después de las comidas après les repas
destino destination
desvío déviation
desvío para camiones déviation poids lourds
devolución del depósito remboursement
devuelve cambio rend la monnaie
día festivo congé national
día y noche service 24 heures sur 24
diciembre décembre
diócesis diocèse
dirección directeur; direction
directo direct; service direct
director (de orquesta) chef (d'orchestre)
distancia entre tren y andén attention au trou (métro)
disuélvase en agua dissoudre dans l'eau
divisas compra devise achetée à
divisas venta devise vendue à
doblada doublé
domicilio habitual adresse du domicile
domingo dimanche
Domingo de Ramos dimanche des Rameaux
Domingo de Resurrección dimanche de Pâques
dosis dose
droguería droguerie
duchas douches
duna dune
durante ... días pour ... jours

E **edificio público** édifice public
el chef recomienda ... le chef suggère...
electricidad/electrodomésticos magasin d'appareils électroménagers
embajada ambassade
embarque embarquement immédiat
embutidos saucisses
empieza a las ... début à...
empujad/empujar pousser
en ayunas le ventre vide
en caso de avería llamar al ... en cas de panne, contactez ...
en caso de emergencia rompa el cristal brisez la vitre en cas d'urgence
en construcción en construction/projet

en el acto sur-le-champ
en proyecto en construction/projet
en sala intérieur
en temporada en saison
encienda luces de carretera allumez vos phares
enero janvier
enfermería infirmerie
enfermos de ambulatorio patients externes
ensanche para adelantar zone de dépassement
entrada entrée
entrada de autopista entrée d'autoroute
entrada libre entrée gratuite
entrada por la puerta delantera entrez par la porte principale
entrada sólo para residentes résidents uniquement
entradas tickets
equipo de buceo équipement de plongée
escalera mecánica escalier roulant
escarpa escarpement
escuela école
especialidad de la casa/del chef spécialité de la maison/du chef
espectáculo spectacle
espectadores spectateurs
espera de ... minutos attente: environ... minutes
espere aquí (detrás de este punto) attendez derrière ce point
espere detrás de la valla prière d'attendre derrière la barrière
espere la luz verde attendez le feu vert
espere respuesta attendez une réponse
espere su turno prière d'attendre votre tour
espere tono attendez la tonalité
esquí de fondo ski de fond
esquí náutico ski nautique
esquiar skier
esquís skis
esta máquina no da cambio ne rend pas la monnaie
está prohibido interdit
esta tarde ce soir
estación de ferrocarril gare ferroviaire
estación de servicio station-service
estación de metro station de métro
estadio stade
estanco bureau de tabac
estatua statue
estreno première
extintor extincteur

F fábrica usine
factor 8 (de protección solar) facteur 8 (lotion solaire)
farmacia pharmacie
faro phare
febrero février
fecha de caducidad de la tarjeta de crédito date d'expiration de la carte de crédit
fecha de nacimiento date de naissance
feria foire
ferrocarril chemin de fer
festival festival
fibra artificial fibre synthétique
ficción fiction
fila rangée
fin de autopista fin d'autoroute
fin de desvío fin de déviation
fin de obras fin de travaux
fin del trayecto/servicio terminus
firma signature
firme en mal estado route à surface accidentée
flash prohibido flashes photographiques interdits
floristería fleuriste
flotador bouée
fotocopias photocopies
fotografía magasin d'articles photographiques
frágil ... cristal verre ... fragile
franquicia de equipaje admission des bagages
freno emergencia frein de secours
fresco frais
frontera frontière
frutas fruits
frutos secos fruits secs
fuegos artificiales feux d'artifice
fuente fontaine
fuera de servicio hors d'usage
fuerte forteresse
fumadores fumeurs
funicular téléphérique; funiculaire
funicular aéreo téléphérique/cabine
fútbol football
fútbol americano football américain

G gabinete dental dentiste
galería centre commercial
galería de arte galerie d'art; magasin d'articles d'art
galería superior balcon

galletas biscuits
ganga bonne occasion
garaje garage; pont voitures
garaje subterráneo garage souterrain
garganta gorge
gasa de seda mousseline
gasolina essence
gasolina normal essence normale
gasolina sin plomo essence sans plomb
gasolinera station-service
gastos bancarios frais bancaires
giro postal mandat postal
giros mandats
giros y transferencias virements et transferts
glutamato monosódico glutamate de monosodium
gorro de baño obligatorio bonnet de bain obligatoire
gotas gouttes
grada gradin
gragea pilule; dragée
grandes almacenes grande surface
granja ferme
gratis gratuit
gravilla projection de graviers
grifo robinet
grúa service de dépannage
grupos bienvenidos bienvenue aux groupes
gruta grotte
guardarropa vestiaire
guía guide
guía del almacen guide de magasin

H habitaciones chambre (petit déjeuner généralement non compris)
habitaciones libres chambres libres, à louer
hacer la habitación cette chambre doit être rangée
hasta 8 artículos 8 articles maximum
hay refrescos rafraîchissements disponibles
hecho a medida fait sur mesure
herido (grièvement) blessé
hielo verglas
hierro fer
hilo fil
hiper/hipermercado hypermarché
hípica hippique

A-Z

hipódromo course de chevaux; hippodrome
hockey sobre hielo hockey sur glace
homeopático homéopathique
horario de invierno horaires d'hiver
horario de verano horaires d'été
horario de visitas heures de visite
horarios horaires
horas de oficina heures d'ouverture
horas de recogida heures de ramassage
horas de visita heures de visite
hospicio hospice
hoy aujourd'hui

I
ida sólo (aller) simple
ida y vuelta ticket aller-retour
idiomas langues
iglesia église
importe exacto monnaie exacte; tarif exact
imprenta imprimerie
impresionante superproduction
impuestos TVA/taxe de vente
incluido compris dans le prix
incluye primera consumición première boisson complémentaire comprise
inflamable inflammable
información informations
información al cliente renseignements clientèle
información nutricional informations nutritionnelles
ingredientes ingrédients
inserte monedas y pulse botón del producto elegido introduisez les pièces de monnaie, ensuite appuyez sur le bouton correspondant à l'article sélectionné
intersección carrefour
introduzca su tarjeta introduisez votre carte de crédit
introduzca una moneda introduisez les pièces de monnaie
introduzca una tarjeta de crédito introduisez la carte de crédit
invierno hiver
Islas Baleares Iles Baléares
Islas Canarias Iles Canaries
I.V.A. (incluido) TVA/taxe de vente incluse
izquierda gauche

J
jardín parc ordinaire/de verdure; jardin

jardines botánicos jardin botanique
joyería bijoutier
jueves jeudi
juguetería magasin de jouets
julio juillet
junio juin
juzgado palais de justice

K
kiosko kiosque à journaux

L
la dirección declina toda responsabilidad en caso de robo o daños la direction décline toute responsabilité en cas de vol ou de dommages
laborables jours ouvrables
lago lac
lana laine
lavabos toilettes
lavadero lavoirs
lavado poste de lavage
lavandería blanchisserie
lavar a máquina lavable en machine
leche lait
lechería laiterie
legumbres légumes
lentamente lentement
levante el auricular auto-stoppeur
libre à louer; libre
librería librairie; bibliothèque
lino lin
literas couchettes (train)
liquidación por cierre solde de fermeture
llamada gratuita numéro d'appel gratuit
llame al timbre prière de sonner
llegadas arrivées
lluvia pluie
lo mismo servido con ... la même chose accompagnée de ...
local equipado con sistemas de vigilancia système de surveillance en fonctionnement
luces lumières
lugar lieu
lugar de nacimiento lieu de naissance
lunes lundi
Lunes de Pascua lundi de Pâques
luz de carretera allumez vos phares

M
madera bois
manantial source

manténgase congelado maintenir surgelé

mantener fuera del alcance de los niños maintenir hors de portée des enfants

mantenga esta puerta cerrada tenir la porte fermée

mantequería crémerie

mañana demain

mar mer

marisma marais

marque el número composez le numéro

marque ... para obtener linea pour une ligne extérieure, composez ...

marque ... para recepción pour la réception, composez ...

martes mardi

marzo mars

materia grasa matières grasses

maternidad maternité

matrícula numéro d'immatriculation automobile

mayo mai

mayores de ... interdit aux enfants de moins de ...

media pensión demi-pension

mejorado amélioré

memorial requête

menú del día menu du jour

menú turístico menu touristique

mercado marché

mercado cubierto marché couvert

mercancía libre de impuestos marchandises hors taxe

merendero aire de pique-nique

mermeladas confitures et marmelades

mesas arriba places à l'étage

metro métro

miércoles mercredi

mina mine

mínimo ... minimum ...

mirador point de vue

modo de empleo notice d'utilisation

molino moulin

molino de viento moulin à vent

monasterio abbaye; monastère

moneda extranjera devise étrangère

montaña montagne

montañismo escalade

monumento histórico monument historique

monumento monument

mostrador (para registrarse) comptoir d'enregistrement

mostrador de infor-mación bureau d'infor-mations

moto de agua jetski

muebles mobilier

multi cine cinéma multiplex

muralla mur

murallas de la ciudad enceinte de la ville; murailles

museo musée

música clásica musique classique

música de baile musique de danse

música de órgano musique d'orgue

música en directo concert musical en direct

música ligera musique légère

música regional musique folklorique

muy despacio très lentement

 nacionalidad nationalité

nada que declarar rien à déclarer

natación natation

navegar voile; naviguer

Navidad Noël

nieve neige

niebla brouillard

nieve helada neige verglacée

nieve húmeda neige humide

nieve pesada neige lourde

nieve polvo neige poudreuse

nilón nylon

niños enfants

niños sólo acompañados por un adulto interdit aux enfants non accompagnés

no abandone su equipaje surveillez toujours vos bagages

no acercarse ne pas approcher

no administrar por vía oral ne pas administrer par voie orale

no aparcar - (vado) (salida de emergencia) ne pas bloquer l'entrée

no aparcar stationnement interdit

no apoyarse sobre la puerta défense de s'appuyer contre la porte

no asomarse a la ventana défense de se pencher par la fenêtre

no adelantar dépassement interdit

no contiene azúcar sans sucre

no da cambio ne rend pas la monnaie

no daña películas ne nuit pas à la pellicule

no dejar desperdicios: multa de ... interdiction de déposer des ordures: amende ...

A-Z

no deje objetos de valor en el coche ne laissez pas d'objets précieux dans votre voiture

no devuelve monedas ne rend pas la monnaie

no echar basura défense de jeter des ordures

no fumadores non-fumeur

no hay descuentos pas de remises

no hay entradas complet

no hay entreactos sans entracte

no incluido non inclus

no ingerir ne pas ingérer

no introducir monedas hasta obtener respuesta ne pas introduire d'argent avant d'avoir reçu une réponse

no molestar ne pas déranger

no pega anti-adhérent

no pisar el césped défense de marcher sur la pelouse

no planchar ne pas repasser

no retornable non consigné

no se aceptan cambios les marchandises ne sont pas échangées

no se aceptan devoluciones nous ne remboursons pas

no se aceptan talones nous n'acceptons pas les chèques

no se aceptan tarjetas de crédito nous n'acceptons pas les cartes de crédit

no se admite durante las misas interdiction d'entrer pendant les offices

no se deforma indéformable

no se permite la entrada una vez iniciada la función interdiction d'entrer pendant la représentation

no se permiten alimentos en la habitación défense de consommer des aliments dans la chambre

no tirar al fuego ne pas brûler

no tirar basura ne pas jeter

no tocar ne pas toucher

no verter escombros défense de déverser des détritus

noche nuit

Nochebuena veillée de Noël

Nochevieja veillée de la Saint-Sylvestre

noviembre novembre

nuevas normas de circulación nouveau système de circulation en fonctionnement

número de la cartilla de la seguridad social numéro de sécurité sociale

número de la tarjeta de crédito numéro de carte de crédit

número de vuelo numéro de vol

número del pasaporte numéro de passeport

O obispo évêque

objetos perdidos objets perdus

obra de teatro pièce de théâtre

obras a ... m (metros) travaux routiers à ... m

obsequio cadeau gratuit

octubre octobre

ocupado occupé

odontólogo dentiste; odontologue

oferta especial offre spéciale

oficina de cambio (de moneda) bureau de change de devises

oficina de cambio bureau de change

oficina de información bureau d'informations

ojo con los rateros prenez garde aux voleurs à la tire

ojo con los ladrones prenez garde aux voleurs

operadora opérateur

óptica opticien

oraciones prières

orilla rive

oro or

orquesta sinfónica orchestre symphonique

ortodoncista orthodontiste

osteópata ostéopathe

otoño automne

otros pasaportes citoyens n'appartenant pas à l'UE

P pabellón pavillon

páginas amarillas pages jaunes

pagos dépôts

pagos y cobros dépôts et retraits

pague 2 lleve 3 1 gratuit à l'achat de 2

pague antes de repostar prière de payer l'essence avant de faire le plein

pague aquí payer ici

palacio palais

palcos boîtes

palos de esquí bâtons de ski

pan pain

panadería boulangerie

panorama panorama

pantano marais; réservoir

pantomima pantomime

papel reciclado papier recyclé
papelería papeterie
paquetes colis
para cabello graso pour cheveux gras
para cabello normal pour cheveux normaux
para cabello seco pour cheveux secs
para dos personas pour deux personnes
paracaidismo parachutisme
parada de ambulancias poste d'ambulances
parada de autobús arrêt de bus
parada de taxi(s) station de taxi
parada discrecional arrêt facultatif
parada solicitada pour stopper le bus
paraíso superior poulailler
pare el motor éteignez votre moteur
pared mur
parlamento édifice parlementaire
parque parc ordinaire / de verdure
parque de atracciones parc d'attractions
parque nacional parc national
parque reserva réserve naturelle
parque temático parc thématique
párroco Père
parroquia paroisse
particular privé
partido match; partie
pasaje allée
paseo promenade
paseo peatonal passagepiétons
paso unités
paso a nivel passage à niveau
paso de peatones passage piétons
paso exclusivo para peatones réservé aux piétons
paso subterráneo passage souterrain
pastelería pâtisserie
patin patin
patinage sobre hielo patinage sur glace
patines patins
peaje péage
peatón piétonnier
peligro danger
peligro de avalancha danger d'avalanche
peligroso dangereux
peluquería coiffeur; coiffeur pour hommes
multa por viajar sin billete amende infligée à tout voyageur sans ticket
pendiente pente
pendiente peligrosa pente dangereuse
pensión completa pension complète

permiso de circulación y ficha técnica papiers d'immatriculation
pesca con caña pêche à la ligne
pesca con licencia obligatoria pêche avec permis uniquement
pesca prohibida pêche interdite
pescadería poissonnier
PGC guardia civil police de la route
piel cuir
píldora pilule
piragüismo canoéisme
piscina piscine
piscina para salto de trampolín bassin de plongeon
piso en alquiler appartement à louer
pista cerrada piste fermée
pista de bicicletas piste cyclable
pista para principiantes pour débutants (piste)
pista piste
planeo vol à voile
plata argent
platea orchestre
plato del día plat du jour
plato regional spécialité régionale
platos preparados repas préparés
playa plage
playa de nudistas plage pour nudistes
plaza place
plaza redonda rond-point
podólogo podologue
policía police
policía de tráfico police de la circulation
polideportivo centre sportif
poliéster polyester
pomada pommade
porcelana porcelaine
portero de noche portier de nuit
postres desserts
pozo puits (eau)
precaución roulez prudemment; attention
precio de la habitación tarif des chambres
precio por litro prix au litre
precipicio précipice
prefijo territorial indicatif régional
prepare importe exacto prière de préparer le montant exact
presa barrage
presente en estante hasta … vente jusqu'à…

A-Z

primavera printemps
primer piso premier étage
primera clase première classe
principal première de balcon
privado réservé au personnel; privé
probador(es) cabine(s) d'essayage
prohibida la entrada entrée interdite
prohibido a menores de 18 años interdit aux moins de 18 ans
prohibido a vehículos pesados interdit aux poids lourds
prohibido acampar camping interdit
prohibido adelantar dépassement interdit
prohibido bañarse baignade interdite
prohibido consumir alimentos adquiridos en el exterior défense de consommer en ces lieux des aliments achetés ailleurs
prohibido correr défense de courir
prohibido detenerse entre ... y ... arrêt interdit (entre ... et ...)
prohibido esquiar fuera de las pistas interdiction de skier en dehors des pistes
prohibido estacionar stationnement interdit
prohibido fotografiar interdiction de photographier
prohibido fumar en el garaje interdiction de fumer sur le pont automobiles
prohibido hablar al conductor prière de ne pas parler au conducteur
prohibido encender fuego feux/barbecues interdits
prohibido juegos de pelota jeux de balle interdits
prohibido la entrada/el paso entrée interdite
prohibido la salida/el paso issue interdite
prohibido usar el claxon usage de l'avertisseur sonore interdit
prohibido viajar de pie station/debout interdite
protéjase de la luz ne pas exposer aux rayons du soleil
próxima visita a las ... prochaine visite à ...
psiquiatra psychiatre
pueblo village
puente bajo pont bas
puente pont
puente inferior pont inférieur
puente levadizo pont mobile
puerta (de embarque) porte (embarquement)

puerta corta-fuegos porte coupe-feu
puerta porte
puertas automáticas portes automatiques
puerto cerrado couloir (de montagne) fermé
puerto deportivo marina
puerto port; col
puesto de pescado marchand de poissons
pujar monter
punto de embarque point d'embarquement
punto de encuentro lieu de rencontre

Q queso fromage
quien rompe, paga tout objet cassé sera payé
quirófano salle d'opération

R radiología radiologie
rambla avenue sur lit couvert
rampa rampe
rápido train rapide
rapidos rapides
rappel rappel
raqueta raquette
rasgar aquí déchirer ici
rayos X rayon x
rebajado bonne affaire
rebajas vente; liquidation
recambios y accesorios del automóvil magasin d'accessoires et de pièces de rechange pour automobiles
recepción réception
recibimos payé
recién pintado peinture fraîche
recital de poesías récital de poésie
recogida de equipajes récupération des bagages
recogidas a ... prochaine levée à ...
reduzca la velocidad ralentissez
referencia référence
regalos cadeaux
remitente expéditeur
remo aviron
reparación del calzado réparation de chaussures
reserva de entradas/plazas réservation de tickets
reservado réservé
respete su carril mettez-vous dans la bonne file
respeten este lugar de culto veuillez respecter ce lieu de culte
retirar dinero retraits

retire el billete prenez un ticket

retornable consigné

retraso/retrasado retardé

revisado revu

revista revue; spectacle de variétés

revistas magazines

rezos prières

río rivière/fleuve

ronda boulevard périphérique

ropa de caballero vêtements pour hommes

ropa de niños vêtements pour enfants

ropa de señoras vêtements pour dames

ropa interior femenina lingerie

rugby rugby

ruinas ruines

ruta de autobús route de bus

ruta del ferry traversée de ferry

ruta opcional parcours alternatif

ruta turística route touristique

S sábado samedi

sal sel

sala salle

sala de conciertos salle de concerts

sala de conferencias salle de conférences

sala de curas salle de soins

sala de espera salle d'attente

sala de juegos salle de jeux

sala de máquinas salle de gym

salida sortie

salida de autopista sortie d'autoroute

salida de camiones sortie de camions

salida de emergencia sortie de secours

salida de incendio(s) issue de secours

salida por la puerta trasera issue par la porte située derrière

salón salon

salón de convenciones salle des congrès

salón de televisor salle de télévision

salsas sauces

salvavidas bouée de sauvetage

se aceptan tarjetas de crédito nous acceptons les cartes de crédit

se alquila à louer

se envían fax envoi de télécopies

se habla inglés nous parlons anglais

se procederá contra el hurto tout vol à l'étalage sera poursuivi

se procederá contra los intrusos toute intrusion sera poursuivie

se requiere un documento de identidad pièce d'identité requise

se ruega mostrar su bolso a la salida prière de présenter vos sacs à la sortie

se ruega pagar en caja prière de payer au comptoir

se ruega un donativo prière de payer une contribution

secador de pelo sèche-cheveux

sector para familias section réservée aux familles

seda soie

según mercado en fonction des disponibilités

segunda clase deuxième classe

segundo piso deuxième étage

seguridad sécurité

selecciones destino sélectionnez votre destination

sellos de correo timbres

semáforo provisional feux de circulation provisoires

Semana Santa Semaine Sainte

sendero sentier

sentido único rue à sens unique

señas adresse

señoras dames (toilettes)

septiembre/setiembre septembre

sepultura tombe; sépulture

servicio frais de service

servicio de ampliación service d'agrandissement

servicio de habitaciones service des chambres

servicio incluido service compris

servicio no incluido service non compris

servicio nocturno service de nuit

servicios toilettes

sesión continua représentation continue

sesión de noche représentation du soir

sesión de tarde matinée

si es correcto pulse continuar si correct, appuyez sur le bouton «continuar» (continuer)

si no pulse cancelar sinon, appuyez sur le bouton «cancelar» (annuler)

si no queda satisfecho de su compra le devolvemos su dinero satisfait ou remboursé

si persisten los síntomas, consulte su médico si les symptômes persistent, consultez votre médecin

sierra chaîne montagneuse

silencio durante las oraciones prière de faire silence durant les prières
sin grasa exempt de graisse
sin salida para peatones passage interdit aux piétons
sírvase frío servi froid
sobre pedido fait sur commande
solicite parada service omnibus
solicite vendedor veuillez demander une assistance
sólo abonados réservé aux abonnés
sólo bus réservé aux bus
sólo domingos le dimanche uniquement
sólo en efectivo argent liquide uniquement
sólo entrada accès uniquement
sólo hombres réservé aux hommes
sólo laborables jours ouvrables uniquement
sólo lavado a mano lavage à la main uniquement
sólo mercancías cargaison uniquement
sólo mujeres réservé aux dames
sólo para máquina de afeitar rasoirs uniquement
sólo para uso externo usage externe uniquement
sólo personal de la empresa réservé au personnel de l'entreprise
sólo residentes réservé aux résidents
sólo vehículos autorizados stationnement interdit sauf autorisation
sombrilla parasol
sopas potages
subtitulado sous-titré
submarinismo plongée sous-marine
sugerencias para servir suggestions de service
súper essence super
surtidor pompe

 tabla de surf planche de surf
tabla de windsurf planche à voile
tableta comprimé
talla única taille unique
taller mecánico réparations de voitures
taquilla guichet; billeterie
tarifa tarif
tarjeta de embarque carte d'embarquement
tarjeta mensual abonnement mensuel
tarjeta semanal abonnement hebdomadaire
tarjetas de teléfono cartes de téléphone

té thé
teatro théâtre
teclee su número personal introduisez votre numéro personnel
teleférico téléphérique
teléfono con tarjeta carte de téléphone
teléfono de emergencia téléphone de secours
teléfono público téléphone public
telesilla télésiège
telesquí tire-fesses
templo temple
tenis de mesa tennis de table
termine el tratamiento terminer le traitement
terraplén remblai; terre-plein
terraza balcon
tienda de regalos magasin d'articles cadeaux
tienda libre de impuestos magasin de produits hors taxe
tintorería nettoyage à sec
tipo de cambio taux de change
tirad/tirar tirer
tire de la palanca pousser la poignée
todos con guarnición de ... tous les plats sont accompagnés de ...
tolerada pour tous (classification cinématographique)
torre tour
tráfico de frente circulation venant de la direction opposée
tráfico lento circulation lente
tragar entera avaler d'une traite
traje de calle tenue décontractée
tranvía tram; tramway
transbordador bac; transbordeur
transbordador de pasajeros bac pour voyageurs
tren chemin de fer
tren con literas train couchettes
tren de cercanías train de banlieu
tribuna para espectadores tribune des spectateurs
tribuna tribune
trolebús trolleybus
tumba tombe
tumbona chaise longue
túnel tunnel
TV (por satélite) en todas las habitaciones avec TV (satellite) dans chaque chambre

U última entrada a las ... dernière entrée à ...

última gasolinera antes de **autopista** dernière station-service avant l'autoroute

universidad université

urgencias accidents et urgences

uso obligatorio de cadenas o neumáticos de **nieve** utilisez des chaînes ou des pneus neige

 V vagón de (no)-fumadores compartiment (non)-fumeurs

vagón restaurante voiture-restaurant

válido para zonas ... valable pour les zones...

valle vallée

vapor bateau à vapeur

Vd. está aquí vous êtes ici

veces al día ... fois par jour

vehículo pesado poids lourds

vehículos lentos véhicules lents

velero voilier

velocidad máxima vitesse maximale

velódromo piste cyclable; vélodrome

veneno poison; toxique

venta anticipada réservations à l'avance

venta de billetes billetterie

venta inmediata vente immédiate de billets

verano été

verdulería magasin de légumes

verduras a elegir choix de légumes

verduras légumes

vereda aire de stationnement

verificación de pasaportes contrôle des passeports

verifique su cambio veuillez vérifier votre monnaie

vestuario vestiaires

vía preferente route principale

vía secundaria route secondaire

viaje voyage

viernes vendredi

vino vin

vinos y licores vins et alcools

visitas con guía visites guidées

vísperas vêpres

vista panorámica vue panoramique

viveros jardinerie

vuelos interna-cionales vols internationaux

vuelos nacionales vols nationaux

 A-Z

 WX YZ yate yacht

yogur yoghourt

zapatería cordonnerie

zapatillas de deporte obligatorias chaussures de sport uniquement

zapatos chaussures

zona comercial centre commercial

zona de aparcamiento regulado «ORA» aire de stationnement réglementé avec «affichage du ticket»

zona de carga zone de chargement

zona de carga y descarga livraisons uniquement

zona de descanso aire de repos

zona de no fumadores non-fumeur

zona peatonal zone/enceinte/passage pour piétons

zona residencial zone résidentielle

zona urbana agglomération

zoológico zoo

zumos de fruta jus de fruits

Chiffres Números

Les grands nombres sont formés à l'aide des éléments suivants:
exemple: 3.456.789 **tres millones, cuatrocientos cincuenta y seis mil, setecientos ochenta y nueve.**

Notons que de 31 à 99, **y** est utilisé entre les dizaines et les unités, mais jamais entre les centaines et les dizaines.

0	**cero** *THérô*	17	**diecisiete** *diéTHisiété*
1	**uno** *ounô*	18	**dieciocho** *diéTHiôchô*
2	**dos** *dôs*		
3	**tres** *trés*	19	**diecinueve** *diéTHinouébé*
4	**cuatro** *couatrô*		
5	**cinco** *THinncô*	20	**veinte** *béinnté*
6	**seis** *séis*	21	**veintiuno** *béinntiounô*
7	**siete** *siété*	22	**veintidós** *béinntidôs*
8	**ocho** *ôchô*		
9	**nueve** *nouébé*	23	**veintitrés** *béinntitrés*
10	**diez** *diéTH*		
11	**once** *ônTHé*	24	**veinticuatro** *béinnticouatrô*
12	**doce** *dôTHé*		
13	**trece** *tréTHé*	25	**veinticinco** *béinntiTHincô*
14	**catorce** *catôrTHé*		
15	**quince** *kinnTHé*	26	**veintiséis** *béinntiséis*
16	**dieciséis** *diéTHiséis*		
		27	**veintisiete** *béinntisiété*

28	**veintiocho** *béinntiyôchô*	quatrième	**cuarto(-a)** *couartô(-a)*
29	**veintinueve** *béinntinouébé*	cinquième	**quinto(-a)** *kintô(-a)*
30	**treinta** *tréinta*	une fois	**una vez** *ouna béTH*
31	**treinta y uno** *tréinta i ounô*	deux fois	**dos veces** *dôs béTHés*
32	**treinta y dos** *tréinta i dôs*	trois fois	**tres veces** *trés béTHés*
40	**cuarenta** *couarénta*	moitié	**la mitad** *la mitaTH*
50	**cincuenta** *THincouénta*	un et demi	**uno y medio(-a)** *ounô i médiô(-a)*
60	**sesenta** *sésénta*	demi-heure	**media hora** *média ôra*
70	**setenta** *séténta*	demi réservoir	**medio depósito** *médiô dépôsitô*
80	**ochenta** *ôchénta*
90	**noventa** *nôbénta*
100	**cien** *THién*	à moitié mangé	**a medio comer** *a médiô cômér*
101	**ciento uno** *THiéntô ounô*	un quart	**un cuarto** *oun couartô*
102	**ciento dos** *THiéntô dôs*	un tiers	**un tercio** *oun térTHiô*
200	**doscientos** *dôs THiéntôs*	un paire de …	**un par de …** *oun par dé*
500	**quinientos** *kinniéntôs*	une dou-zaine de …	**una docena de …** *ouna dôTHéna dé*
1 000	**mil** *mil*	1999	**mil novecientos noventa y nueve** *mil nôbéTHién tôs nôbénta i nouébé*
10 000	**diez mil** *diéTH mil*
35 000	**treinta y cinco mil** *tréinta i THinncô mil*
1 000 000	**un millón** *oun mil-yôn*	2001	**dos mil uno** *dôs mil ounô*
premier	**primer(a)** *primér(a)*
deuxième	**segundo(-a)** *ségoundô(-a)*	les années 90	**los noventa** *lôs nôbénta*
troisième	**tercero(-a)** *térTHérô(-a)*

217

Jours Días

lundi	**lunes** _lounés_
mardi	**martes** _martés_
mercredi	**miércoles** _miércôlés_
jeudi	**jueves** _khouébés_
vendredi	**viernes** _biérnés_
samedi	**sábado** _sabadô_
dimanche	**domingo** _dômingô_

Mois Meses

janvier	**enero** _énérô_
février	**febrero** _fébrérô_
mars	**marzo** _marTHô_
avril	**abril** _abril_
mai	**mayo** _maïô_
juin	**junio** _khouniô_
juillet	**julio** _khouliô_
août	**agosto** _agôstô_
septembre	**septiembre** _séptiémbré_
octobre	**octubre** _ôctoubré_
novembre	**noviembre** _nôbiémbré_
décembre	**diciembre** _diTHiémbré_

Dates Fechas

Nous sommes …	**Estamos a …** _éstamôs a_
le dix juillet	**diez de julio** _diéTH dé khouliô_
mardi premier mars	**martes, uno de marzo** _martés ounô dé marTHô_
hier	**ayer** _aïér_
aujourd'hui	**hoy** _ôï_
demain	**mañana** _magnana_
ce mois-ci	**este mes** _ésté més_
la semaine dernière	**la semana pasada** _la sémana passada_
l'année prochaine/ tous les ans	**el año que viene/todos los años** _él agnô ké biéné/tôdôs lôs agnôs_
le weekend	**el fin de semana** _él fin dé sémana_

Saisons Las estaciones

printemps	**la primavera**
	la primabéra
été	**el verano** *él bérano*
automne	**el otoño** *él ôtôgnô*
hiver	**el invierno** *él inbiérnô*
au printemps	**en primavera** *én primabéra*
pendant l'été	**durante el verano** *dourannté él bérano*

Souhaits et vœux Saludos/Felicitaciones

Bon anniversaire!	**¡Feliz cumpleaños!** *féliTH coumpléagnôs*
Joyeux Noël!	**¡Feliz Navidad!** *féliTH nabidaTH*
Bonne année!	**¡Feliz Año Nuevo!** *féliTH agnô nouébô*
Meilleurs vœux!	**¡Un abrazo!** *oun abraTHô*
Félicitations!	**¡Felicidades!** *féliTHidadés*
Bonne chance!	**¡Buena suerte!** *bouéna souérté*
Bon voyage!	**¡Que tenga un buen viaje!**
	ké ténga oun bouén biakhé
Donnez le bonjour à …	**Salude a … de mi parte.**
	saloudé a … dé mi parté

Jours fériés Días festivos

1er janvier	Año Nuevo	Jour de l'an
6 janvier	Epifanía	Epiphanie
19 mars	San José	St Joseph
1er mai	Día del Trabajo	Fête du travail
25 juillet	Santiago Apóstol	St Jacques
15 août	Asunción	Jour de l'Assomption
12 octobre	Día de la Hispanidad	Jour de Christophe Colomb
1er novembre	Todos los Santos	Jour de la Toussaint
6 décembre	Día de la Constitución Española	Jour de la Constitution espagnole
8 décembre	Immaculada Concepción	Immaculée conception
25 décembre	Navidad	Noël
Dates variables :	Viernes Santo	Vendredi saint
	Lunes de Pascua	Lundi de Pâques (Catalogne uniquement)

Note : Les variations locales sont fréquentes.

Heures ¿Qué hora es?

Pardon. Pouvez-vous me dire l'heure?

Disculpe. ¿Puede decirme la hora?
discoulpé pouédé déTHirmé la ôra

Il est une heure cinq.

Es la una y cinco. *és la ouna i THinncô*

Il est …

Son las … *sôn las …*

deux heures dix

dos y diez *dôs i diéTH*

trois heures et quart

tres y cuarto *trés i couartô*

quatre heures vingt

cuatro y veinte *couatrô i béinnté*

cinq heures vingt-cinq

cinco y veinticinco
THinncô i béinntiTHinncô

six heures et demie

seis y media *séis i média*

sept heures moins vingt-cinq

siete menos veinticinco
siété ménôs béinntiTHinncô

huit heures moins vingt

ocho menos veinte *ôtchô ménôs béinnté*

neuf heures moins le quart

nueve menos cuarto *nouébé ménôs couartô*

dix heures moins dix

diez menos diez *diéTH ménôs diéTH*

onze heures moins cinq

once menos cinco *ônTHé ménôs THinncô*

midi/minuit

doce en punto (de la mañana/de la noche)
dôTHé én pountô (dé la magnana/dé la nôtché)

220

à l'aube	**al amanecer** *al amané<u>TH</u>ér*
le matin	**por la mañana** *pôr la ma<u>g</u>nana*
pendant la journée	**durante el día** *dou<u>rann</u>té él día*
avant le repas	**antes de comer** *<u>ann</u>tés dé cô<u>m</u>ér*
après le repas	**después de comer** *<u>dé</u>spoués dé cô<u>m</u>ér*
dans l'après-midi	**por la tarde** *pôr la <u>ta</u>rdé*
dans la soirée/la nuit	**por la noche** *pôr la <u>nô</u>tché*
Je serai prêt(e) dans cinq minutes.	**Estaré listo(-a) en cinco minutos.** *éstaré <u>lis</u>tô(-a) én <u>TH</u>inncô mi<u>nou</u>tôs*
Il sera de retour dans un quart d'heure.	**Volverá dentro de un cuarto de hora.** *bôl<u>bé</u>ra <u>dén</u>trô dé oun cou<u>ar</u>tô dé <u>ô</u>ra*
Il/elle est arrivée il y a une demi heure.	**Llegó hace media hora.** *l-yégó <u>a</u>THé <u>mé</u>dia <u>ô</u>ra*
Le train part à …	**El tren sale a las …** *él trén <u>sa</u>lé a las*
treize heures quatre	**trece horas y cuatro minutos** *tré<u>TH</u>é <u>ô</u>ras i cou<u>a</u>trô mi<u>nou</u>tôs*
zéro heure quarante	**cero horas cuarenta minutos** *<u>TH</u>érô <u>ô</u>ras coua<u>rén</u>ta mi<u>nou</u>tôs*
10 minutes en retard/en avance	**diez minutos más tarde/diez minutos antes** *dié<u>TH</u> mi<u>nou</u>tôs mas <u>tar</u>dé/ dié<u>TH</u> mi<u>nou</u>tôs <u>ann</u>tés*
5 minutes d'avance/de retard	**cinco minutos adelantado/atrasado** *<u>TH</u>inncô mi<u>nou</u>tôs adé<u>lann</u>tadô/atras<u>sa</u>dô*
de 9 h à 17 h	**de nueve a cinco** *dé noué<u>bé</u> a <u>TH</u>inncô*
entre 8 h et 14 h	**entre las ocho y las dos** *<u>én</u>tré las <u>ô</u>tchó i las dôs*
Je partirai avant …	**Me iré antes de las …** *mé i<u>ré</u> <u>ann</u>tés dé las*
Est-ce que vous serez revenu/ de retour avant …?	**¿Estará de vuelta antes de …?** *éstara dé boué<u>l</u>ta <u>ann</u>tés dé*
Nous serons ici jusqu'à …	**Estaremos aquí hasta …** *ésta<u>ré</u>môs <u>a</u>ki <u>a</u>sta*

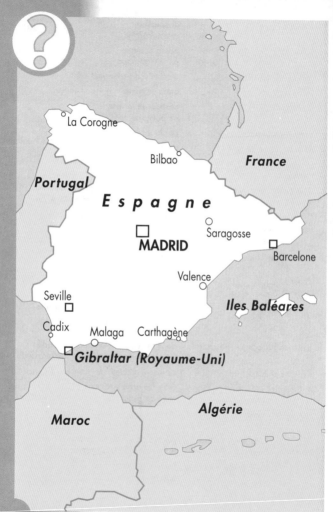

La Corogne

Bilbao

France

Portugal

Espagne

MADRID

Saragosse

Barcelone

Valence

Seville

Iles Baléares

Cadix   Malaga   Carthagène

Gibraltar (Royaume-Uni)

Maroc

Algérie

Iles Canaries

Santa Cruz

Las Palmas

Maroc

Sahara
Occidental

Mauritanie

Bonjour.	**Buenos días.** *bouénôs días*
Bonjour.	**Buenas tardes.** *bouénas tardés*
Bonsoir / Bonne nuit.	**Buenas noches.** *bouénas nôtchés*
Salut.	**Hola.** *ôla*
Au revoir.	**Adiós.** *adyôs*
Excusez-moi. (pour avoir l'attention de quelqu'un)	**Disculpe.** *discoulpé*
Pardon?	**¿Cómo?** *cômô*
Pardon!	**¡Lo siento!** *lô siéntô*
S'il vous plaît.	**Por favor.** *pôr fabôr*
Merci.	**Gracias.** *graTHias*
Parlez-vous français?	**¿Habla francés?** *abla frannTHés*
Je ne comprends pas.	**No entiendo.** *nô éntiéndô*
Où est …?	**¿Dónde está ...?** *dôndé ésta*
Où sont les toilettes?	**¿Dónde están los servicios?** *dôndé éstan lôs sérbiTHiôs*

Urgences Emergencia

Au secours!	**¡Socorro!** *sôcôrrô*
Allez vous-en!	**¡Váyase!** *baïassé*
Laissez-moi tranquille!	**¡Déjeme en paz!** *dékhémé én paTH*
Appelez la police!	**¡Llame a la policía!** *l-yamé a la pôliTHia*
Au voleur!	**¡Al ladrón!** *al ladrôn*
Allez chercher un médecin!	**¡Vaya a buscar a un médico!** *baïa a bouscar a oun médicô*
Au feu!	**¡Fuego!** *fouégô*
Je suis malade.	**Estoy enfermo(-a).** *éstôï énférmô(-a)*
Je suis perdu(e).	**Me he perdido.** *mé é pérdidô*
Pouvez-vous m'aider?	**¿Puede ayudarme?** *pouédé aïoudarmé*

Urgence ☎ Espagne

Feu **080**	Ambulance **092**	Police **091**

Embassades et Consulats ☎

	Ambassade (Madrid)	Consulat
Français	(34) 91 435 5560	(34) 91 700 7800
Belgique	(34) 91 577 6300	–
Canadien	(34) 91 423 3250	–